SHANGPIN CAIGOU GUANLI YIBENTONG

商品采购管理一本通

做最优秀的采购管理员

任　南◎编著

北京工业大学出版社

图书在版编目（CIP）数据

商品采购管理一本通 / 任南编著. -- 北京：北京工业大学出版社，2013.12
ISBN 978-7-5639-3697-7

Ⅰ. ①商… Ⅱ. ①任… Ⅲ. ①企业管理－采购管理－基本知识 Ⅳ. ①F274

中国版本图书馆 CIP 数据核字(2013)第 255445 号

商品采购管理一本通

编　　著：任　南
责任编辑：郑　华　肖大玲
封面设计：瀚文锦绣
出版发行：北京工业大学出版社
(北京市朝阳区平乐园 100 号　100124)
010-67391722 (传真)　bgdcbs@sina.com
出 版 人：郝　勇
经销单位：全国各地新华书店
承印单位：三河德利印刷有限公司
开　　本：787mm×1092mm　1/16
印　　张：19.5
字　　数：291 千字
版　　次：2013 年 12 月第 1 版
印　　次：2013 年 12 月第 1 次印刷
标准书号：ISBN 978-7-5639-3697-7
定　　价：35.00 元

前　言

商品经济时代，任何企业组织要想维持正常的生产经营秩序，都离不开采购工作。

那么，采购工作究竟是怎样的一种工作呢？

在很多人看来，采购很简单，就是我们日常生活中经常发生的购买。其实，这种理解并不完全正确。采购和购买类似，但不等同于购买。

购买是指需求的主体，用自身的劳动收益，通过货币交换，获取衣、食、住、行、用等所需的生活资料。购买的主体通常是家庭或个人，购买的物品数量不多，品种有限。购买比较便捷，风险也不是很大。

而企业的采购则是指企业在一定的条件下从供应市场获取产品或服务作为企业资源，以保证企业生产及经营活动正常开展的一项企业经营活动。采购的主体通常是企业、事业单位。采购的客体不仅仅是生活资料，更多的是生产资料。采购的品种、规格繁多，金额巨大，过程也十分复杂，还存在一定的风险。

采购活动是人类经济活动的基本环节，无论是生产领域还是流通领域，都离不开采购活动。由于企业采购服务于生产经营活动，并且以营利为目的，由此决定了企业采购面对着采购风险和投入产出问题，为了实现企业的经营目标，必须对企业采购活动和过程进行必要的计划、组织与控制，这就是采购管理。

现今，越来越多的企业逐渐认识到了采购管理的重要性。一般情况下，企业产品成本中外购部分占了比较大的比例（60%~70%）。因此，零部件及原材料的采购成功与否在一定程度上影响着企业的竞争力，好的采购与采购管理往往是竞争优势的来源之一。

那么，如何才能做好采购管理工作呢？

采购是一种系统性的复杂工作，具体包括采购组织、采购计划与预算、采购基本流程、采购主要方式、供应商的选择与管理、采购产品质量管理、采购谈判与合同管理、采购成本控制、采购绩效评估等方面。企业组织的采购人员可以从这些方面入手，细化采购工作，做好采购工作的每一步，最终实现商品采购管理的不断进步和优化。

总之，市场竞争中价格的竞争，实质就是成本的竞争。要想降低成本，一是降低生产过程中的消耗，二是降低采购过程中的采购成本。众所周知，生产过程中的成本挖潜是很有限的，比较起来采购过程中的潜力却大得多。所以，加强商品采购管理，降低商品采购成本，对企业生产经营的意义是巨大的。

目　录

第三章 采购计划与预算

第四章 采购流程

第五章 采购方式

第六章 供应商的选择与管理

第七章 采购产品质量管理

第八章 采购谈判和合同管理

第九章 采购成本控制

第十章 采购绩效评估

第一章

商品采购管理概述

采购是一种十分常见的现象。日常生活中，人们几乎每天都要进行采购活动，以满足基本的生活和消费需求；而对于企业来说，商品采购也是一项重要的管理职能，是企业管理中必不可少的一个环节。在商品经济中，企业采购管理的地位越来越重要，采购管理越来越成为企业降低成本、提高竞争能力的关键。

采购的产生和发展

采购是指个人或单位在一定的条件下从供应市场获取产品或服务作为自己的资源，为满足自身需要或保证生产、经营活动正常开展而进行的一项经营活动。

在商品经济中，采购是十分常见的现象，大到企业组织、政府机关采购，小到个人购买产品和服务，都属于采购的范畴。日常生活中，人们几乎每天都要进行采购活动，以满足基本的生活和消费需求。而对于企业来说，采购也是一项重要的管理职能，是企业管理中必不可少的一个环节。企业开展经营活动需要获得各种商品、信息、技术和服务，这些都需要通过采购来实现，所以，一个企业组织采购管理水平的高低，对企业的竞争力和经营成败会产生决定性的影响。

采购在现代社会的重要性，是一步步为人们所发现、所认可、所重视的。

一、采购的产生

人们初次认识到采购的重要性，还要归功于查尔斯·巴比奇，英国科学管理的先驱者。巴比奇在1832年出版的关于机械和制造经济的书中指出，“物料人”将负责几个不同的功能，并认为负责资源的关键职员，是“负责选择、采购、接收和配送一切所需物品的物料人”。

19世纪中期，美国的铁路发展使采购受到了重视。1866年，宾夕法尼亚铁路在供应部门成立了采购部门。1887年，芝加哥和西北铁路的审计官出版了第一本包括采购部门在内的书——《铁路供应的管理——铁路采购和存储》。书中所讨论的采购问题在今天仍有重大的意义，例如，书中提出了在采购代理商中技术专业化的需要，在个人控制下的采购部门的中心化需要，以及在为采购代理商选择采购人员这一问题上缺乏足够重视等问题。

二、采购的发展

20世纪初，采购进入了第二个比较重要的发展时期。在这个时期连续出现了具体讨论工业采购功能的文章。其中《机械杂志》对合格的采购人员需求和物料专业的发展给予了很大的关注，采购流程和理念得到了发展。1905年，第一本针对非铁路行业采购的书《关于采购》得到出版。这本书详细介绍了采购的一般原则和在不同公司采购系统中所使用的形式和流程。在第一次世界大战期间，人们对采购越来越重视，这主要是由于采购的核心作用在于原材料的订购及能获得重要的战争物料。

第二次世界大战时，采购进入了一个新时期。在战争期间，对获得所需（或稀缺）物料的重视促使人们对采购的兴趣有了增长，而且公司中的其他部门已经认识到采购部门的重要性，很多大学都开始讲授采购专业的课程，这对采购理论的提高起到了一定的推动作用。

第二次世界大战后，企业经营重点是满足客户需求和不断扩大的市场需要，而且公司面对的是稳定的竞争和充足的原材料，这使得人们对采购的重视并没有延续到战后。采购没有被列入主要的职能部门，在这一时期采购处于平静的发展阶段。

20世纪60年代后期，采购在美国的工业发展中受到新的重视。在经历了20世纪60年代越南战争和70年代的石油短缺之后，美国原材料市场变得相对紧张，企业为了寻求新的成本控制和市场发展途径，开始重视物料的采购和控制，采购活动的重点在于降低系统的总成本，而不仅是以控制所购部件的单位成本为目标。

从20世纪80年代开始，由于美国和欧洲各国开始卷入全球化市场竞争，市场对交货期、质量和价格提出了更高的要求。此时采购部门已被最高领导层视为最重要的业务部门之一。采购部门要通过向公司其他部门及时提供对公司战略目标可能产生影响的原材料的潜在价格和供货情况信息，来支持并加强公司的竞争优势。

三、现代采购发展概况

现代社会，采购已逐步脱胎换骨，走到了令人瞩目的前台，其地位有了较大的提高。经济全球化使采购的理论和实践都发生了巨大的改变，各种新颖的理论如雨后春笋般不断出现，如战略采购、采购竞价、电子采购等。采购地位的不断提高，离不开经济大环境和市场竞争的发展趋势。这是因为，一方面随着竞争的加剧，销售部门的压力越来越大。企业把开源节流、提高效率作为提高利润的重要途径。如何节省采购成本和提升采购效率对降低生产总成本起着关键性作用。另一方面，技术的快速发展对新品上市的周期要求越来越短，相应的研发费用越来越高，采购部门不但要保证产品供应及时，还要在产品成本控制上提出最佳的供应方案。采购部门已不再是单一的执行部门，而越来越多地参与到企业的决策中。

总之，21 世纪以来，随着市场竞争的白热化，大到企业的董事长、总经理，小到中层的采购部门经理或主管，乃至普通的采购人员都认识到，采购成本及费用的降低对提高企业的竞争力有着极其重要的作用，采购越来越受到人们的重视。

采购管理一点通

采购在人们的生活中是经常发生的一种行为，只是用在不同的场所，有不同的称谓。采购行为的出现是由需求引起的，并由供应推动。存在需求，表明存在采购，同时又存在供应。采购和供应是两个相辅相成的概念，个人或企业有了需求要进行采购，必须要有物品的供应。只有存在采购，供应才显得有意义。

采购的内在含义

关于采购的定义，国内外有许多不同的见解，不同的人也都有不同的看法。美国采购学者亨瑞芝在其《采购原理与应用》一书中认为，采购概念的范围远远大于交易行为本身，它包含了采购交易前的计划、供应货源的研究和采购交易后的合同管理，如交货的追查、货物的检验等。通常来说，采购是指采购人或采购实体根据生产、转销、消费等目的，购买商品和劳务的行为，它和销售一样常见。

要想很好地理解采购的内在含义，必须充分认识以下几个问题。

一、采购的内在含义

根据人们取得商品的方式及途径不同，可以从狭义和广义两个方面来理解采购。

1. 狭义的采购

狭义的采购是指购买，即买东西的过程。针对个人来讲，主要是购买所需生活资料和消费资料的过程，如日用品、食品、药品和交通工具等；针对企业来讲，购买过程是根据生产需求提出采购计划，审核计划，选择供应商，经过商务谈判确定价格、交货及相关条件，最终签订合同并按要求收货付款的过程。这种以货币换取物品的方式，可以说是最普通的采购途径，无论个人还是企业机构，为了满足消费或者生产的需求都可以通过这种方式来进行采购。

2. 广义的采购

广义的采购是指除了以购买的方式获取物品之外，还可以通过下列途径获取物品的使用权，以达到满足需求的目的。

(1) 租赁。租赁是指一方以支付租金的方式取得他人物品的使用权，即租赁是一种以一定费用借贷实物的经济行为。在这种经济行为中，出租人将自己所拥有的某种物品交与承租人使用，承租人由此获得在一段时期内使用该物品的权力，但物品的所有权仍保留在出租人手中。承租人为其所获得的使用权需向出租人支付一定的费用（租金），如租赁房屋时，承租人需向出租人支付一定的租金来获得房屋的使用权。

(2) 借贷。借贷是指一方凭借自己的信用和彼此间的友好关系获得他人物品的使用权，使用完毕，仅返还原物品。这种采购方式中的需方可以无须支付任何代价就可以获得供方的物品的使用权。借贷的产生主要基于借方的信用。

(3) 交换。交换就是采用以物易物的方式取得物品的使用权和所有权，但并没有以货币直接支付物品的全部价值。换言之，当双方物品的交换价值相等时，不需要以金钱补偿对方；当交换价值不等时，仅由一方补贴差额给对方。

二、采购与购买的不同

购买与采购虽然词义相近，但还是有区别的。

1. 购买

与采购词义最接近的词汇是购买。购买通常是指需求的主体用自身的劳动收益，通过货币交换，获取衣、食、住、行、用等生活资料的过程。购买有如下特点：

(1) 购买的主体通常是家庭或个人。

(2) 购买的物品就独立的购买个体而言，数量不多，品种有限。

(3) 物品供应商到用户的距离一般不是很远。

(4) 购买从筹划开始至实施到完成，相对比较简单易行。

(5) 购买的风险，无论是自然风险还是社会风险都不是很大。

2. 采购

采购与购买的含义不同。采购是指需求的主体从众多的备选客体中，有选择地通过合同方式有偿取得所需要的物资、工程或服务。不难看出，采购有两层含义：一层是“采”，就是要有选择，另一层是“购”，就是通过商品交易的手段，将选中对象的所有权从其所有者手中转移到自己手中。

采购区别于购买的不同点在于：

(1) 采购的主体通常是企业、事业单位、政府部门、军队和其他社会团体。

(2) 采购的客体不仅仅是生活资料，更多的是生产资料。

(3) 采购的品种、规格繁多，金额巨大。

(4) 采购从策划至实施到完成，整个过程十分复杂。

(5) 采购的过程实际是商流、物流、信息流、资金流综合运行的过程。

(6) 采购，尤其是国际采购存在一定的社会风险和自然风险。

三、企业采购管理

由于企业采购服务于生产经营活动，并且以营利为目的，由此决定了企业采购面对着采购风险和投入产出问题。为了实现企业的经营目标，必须对企业采购活动和过程进行必要的计划、组织与控制，这就是采购管理。采购管理是企业管理的重要职能，也是企业专业管理的重要领域之一。简而言之，采购管理就是指为保障企业物资供应而对企业采购活动进行计划、组织、指挥、协调和控制的一系列活动的总称。企业采购是实现企业利益的重要环节，企业必须对采购工作实行有效的采购管理。

企业采购管理通常包括以下四项基本职能。

(1) 采购决策。它是根据物料需要量的预测和生产计划的安排，在考虑各种影响因素的条件下，对采购活动涉及的各个方面作出科学的选择。

(2) 采购计划。采购活动是大量的、经常的，采购计划是指对采购活动作出的具体细致的安排和规划，是采购活动的指导性文件。

(3) 采购组织。它包括静态的组织和动态的组织。前者是指建立采购组织机构，明确采购权限和职责，配备相应的专业人员；后者是指对采购活动的组织，包括采购招标、货源组织、订货谈判、签订合同和组织交易等。

(4) 采购控制。采购控制是指为了达到采购目标，对采购活动制定规章制度、工作程序、采购标准、验货条件，以及涉及采购过程的考核、监督、评价和反馈等。

采购管理就是要通过计划、组织等手段使企业的采购活动规范而科学，使企业能以最适宜的价格在最适宜的时间获得最适宜的资源。此外，采购管理还是企业发展战略中的重要环节。企业通过对采购活动实施高质量的管理，就能在新产品开发或产品的重新设计、产品价值分析、产品定价、市场预测等方面获得来自市场的第一手信息，为决策提供正确的依据。

四、采购与采购管理的不同

采购与采购管理是两个不同的概念，如果企业采购处于一种自发状态，没有实施有效的计划、组织与控制职能，那么可以说企业有采购活动，却没有采购管理。在考虑风险、资金占用、适度规模、及时性和成本等因素的条件下，通过实施科学的采购管理，可以合理选择采购方式、采购品种、采购批量、采购频率和采购地点，可以以有限的资金保证生产经营的需要，为企业降低成本、加速资金周转和提高产品质量作出积极的贡献。

采购管理是对整个企业采购活动的计划、组织、指挥、协调和控制活动，是管理活动，是面向整个企业的管理活动，不但面向企业全体采购人员，而且也面向企业组织的其他人员（进行有关采购的协调配合工作），一般由企业的采购科（部、处）长或供应科（部、处）长或企业副总来负责。其使命就是保证整个企业的物资供应，其权力可以调动整个企业的资源。

相对来讲，采购只是指具体的采购业务活动，是作业活动，一般是由采购人员承担的工作，只涉及采购人员个人，其使命就是完成采购科（部、处）长布置的具体采购任务，其权力只能调动采购科（部、处）长分配的有限资源。可见，采购管理和采购不完全是一回事。但是，采购本身也有具体管理工作，它属于采购管理。采购管理本身，又可能直接涉及具体的采购业务的每个步骤、每个环节、每个采购人员。可见，采购管理与采购又是有联系的。

虽然个人采购、一般家庭采购当中也有管理工作，但那是非常简单的，人们习惯上不把它看成一种管理工作，因此在日常生活中也没有采购管理的概念。而一般的集团采购，如企业采购、政府采购、事业单位采购、军队采购等，由于采购面大、品种多、牵涉面广、事情复杂，管理工作必不可少，所以都毫无例外地设有采购管理组织机构，而且企业越大，采购管理工作就越重要。

采购管理一点通

采购活动是人类经济活动的基本环节，无论是生产领域还是流通领域，都离不开采购活动。生产领域离开采购活动，企业就无法获得生产所需要的原材料、零部件和其他辅助材料，就无法组织生产；流通领域没有采购活动，就无货可售，流通即告终止。所以，企业组织必须加强对采购的管理。

商品采购的分类

众所周知，商品采购是一个很广泛的概念，范围很广。根据不同的采购目的、方式、途径、方法等，可以将采购分为很多不同的种类。要想做好商品采购的管理工作，首先就要对这些不同类型的商品采购有基本的认识和了解。

一、工业采购和消费采购

商品采购按其用途不同，可分为工业采购和消费采购。工业采购通常是指企业为了经营或生产所需产品和服务而按一定代价同外部进行的交易活动。消费采购与工业采购有很大不同，消费采购活动是个人行为，而工业采购通常是通过机关、企业等机构实施交易的集体行为。

工业采购和消费采购相比较，无论在采购的目的、动机，还是在采购决策和特点方面都有着明显的差别。工业采购往往通过一次采购以后便同供应商建立起长期合作关系，工业采购的动机是理性的，一般是多人参与，是一个程序化的过程，采购数量通常比较大，价格也比较稳定。而消费采购的随意性比较大，主要目的是满足个人消费需求，采购动机带有个人喜好，采购量也比较小。

二、有形采购和无形采购

商品采购按其输出形态的不同，可分为有形采购和无形采购。

1. 有形采购

采购输出的结果是有形的物品，如一支钢笔、一台电脑、一块电路板等，像这样的采购我们称其为有形采购。有形采购主要采购具有实物形态的物品，如原料、副料、机具及设备、事务用品等。下面我们分别来介绍一下这些有形采购的物品。

（1）原料。主要是指直接用于生产的原材料，也是构成产品的最主要成分。在产品的制造过程中，即使原材料的形体发生物理或化学变化，它依然存在于产品里面，不会消失。通常，原材料是产品制造成本中占比例最高的项目。在有形采购中，仅用于生产的采购称为物料采购，如为电视机生产采购显像管、电阻等原材料。还有织布用的棉纱、生产集成电路所用的晶片、生产水泥用的石灰石等均是各该项产品的主要原材料。

（2）副料。在产品制造过程中，除了原材料之外所耗费的材料均属于副料。有些副料与产品的制造有直接关系，但是产品制成时，副料本身已经消失，如化学制品所需的催化剂；有些虽然还附着在产品上，但由于其价值不高，仍然被当作副料，如成衣上的钮扣或拉链，机械制品上的螺丝等。另外，有些副料与产品制造并无直接关系，只是消耗性的材料或工具，如铁刀、钢刷等，或是产生能量所耗用的燃料，如汽油、瓦斯、煤炭等。此外，包装材料也属于副料，如纸箱、塑料袋、包装纸、打包带等。

（3）机具及设备。这主要是指制造产品的主要工具或提供生产环境所不可缺少的设施。前者譬如人造纤维的聚合设备、生产活塞的万能研磨机、生产钢铁制品的炼钢电炉设备及连续铸造机、电脑厂的表面黏着机等。后者如生产集成电路的无尘室、生产各种疫苗的无菌室，这类机具设备对产品的产量及品质会产生直接的影响；空调设备、电力设备及储运设备等机具设备，仅提供生产上所必需的温度、动力及仓储运输效能。其他机具设备又如提供产品品质测试或材料检验所需的仪器，以及塑造产品或零件所需的模具等。

(4) 事务用品。事务用品主要是指办公室、生产线人员在文书作业上所需的设施及文具、纸张，以及任何其他杂项购置。前者如桌椅板凳、圆珠笔、钢笔、账册、计算机、信封和信纸、打字机等，后者如茶壶、扫把、衣架等。

2. 无形采购

无形采购是相对于有形采购而言的，其采购输出结果是不具有实物形态的技术和服务等。例如，服务、软件、技术、保险及工程发包等我们约定为无形采购。无形采购主要包括咨询服务采购和技术采购，或是采购设备时附带的服务。下面我们对无形采购中的技术、服务和工程发包进行一下简单的介绍。

(1) 技术。这是指取得能够正确操作或使用机器、设备、原料等的专业知识。只有取得技术才能使机器或设备发挥效能，提高产品的产出率或确保优良的品质，降低材料损耗率，减少机器或设备的故障率，这样才能达到减少投入、增加产出的目的。

(2) 服务。在无形采购中，为了用于服务、维护、保养等目的的采购统称为服务采购，具体包括安装服务、培训服务、维修服务、咨询服务等。

(3) 工程发包。它是指按照规定的招投标程序，将厂房、办公室等建筑物的建造与修缮承包给专业施工单位，以完成工程项目的建造与修缮。工程发包有时要求承包商连工带料，以争取完工的时效；有时自行备料，以包工不包料的方式支付费用，如此可控制和节省工程发包的成本。规模比较大的企业，本身具有一定的制造、安装及维修能力，也可以购入材料自行施工。

三、长期合同采购和短期合同采购

按照供应商与采购商之间交易时间的长短不同，也可将采购分为长期合同采购和短期合同采购。长期合同采购是供应商和采购商为了在较长期间内维持稳定的供需关系，通过合同的形式，将这种较长期间的供求关系固定下来的采购形式。长期合同的有效时间通常在一年以上。短期合同采购则是指采购商和供应商为满足生产经营活动的需要实施的一次性交易的采购。

采购管理一点通

在采购不同类别的商品时，采购人员应根据市场上采购的难易程度、技术要求、宏观环境以及企业的支出能力等，对不同的商品实行不同的采购管理规范方法。商品分类法与采购战略对提高企业的管理水平、降低采购成本有重要的现实意义。

商品采购的原则

俗话说，好的开始是成功的一半，商品采购同样如此。“采购好商品等于卖出一半”，“只有错买，没有错卖”。以常见的零售企业为例，零售企业如果想采购到适销对路、品质优良的商品，采购过程中就应遵循一定原则。

在采购过程中，除了应遵守国家的各项相关法律法规、各项方针、市场原则（主要是指公平、公正、公开、效益和诚信原则），以及企业的各项规章制度之外，主要应遵循“5R”原则。

一、商品采购的5R原则

5R原则即适价（Right Price）、适质（Right Quality）、适时（Right Time）、适量（Right Quantity）、适地（Right Place）

1. 适价

价格永远是采购活动中的敏感焦点，企业在采购中最关心的要点之一就是能节省多少采购资金，因此采购人员不得不把相当多的时间与精力放在跟供应商的“砍价”上。物品的价格与该物品的种类、是否为长期购买、是否为大量购买及市场供求关系有关，同时与采购人员对该物品的市场状况熟悉程度也有关系。如果采购人员未能把握市场脉搏，供应商在报价时就有可能“蒙骗”采购人员。一个合适的价格往往要经过以下几个环节的努力才能获得。

（1）多渠道获得报价。这不仅要求有渠道供应商报价，还应该要求一些新供应商报价。企业与某些现有供应商的合作可能已达数年之久，但它们的报价未必优惠。获得多渠道的报价后，企业就会对该物品的市场价有一个大体的了解，并能据之进行比较。

（2）比价。俗话说“货比三家”，专业采购所买的东西可能是一台价值百万或千万元的设备或年采购金额达千万元的零部件，这就要求采购人员必须谨慎行事。由于供应商的报价单中所包含的条件往往不同，故采购人员必须将不同供应商报价中的条件转化一致后才能进行比较，只有这样才能得到真实可信的比较结果。

（3）议价。经过比价环节后，筛选出价格最适当的两至三个供应商。随着进一步的深入沟通，不仅可以将详细的采购要求传达给供应商，而且可进一步“杀价”，因为供应商的第一次报价往往含有“水分”。但是如果采购物品为卖方市场，即使是面对面地与供应商议价，最后所取得的实际效果也可能要比预期的低。

(4) 定价。经过上述三个环节后，买卖双方均可接受的价格便成为日后的正式采购价，一般需保持两至三个供应商的报价。这两三个供应商的价格可能相同，也可能不同。

2. 适质

一个不重视品质的企业在今天激烈的市场竞争环境中根本无法立足，一个优秀的采购人员不仅要做一个精明的商人，同时也要在一定程度上扮演管理人员的角色，在日常的采购工作中要安排部分时间去推动供应商改善、稳定物品品质。

采购物品品质达不到使用要求的严重后果是显而易见的。

(1) 来料品质不良，往往导致企业内部相关人员花费大量的时间与精力去处理，会增加大量的管理费用。

(2) 来料品质不良还会导致在重检、挑选上花费额外的时间与精力，造成检验费用增加。

(3) 来料品质不良，有可能导致生产线返工增多，降低产品质量，降低生产效率。

(4) 来料品质不良，有可能引发生产计划推迟完成，并导致不能按承诺的时间向客户交货，降低客户对企业的信任度。

(5) 来料品质不良，还有可能引起客户退货，从而令企业蒙受严重的经济损失，严重的还会丢失客户。

3. 适时

企业已安排好生产计划，若原材料未能如期到达，往往会引起企业内部混乱，即产生停工待料。当产品不能按计划出货时，会引起客户的强烈不满。若原材料提前太多时间买回来放在仓库里等着生产，又会造成库存过多，大量积压采购资金，这都是企业很忌讳的事情。故采购人员要扮演协调者与监督者的角色，去促使供应商按预定时间交货。对某些企业来讲，交货时机很重要。

4. 适量

批量采购虽有可能获得数量折扣，但会积压采购资金，采购数量太少又不能满足生产需要，故合理确定采购数量相当关键，一般按经济订购量采购。采购人员不仅要监督供应商准时交货，还要强调按订单数量交货。

5. 适地

天时不如地利，企业往往容易在与距离较近的供应商的合作中取得主动权，企业在选择试点供应商时最好选择距离较近的。近距离供货不仅使得买卖双方沟通更方便，处理事务更快捷，亦可降低采购物流成本。

二、零售企业采购商品的特殊原则

除 5R 原则之外，零售企业采购商品时还要特别注意以下几个原则。

1. 以需定进原则

以需定进是指根据目标市场的商品需求状况来决定商品的购买情况。对零售企业来说，买与卖的关系绝不是买进什么商品就可以卖出什么商品，而是市场需求什么商品，什么商品容易卖出去，才买进何种商品。所以以需定进的原则又被称为“以销定进”，即卖什么就进什么，卖多少就进多少，完全由销售情况来决定。

以需定进原则可以解决进货与销售两个环节之间的关系，又能促进生产厂家按需生产，避免了盲目性。

采用以需定进原则时，还要对不同商品采取不同的采购策略，如：

(1) 对销售量一直比较稳定，受外界环境因素干扰较小的日用品，可以以销定进，销多少买多少，销什么买什么。

(2) 对季节性商品要先进行预测，再决定采购数额，以防止过期造成积压滞销。

(3) 对新上市商品需要进行市场需求调查，然后决定进货量。销售时，商店可采取适当广告宣传引导和刺激顾客消费。

2. 勤进快销原则

勤进快销是指零售企业进货时坚持小批量、多品种、短周期的原则，这是由零售企业的性质和经济效益决定的。因为零售企业规模有一定限制，周转资金也有限，且商品储存条件较差，为了扩大经营品种，就要压缩每种商品的进货量，尽量增加品种数，以勤进促快销，以快销促勤进。

勤进快销的原则还可以使零售企业的资金加快流转，提高利用率，因此这一原则是提高企业经济效益的有效手段之一。

3. 以进促销

以进促销是指零售企业采购商品时，广开进货门路，扩大进货渠道，购进新商品、新品种，以商品来促进、拉动顾客消费。

以进促销原则要求零售企业必须事先做好市场需求调查工作，在此基础上决定进货品种和数量。

一般来说，对那些处于新开发的，还只是处于试销阶段的商品，要少进试销。当商品被顾客认可和接受以后，再批量进货。

4. 储存保销

储存保销是指零售企业要保持一定的商品库存量，以保证商品的及时供给，防止脱销而影响正常经营。

储存保销要求零售企业随时调查商品经营和库存比例，通过销售量来决定相应合理的库存量，充分发挥库存保销的作用。

总之，在采购时只有综合考虑各种原则才能实现最佳采购，这需要采购管理人员和实施人员在长期的实际操作中积累经验。

采购管理一点通

企业面对的是顾客，以向顾客销售商品来获取利润，因此必须坚持文明经商、诚信待客的原则。这一原则与商品采购相联系，便是进货时要保证质量，杜绝假冒伪劣商品。

商品采购的作用

现今，越来越多的企业经营管理者逐渐认识到了采购的重要性。一般情况下，企业产品成本中外购部分占了较大的比例（约60%）。因此，零部件及原材料的采购成功与否在一定程度上影响着企业的竞争力，好的采购与采购管理往往是竞争优势的来源之一。

一、采购在企业中的重要地位

1. 采购的供应地位

采购在企业生产中居于源头地位。无论是工业企业还是商业企业，采购的源头作用都是不能忽视的。有了采购，生产才会有原材料、零部件、燃料等生产资料；有了采购，经营才会有源源不断的商品。因此我们说，采购是企业生产经营的开端，是整体供应链中“上游控制”的主导力量。

2. 采购的质量地位

质量是产品的生命。一般企业都依质量控制的顺序将其划分为来货质量控制、过程质量控制及出货质量控制。由于产品价值的60%是经采购由供应商提供，毫无疑问，产品“身价”的60%由来货质量控制得到确保，即企业的产品质量不仅要在企业内部限制，更需延伸到供应商领域，这也是“上游质量控制”的体现。供应商上游质量控制得好，不仅可以为下游质量控制打好基础，而且还可以降低质量成本，减少来货检验费等。

经验表明，一个企业如果能将 1/4～1/3 的质量管理精力花在供应商的质量管理上（这里的供应商质量管理是指系统的供应商质量控制和改进，而不单指质量控制），那么企业自身的质量水平（过程控制和出货控制）最少可提高 50%。可见，通过采购将质量管理延伸到供应商，是提高企业自身质量水平的基本保证。

3. 采购的价值地位

在全球范围内企业的产品成本构成中，采购的原材料及零部件成本占企业总成本的比例因行业不同而异，大约在 30%~90%，平均水平为 60%左右。从世界范围看，对于一个典型的企业，一般采购成本（包括原材料和零部件）要占 60%，工资和福利占 20%，管理费用占 5%，利润占 5%。

根据这两个比例，我们可以清楚地看出采购成本是企业成本控制中的主体和核心部分，采购成本控制是企业成本控制中最有价值的部分。在相当一部分企业中，其控制成本手段仍然只是压缩管理费用以及工资和福利等，裁减员工、削减福利往往成为企业控制成本的首选。如果企业把大量的时间和精力花费在这些占企业总成本还不到 40%的次要方面，不仅收效甚微，而且会使得人心浮动，员工抱怨指数增加，可以说是得不偿失的。如果企业忽视了占总成本 60%以上的采购成本，那它对成本的控制就会事倍功半。

二、采购的主要作用

采购管理是企业总体经营战略的重要组成部分，关系到企业的生存和发展，具有十分重要的作用。

1. 采购管理是企业正常生产的保证

任何企业的生产经营活动都由供、产、销三个环节组成，缺少了采购供应这个环节，就没有原材料、燃料、零部件、辅助材料及所需的其他物资，就无法组织生产。没有采购，企业的生产经营就成了无源之水，无本之木。

2. 采购管理是企业产品质量的基本保证

企业产品的质量当然与企业的生产加工过程有关，加工不当会影响产品质量。但是没有合格的原材料、合格的设备和工具，就根本无法生产出合格产品，更不用说优质产品。

3. 采购成本是产品成本的主体部分

采购成本由订货费、保管费、购进费和进货费构成。采购成本是产品成本的主体，采购成本的少许变化都会对产品的成本产生显著影响。过高的采购成本会降低企业的效益，削弱产品的市场竞争力。

4. 采购是企业与市场资源的接口

采购人员采购物资，主要和资源市场打交道。但是，资源市场与销售市场是混杂在一起的，采购人员在获取资源市场信息的同时，也能获取大量的销售市场信息，这些信息可为企业领导决策提供重要参考。

5. 采购是企业科学管理的开端

企业的物资供应是直接和生产发生联系的，采购方式决定和影响着生产方式。科学的采购方式，必然要有与其相适应的科学的生产方式，并要求与供应和生产相关的整个企业管理模式发生根本性变革，实现企业管理的规范化、科学化和现代化。

6. 采购决定着企业产品的周转速度

采购是企业生产的开端。采购不仅是企业生产的基本保证，而且在很大程度上决定了企业产品的周转速度。采购人员必须解决采购物品的适时适量问题，必须实现与生产等环节的高度统一。这种统一，不仅保证了生产，而且节约了资金。否则，要么物料不到位，车间停工待料影响生产；要么到货物料超过需求，造成物料积压，使物料周转速度减缓，物料保管费用增加，甚至于花费大量的人力物力去处理积压，造成更大的浪费。

7. 做好采购工作可以合理利用物质资源

节约和合理利用物质资源，是开发利用物质资源的头等大事。采购工作须贯彻节约的方针，合理利用物质资源。

(1) 通过合理采购，企业可以防止优料劣用，长材短用。

(2) 优化配置物质资源，防止优劣混用。在采购中要力求兼顾优化配置和整体效应，防止局部优化损害整体优化，部分优化损害综合优化。

(3) 在采购工作中，要应用价值工程分析，力求功能与消耗匹配。

(4) 通过采购，企业可以引进新技术、新工艺，提高物质资源的利用率。

(5) 要贯彻执行有关的经济、技术政策法律法规，如产业政策、综合利用和节能降耗等政策，拒购被淘汰的产品，防止违反政策、法律、法规的行为发生，做到资源的合理利用。

采购管理一点通

采购对于企业来说不仅仅是买东西，而是企业经营的核心环节，是企业获取利润的主要来源。采购对企业的产品开发、质量保证、整体供应链以及经营管理都起着极为重要的作用。因此，企业要从传统采购的误区中走出来，正确地认识采购的地位。这既是现代企业在全球化、信息化市场经济激烈竞争中赖以生存的一个基本保障，也是企业不断发展壮大的必然要求。

商品采购管理的目标

做任何事要想成功，要想有效率，首先必须有明确的目标。商品采购管理的目标，用一句话表述，就是以最低的总成本为企业提供满足其需要的货物和服务。这个目标的实现，不仅仅是采购部门的事情，而且需要整个企业的共同努力。

随着社会的发展和进步，企业的管理理念也发生了很大改变，采购也逐步由传统的采购方式向科学的采购方式发展。下面通过对比分析一般采购管理目标和供应链条件下的采购管理目标来认识现代采购管理的目标。

一、一般采购管理目标

1. 合适的供应商，满足企业生产所需的物料和服务

采购管理最基本的目标是为企业提供不间断的物料和服务，以保证生产的正常运转。如果因原材料和零部件缺货而造成生产延迟，无法向顾客兑现作出的交货承诺，将会给企业造成极大的损失。对于采购方来讲，选择供应商是采购管理的首要目标。选择的供应商是否合适，如数量、质量是否有保证，价格是否适宜，能否按时交货等，会直接影响采购方的利益。

2. 适当的质量，保证企业利益最大化

企业进行采购的目的，是为了满足生产需要。因而，为了保证企业的产品质量，首先应保证所采购物料的质量，以能够满足企业生产的质量标准要求为原则，保证质量应该符合生产需要，既不能过高也不能太低，确保企业利益最大化。如果物料的质量过高，会加大采购成本，同时也造成功能过剩；但采购物料质量太差，就不能满足企业生产对原材料品质的要求，影响到最终产品的质量，甚至会危及人民生命财产安全。例如，水泥、钢材质量的不合格，可能造成楼房建筑、桥梁等的“豆腐渣”工程。

3. 适当的数量，防止超量采购和少量采购

库存原料的数量与库存成本有直接的关系，若采购量大，易出现积压现象；相反则可能会出现供应中断，导致采购次数加大，使采购成本增大。因此，采购数量决策也是采购管理的一个重要目标。采购数量一定要适当，要科学地确定采购数量。

4. 适当的时间，保证供应不间断

在当前市场需求以满足顾客为总目标的环境下，采购管理对采购时间有严格的要求，选择适当的采购时间，一方面要保证供应不间断，库存合理；另一方面又不能过早采购而出现积压，占用过多的仓库面积，加大库存成本。

5. 适当的价格，获得有利的采购成本

采购价格的高低是影响采购成本的主要因素。因此，以适当的价格完成采购任务是采购管理的重要目标之一。采购价格过高，加大了企业的生产成本，产品将失去竞争力，供应商也将失去一个稳定的客户，这种供需关系也不能长久。采购价过低，供应商利润空间小，或无利可图，将会影响供应商供货积极性，甚至可能以次充好，降低产品质量以维持供应，这样企业将是最终的受损者。

二、供应链条件下采购管理的目标

1. 顾客完全满意

不断地创造并满足顾客的需求与潜在需求，是市场经济条件下企业存在的价值。美国著名的管理学家德鲁克曾说过，企业宗旨的唯一定义是“创造顾客”。采购管理是企业运作的一个环节，也应树立“顾客完全满意”的理念，这应成为采购管理人员的基本信念、价值观和行为准则。只有站在这一角度，在“顾客完全满意”理念的指引下，采购人员才能真正地想顾客之所想、急顾客之所急，始终将顾客利益摆在首位。在这样的思想指导下，采购人员应努力降低采购成本，让利于顾客，提高供应环节的柔性，更快地对顾客的需求作出反应。

2. 支持企业运营的需求

采购部门必须通过一系列的活动来满足企业内部的需求。通常情况下，采购部门通过购买原材料来满足运作的需求，但是采购部门还可以通过向配送中心的仓储补货及成品配送等功能提供服务来满足配送中心的需要，同时也能为新产品的设计和技术开发提供市场信息。

3. 选择、发展合格的供应商

采购部门的重要任务之一就是对供应商的选择、开发和保证，这正是战略供应的全部内容。供应链管理需要采购部门寻求与其外部供应商建立更好的合作关系，并发展可靠的、高质量的供应来源。通过与供应商的合作，以形成在产品成本、质量、配送或新产品开发等方面的绩效优势，与供应商一起减少采购进程中的无效时间。

4. 团结协作，建立团队关系

企业要在竞争的市场中立于不败之地，仅仅依靠一个人、一个部门的才智和能力，几乎是不可能的，合作的观念或意识在企业中已体现出越来越重要的作用。企业要加强各部门之间联系的要求已经变得十分明确，为了达到这个目标，采购部门必须与营销、生产、质检、工程和财务等部门建立协作的团队关系。

5. 科学设置采购流程，使之具有更高的效率

市场经济条件下，时间就是金钱。时间不仅代表着成本，同时也意味着企业竞争力。如今，顾客的需求变化越来越快，要求也越来越多，不仅对产品本身的质量提出了更高的要求，而且对时间的要求也越来越高。为此，采购的流程必须科学设置，使之更具效率，以满足市场发展的需要。

6. 构建实现企业总体目标的完整采购战略

采购作为企业总体战略计划中的一个环节，其战略规划和计划必须与企业总体的战略目标相适应。构建与企业总体战略目标相适应的完整采购战略，才能对企业总体的战略方针起到支持与推动作用。

综上所述，传统采购的重点放在如何和供应商进行商业交易的活动上，特点是重视交易过程中的价格比较，通过供应商的多头竞争，从中选择价格最适宜者作为合作者。质量、交货期也是采购过程中的重要因素，但在传统的采购方式下，质量、交货期都是通过事后把关的办法进行控制（如到货验收等），而将交易过程的重点放在价格的谈判上。而现代采购管理通常是在信息共享的环境下，以快速响应客户需求为主要目的的采购，它更注重采购过程中的合作与协作，追求共赢。

采购管理一点通

为企业提供所需的物料和服务，这是采购管理最基本的目标。最初，采购部门就是为此目标而设的。提供不间断的物料和服务，以使整个组织正常运转，这是采购部门的第一要务。原材料和零部件的缺货，由于必须支出的固定成本而带来的运营成本的增加以及无法向顾客兑现作出的交货承诺，将给企业带来极大的损失。

商品采购管理工作的要点

通过上节可知，企业采购成本一般占到企业运营成本的60%，如果能把采购成本降低10%或更多，那么就相当于企业盈利额上升了一个很大的幅度。

在很多传统企业的经营管理者看来，采购成本的节省主要是通过压价来实现的。而在现今市场经济形势中，在产品盈利幅度减小的情况下，企业压价的空间已减少了很多。要想继续通过压低价格来实现企业采购成本的降低已变得很不现实。这时，企业应该把采购的所有环节有效地管理起来，向管理要绩效。

以下是做好商品采购管理工作、提高企业采购管理水平的几个要点。

一、数量就是力量

不难想象，买方的采购批量是买方在谈判中的最大优势，但具体如何合理运用这个优势，却取决于不同的采购战略。对于某些生产资料的采购，其采购批量上的优势是相当明显的。为了维持价格的竞争性，同时也为了分散风险，常常要维持两到三个供应商。另外一方面，某些物料的采购，尤其是品种繁多的低值物品，单项商品的采购规模并不一定很大。如果仍然采取分散采购，则相当于自己削减自己的优势。这种情况下可以将同类商品，甚至不同类的商品进行合并采购，从而加大谈判的筹码。

试想，如果我们有近百项年采购量在几千元的商品，如果单独采购各项产品，将没有一项可获得采购优势，而且因为要与数百个不同的供应商交易，厂商的采购成本也是相当巨大的。但是如果能将这近百项物品集中从一两个供应商那里采购，该厂商就是年采购量数百万元的大客户，没有一个供应商会忽视其的存在。

二、选择综合性供应商

如果我们要合并采购项目，有时一个具有综合能力的中小型公司可能更能满足采购方的需要。对单一物料的制造商而言，采购方相应品种物料的采购量未必很大，因此虽然他们具有成本优势，但提供给采购方的未必就是最好的价格，并且他们很少单独为某一客户储备大量的库存。

相比之下，通过服务灵活的综合性供应商进行采购时，采购方庞大的采购批量往往能够获得特别的折扣。采购方甚至可以要求供应商储备一定的库存量，从而将自己的库存削减到最小。而当采购方由于生产计划波动等原因，取消某些物料的采购订单时，因为大部分库存放在供应商那里，这部分损失可以和供应商一起分担，而且供应商还可以通过自己的销售渠道把这些多余的库存销售给其他客户。在供应商库存管理的支持下，企业生产在物料供应上也就有了保障。

不仅如此，供应商通过增加库存和提供额外服务等手段，也可以与采购方结成相当紧密的伙伴关系。供应商通过大批量的商品进出，可以实现薄利多销的目的；而当客户有其他的需求时，他们也往往会成为首选供应商。这实际上是一个双赢的局面。

三、近地域采购

运输的时间和成本在物料采购中的影响不可低估。物料的交货期中大约有四分之一的时间用在了运输上。特别是一些低价值产品，长途运输无疑将增加采购的成本，有时甚至可能超过物料本身的价值。实际上，很多厂商都注意到了这点。

例如，一家国际知名手机品牌生产商在建设北京某经济技术开发区的一个主体工业园工程时，也邀请了他们的主板、电池、机壳等主要物料供应商在开发区建厂。在整个工业园中，该品牌手机的物料可以做到随用随取，基本实现了零库存。

四、采购管理系统的应用

采购管理系统的应用无疑可以提高企业使用各种资源的效率。

现有的技术手段虽然没有实现完全的电子化管理，但是已经初步实现了电脑信息化管理。部门内部通过局域网的信息和资源互通互享，可以提高运营的速度，减少出错率，增强计划的准确性，从而带来采购成本的相应下降。

五、诚信的工作态度

良好的供应商关系是构建供应链联盟的基础，因此供应商关系管理可以说是决定企业竞争力的重要因素。良好的供应商关系是通过诚信互利的合作达到的。良好的信用记录可以极大地提升采购方在谈判中的地位，采购员在向供应商要求更合理的采购条件时也不会难以启齿。

同时，良好的供应商关系常常可以使买方在物料短缺时仍能以相对合理的价格及时得到供货，在供应充裕时又可以获得相当优惠的价格。

采购管理一点通

市场竞争中价格的竞争，表面上看来是产品价格高低的竞争，但实际上是成本高低的较量。降低成本有两个主要途径，一是降低生产过程中的消耗，二是降低采购过程中的采购价格。传统的成本管理主要解决降低生产消耗的问题，但实际上对很多企业来讲，更重要的是降低采购成本。生产过程中的成本挖潜是很有限的，比较起来采购过程中的潜力却大得多。而且由于市场随时在变，因此采购过程中的挖潜可以说是永无止境的。

加强企业的采购管理

众所周知，企业采购管理是企业为了实现生产或销售计划，在确保适当品质的条件下，从适当的供应商那里，用适当的价格，购入必需数量的物品或劳务所采取的一切管理活动。

企业采购的总体目标是：所获得的物料应该是货真价实的（即满足质量方面的要求），数量是符合要求的，并以准确的时间发送至准确的地点，物料必须来源于合适的供应商（即一个可靠的、将及时地履行其承诺的义务的供应商）。同时，与之相适应的，还要获得合适的服务（不仅仅是指采购之前，还包括成交之后），当然其价格也必须是合理的。

那么，企业如何进行科学的采购管理，才能顺利实现企业的采购目标呢？

一、加强培训，提高采购人员的业务能力

采购不仅仅是购买东西的简单行为，它更是一门专业技术。国外企业的采购人员，往往由工程师来担任，其原因就是因为采购需要专业知识。采购人员应熟悉业务，具有能满足工作要求的业务素质。具体包括：掌握业务合同的谈判、签约的程序和方法；掌握企业采购政策和采购、采购质量控制有关的书面程序，并能在工作中认真贯彻执行；了解顾客和供应商的需求，能熟练使用计算机及其他信息技术；具有考虑综合成

本的头脑，能充分领悟整体供应链的要求；具有扎实的专业技术知识，具有与采购货品有关的技术、质量等专业知识，包括理化特征、检验和判定质量好坏的标准和方法等。

二、对采购人员进行激励

激励机制的直接目的是调动采购人员的积极性，谋求组织利益和个人利益的一致，其方式主要有以下几种。

(1) 威胁激励。威胁激励适用于经济萧条、衰退或企业发展面临困境的情况。这时企业市场份额减少，面临破产或被兼并重组的危险。为了渡过难关，企业需要裁员或减少工作岗位，因此员工面临着失业的危险和竞争的压力。这个时候就可以采用威胁激励，促使员工加倍努力工作，争取获得工作和薪水，避免被裁员或降职。

(2) 奖励激励。奖励激励是指企业采用奖金、红包、付加班费等经济手段鼓励采购人员努力工作，提高工作绩效，以使企业提高采购效率，获得更多的利润。

(3) 工作丰富化激励。这是指企业给采购人员提供更多的发展机会，丰富工作内容，增加工作责任。可采取为采购人员提供参与企业管理和决策的机会、更多的培训机会和实现自我的机会等形式。

以上三种激励方式基本涵盖了企业对采购人员常用的激励形式，三者各有利弊，企业应根据具体情况区别对待和灵活使用。

三、对供应商进行激励

采购是企业为满足特定需要而发生的外部购买行为，在这种行为中，供应商和客户之间的利益关系并不完全一致，必须在变动的采购利益关系中准确界定企业的利害关系，并以此为基础开展采购行为。对供应商进行激励的方式主要有以下几种。

(1) 价格激励。价格对供应商有明显的激励效果，高价格能增强供应商的积极性，不合理的定价会挫伤供应商的积极性。为了实现对供应商的激励而提高采购效率，应该从价格上给供应商一定的优惠，例如给予一定的折扣，保证供应企业与采购企业间合作稳定、运行舒畅。

（2）订单激励。对供应商而言，获得更多订单是一种极大的激励。一般情况下，一个制造商拥有多个供应商，这些供应商之间的竞争来自于制造商的订单，给予更多的订单能够起到对供应商的激励作用，促进其行为的合理化。

（3）信用激励。信用是企业的无形资产，反映着企业的社会地位（包括经济地位、政治地位和文化地位）。信用好坏是影响供应商业务收入的主要因素之一。因此，作为采购方的企业应该在信誉问题上下功夫，通过为供应商作义务宣传提高其信用度，以达到激励供应商的目的。

（4）关系或级别激励。企业应根据与供应商的交易经验，对供应商进行等级评价，依照价格、质量、交货期、信用等标准将供应商划分为不同的等级，与各方面条件都比较好的供应商建立长期合作关系。

（5）参与制造。将供应商、经销商甚至用户结合到产品的研究开发工作中来，按照团队的利益展开全面合作，形成一种激励机制，使供应商行为积极化。

四、对采购权力进行约束

我国许多企业在采购环节中都存在权力集中现象。采购权力集中于少数领导手中，采购管理部门形同虚设，采购活动失去监控。表现为：采购无计划，盲目采购、乱采购；采购论证、评审不到位，缺乏市场调查分析，导致资金、生产双受损；采购不公开招标，或招标不规范；签约不认真执行合同法，有的甚至不签采购合同，事后也对合同的执行情况不闻不问，有的报销数额竟大大高出当时的市场价格或合同价款，造成极大的经济损失；采购验收不严，账物不符，导致经济纠纷，使企业蒙受经济损失；等等。采购部门应建立规范的内部管理体制，根据采购性质和任务，明确各岗位的工作职责，确定采购人员的权利和义务，建立决策民主、权利受控的采购运行机制。

首先，有效控制采购决策权，建立权力受控的内部权力制衡机制，对重大采购活动进行集体、民主决策。其次，有效控制采购管理权，将采购计划权、招标询价权、市场采购权、验收结算权等采购管理权的职权主体分离。采购计划权由采购单位掌握，采购管理部门负责对采购计划实施审批权，招标询价权由采购管理部门掌握，市场采购权由采购业务部门掌握，验收结算权由采购单位及财务部门掌握。各环节责任明确，互不干预，相互制衡。只有把过于集中的采购权力分散，使权力受控，才能有效地遏制采购中的腐败。

五、对采购进行监督约束

监督约束主要包括两个方面：管理者对采购人员的监督和采购人员之间的互相监督。采购环节要形成预防为本、制约到位的监督保障机制。

(1) 建立廉洁采购奖惩责任制。明确责任，严格考核，增强采购者的管理意识和廉洁意识，对采购中严格遵守采购管理制度、节约多、采购质量高的采购人员给予一定的物质及精神鼓励，对采购决策失职或有不廉洁行为者则予以惩罚。鼓励节约采购成本，提高采购质量，推动廉洁采购。

(2) 坚持监督部门监督与群众监督相结合，使监督公开化、经常化、制度化。通过建立制度，开展企业采购效能监察，让监督部门全程参与到采购活动中，加大采购决策实施前的监督力度，做到防患于未然。通过发动群众参与监督，从群众中和市场上聘请特邀监察员，对企业采购行为进行公开民主评议和监督举报，对民主评议不合格的采购人员和供应商进行处理，发现违纪违法问题及时查处，并将查处结果公之于众。

总之，随着市场经济的发展和完善，采购已由单纯的商业买卖发展成为一种职能、一门专业。现代企业经营管理中，采购越来越重要，外购件与原材料的采购成功与否，大大影响到企业的竞争力。因此，走出传统采购认识的误区，正确理解采购和采购管理的重要性、运作模式与方法，是当今企业在全球化、信息化市场经济竞争中赖以生存的一个基本保障，更是现代企业谋求发展壮大的一个必然要求。

采购管理一点通

随着社会主义市场经济的深入发展和卖方市场向买方市场的转变，采购管理在企业中的地位越来越重要，采购环节越来越成为企业降低成本、提高竞争能力的关键环节。采购管理是每个企业都应该重视的问题，因为采购部门工作业绩的高低直接影响到企业的利润和市场竞争力，采购部门的有效运作是企业走向成功的基础。

中小企业的采购管理

采购是企业生产产品及维护正常运作而必须消耗的物品及必须配置的设施之购入活动的总称，是企业成本控制的重点。无论是企业管理者还是财务部门，对采购工作存在的风险都应有非常强的敏感性，这不但因为采购是直接影响生产成本的主要因素，而且其过程中往往存在着很高的人为欺诈的可能。

在日趋完善的现代经营管理模式中，企业管理部门越来越注重财务管理和财务运作的有效性，那么，作为中小企业，怎样进行采购管理才能达到预期的效果呢？

一、设立采购监管部门

采购监管部门虽然对企业所有的采购活动进行控制，但它往往并不是一个专门的职能部门，而是一般由企业财务部代为执行采购监管职责。企业财务部是一个综合性的管理部门，具有包括生产物料、工模材料、总务维护、设备维修、办公用品、饭堂伙食及后勤用品等在内的所有采购活动的全面管理的涵盖面，因为公司任何活动都必须以资金作为介质，所以以财务职能来控制公司的全盘采购是再合适不过了。

作为采购管理工作的开始，企业首先应对财务部在采购管理中扮演的角色进行合适的定位。企业管理者在企业组织架构上应赋予财务部作为企业采购监控部门的职能，即财务部负责有关采购政策的制定和采购实务的监控工作。管理者可明确授权：财务部有权对公司任何采购事宜进行质疑、调查、监控和必要的参予，并对不合理或不利于公司利益之采购事项否决或终止（有必要时，报请总经理或管理委员会决定）。财务部也可设专职如采购管理会计，分管采购控制工作（此职位亦可由相应岗位兼任，并直接向财务经理负责），财务部的采购监控工作直接向总经理负责。

二、建立和实施制度化的采购管理程序

建立和实施制度化的采购管理程序，是采购管理工作有效进行的根本保证。采购管理程序主要包括以下六个方面。

（1）规定采购条件。明确采购人员对供应商的选择、采购物品的质量、需求的满足保证等负完全责任，并明确采购主管人对下属的工作过程和结果的监控负责。采购物品必须是必需的、不可或缺的，而且经查对无库存。采购物品必须适量，不得超标积压，也不得不可用或根本不需用。采购物品的单价须为掌握内的合适单价，而且力求是最低的单价。

（2）明确分工。企业下辖生产性原材料消耗的装配部和塑胶部等生

产部门、工模材料消耗的工模部、总务维修及工程材料消耗的总务部、机械设备维修材料消耗的设备维修部、办公文具用品消耗的信息部、员工伙食消耗的后勤部等诸多采购部门，为明确采购员的权利和责任，使各采购活动有条不紊并将责任归落到人，必须对公司的所有采购活动按类别进行明确分工并落实到相应采购人员。

（3）采购审批权限。所有采购报价、采购合同、采购办理必须先批准后实行，有效批准者是总经理。禁止未经批准的采购事宜，但突发性或临时性急需物品（如工作中的机械突损部件、临时特采等）可以由财务部确认后即由采购负责部门采购，但请购单上须注明“急购”字样并说明理由，请购单由总经理补批。

（4）验收职能。任何物品购入后须经非采购者本人验收并在送货单、发票上签名作实。验收人员由财务部指定或确认。验收者必须核实进货的物品与订货单是否相符，对经手验收物品的品种、规格、数量和质量等与采购发票或采购约定所载之要求的相符性负责。

（5）退货与索赔。为避免损失，采购回厂的物品如果质量、规格不符，采购部门须立即办理退货，无论货品是否退还给了供应商，均须立即书面通知财务部及时扣回相应款项。凡检验结果为不良品的来料检验报告，品管部应分发至采购部门和财务部，以有效追踪，防止有遗漏退货扣款事项的发生。

（6）货款结付政策。所有采购除零散性或不常用无法采用月结付款和特别情况需用现金支付外，均采用月结付款方式。不能使用月结的，除小金额或零散性的因供应商不能来公司收款而由采购人员购买时直接付款外，均由供应商直接到公司财务部收款。禁止采购人员直接办理现金支付事宜。

三、加强和完善采购的环境管理工作

加强和完善采购管理工作的措施主要有以下四项。

（1）加强采购的事前管理，建立完善的材料价格信息档案。为了有效地控制和降低采购成本，并保证采购材料的质量，企业采购员应做好材料采购市场的有关价格信息的收集和整理，及时了解市场行情和动态，并与已在采用的采购价格进行比较和分析，同时进行相应的调整和更新。

(2) 建立健全的供应商档案。为全面掌握公司所有供应商的情况并对供应商进行相应的资质考评，应对所有供应商按重要性和一般性分别建立供应商档案。

(3) 对采购员进行考核、激励和约束，这是防范采购中人为欺诈的有效方法。采购员是采购的实际实施者，在采购过程中起着至为重要的作用，因此，企业一定要注重考核采购员的职业素养，以企业制度约束其行为操守，以减少工作中弄虚作假和损公肥私行为的发生。二是注重考核采购员的专业能力，一个合格的采购员既要熟悉公司的生产运作和物料存储情况，又要了解物料的本身属性、市场行情等情况，这样才能防止上当受骗或避免采购回不适用或根本不可用的材料，避免公司蒙受不必要的损失。

(4) 选择合理的采购方式。对于不同资质、不同类型的材料，选择合适的采购方式是降低采购价格的良好途径。

对于大宗材料采购，实行公开竞争招标的方式，往往能通过供应商的相互比价，达到采购成本最低、质量最好的采购目的。对于持常性的材料采购，可选择信誉佳、配合能力好的供应商，与之订立长期合同。与诚实、信誉佳的供应商合作不仅能保证供货质量和交货时间，而且能得到付款及价格等方面的优惠。

为了以最低的价格取得最优质的材料，在价格确定前，采购员必须先调查市场行情。所有采购应有三家或三家以上供应商报价，并与供应商价格档案进行比较核实，而且经财务部认可。

四、对采购工作进行严格的日常控制

对采购工作进行日常控制的措施主要有以下三点。

(1) 事前批准，并严格按采购审批权限执行。所有采购必须事前获得批准，未经计划并报审核和批准，不得采购。

（2）各种采购须及时结算。对于采购员持有大笔企业现金流且未进行清结的情况，规定所有采购员经手的现金采购，必须于采购发票日起规定日内到财务部报账结算并进行款项清结，报账程序按财务部相关报账规定办理。对于月结供应商货款有跨月或遗漏入账情况，规定月结供应商的送货单经验收入库后，由采购员分类整理并于翌日规定时间前送采购管理会计。月结供应商账单由采购管理会计整理并进行会计处理，月末统一编制《应付账款明细表》，并送财务经理审核认可。

（3）召开采购管理会议。针对采购工作中存在的问题、有关采购管理的政策修改或更新、重大的采购事项等，财务部可定期或不定期主持召开采购管理会议。采购管理会议可以固定在每个月月末举行，也可以根据需要临时性地召开。一般由财务经理主持，各采购部门参加，有必要时请总经理及相关主管人员参加。

按照以上四项要求，让财务部同时作为公司所有采购活动的监控部门正式进入采购管理角色，将会有效改善中小企业的采购管理工作。

总之，采购管理是一项围绕降低成本和风险而进行的管理工作，是企业内部控制的关键控制环节之一，具有长期性、持续性、系统性和过程性，不可操之过急，也不可能一步到位，只有持之以恒、毫不松懈地进行，才能取得应有的绩效。

采购管理一点通

当企业将采购活动按流程细分之后，控制采购过程就变得相对简单。所有市场调查、货比三家、讨价还价的信息资料都必须按规定上报存档。合同管理、供应商管理更是只能加强，不能放松。除了货物验收、品质检验、生产反馈在严密监督采购活动成果之外，企业还要另设监察审计部门进行重点监控。所有采购人员的所有采购活动都在双向监督之下。

第二章

采购管理组织

企业采购管理组织体现了一种适合企业具体情况的采购管理制度。企业建立起一个完善的采购管理组织，有利于指导日常采购管理工作和业务工作，以及探索发展更加科学先进的采购管理工作方法和工作手段，使企业采购管理工作走向正规和健康的发展轨道。

采购组织的类型

通过上文对商品采购管理知识的介绍，相信很多企业经营管理者已充分认识到采购管理的重要性。那么，如何才能做好企业的采购管理工作呢？当然，第一步就是在企业中建立科学的、合理的采购组织。

在市场经济条件下，市场需求的不确定性和多变性导致现代企业的采购工作非常复杂。特别是在一些大中型企业，采购的商品品种繁多、数量巨大，采购工作往往不是由一个人来完成，而是由一部分人组成的采购团队来完成。随着企业与市场联系越来越紧密，采购组织的工作状况直接影响到整个企业的运作流程与竞争优势，因此，任何企业或机构都应该注重采购组织的建立。

建立一个高效率的采购组织机构，组建一支高素质的工作团队，通过科学的采购，降低采购成本，可以保证企业生产经营活动的正常进行。随着外部环境的不断变化，采购组织也经历了相应的发展和演变过程，出现了各种不同类型的采购组织模式。

一、分散型采购组织模式

分散型采购是指由各预算单位自行开展采购活动的一种采购实施形式，分散型采购的组织结构是伴随着总部对企业运作管理权限的放开，分支机构逐渐掌管了日常事务而出现的。

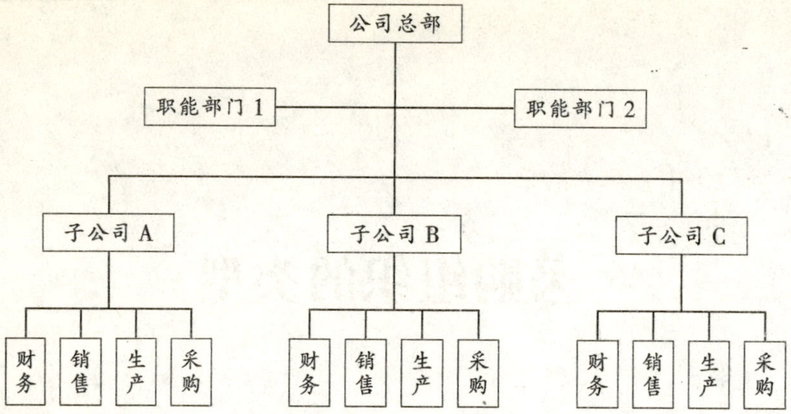

分散型采购组织机构

分散型采购组织模式的主要特点是，每个经营单位的负责人对他自己的财务后果负责，自然也要对其所有的采购活动负完全责任。这种结构对于拥有经营单位结构的跨行业公司特别具有吸引力，每一个经营单位采购的产品都是唯一的，并且与其他经营单位所采购的产品有显著的不同。在这种情况下，规模经济只能提供有限的优势。

分散型采购的优点是，能适应不同地区市场环境变化，商品采购具有相当的弹性；对市场反映灵敏，补货及时，购销迅速；由于分部拥有采购权，可以提高一线部门的积极性和士气；由于采购权和销售权合一，分部拥有较大权力，因而便于分部考核。

分散型采购的缺点是，部门各自为政，容易出现交叉采购、人员费用较大；由于采购权力下放，使采购控制较难，采购过程中容易出现舞弊现象；计划不连贯，形象不统一，难以实施统一的促销活动，企业整体利益控制较难；由于各部门或分公司的采购数量有限，难以获得大量采购的价格优惠。

由于分散采购制度存在许多弊病，所以这种方式正逐渐被集中采购所取代。只有在地区之间消费需求存在较大差异时，分散采购才适用于跨地区的连锁公司。

二、集中型采购组织模式

集中性采购是指由一个部门统一组织本部门、本系统的采购活动（简称部门集中采购）的采购实施模式。因此，集中性采购的实施主体可以是集中采购代理机构，也可以是一个部门。

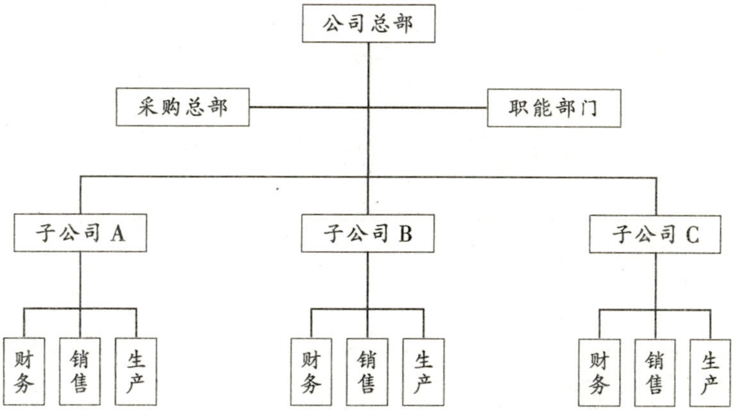

集中型采购组织机构

集中采购的优点是，可以使采购的数量增加，提高与卖方的谈判力度；较容易获得价格折扣和良好的服务；较容易统一实施采购方针，可统筹安排采购物料；有利于精减人力，提高工作的专业化程度；有利于提高绩效，降低成本；可综合利用各种信息，形成信息优势。

集中采购的缺点是，容易受外来因素的干扰，如政府有关部门人员、公司上级领导推荐；如果内部人员分别推荐不同的供应商，初选和评标时往往出现议而不决的情况，工作效率低，会产生或增加内部矛盾；如果采购流程的任何一个环节不能按期完成的话，都会导致不能按计划完成采购任务，进而影响工期，导致其他单位索赔等；采购主管部门往往诱致性地推荐投标单位，致使更优秀的单位被瞒报。

实施集中型采购组织模式的企业在公司层次上可以找到中心采购部门，这样公司的采购专家能够在战略和战术层次上进行运作。这种结构在几个经营单位购买相同产品，同时并在它们具有战略重要性的情况下是非常合适的。

三、复合型采购组织模式

复合型采购组织模式就是试图建立一个既不完全集中又不完全分散的组织结构来获得集中和分散。

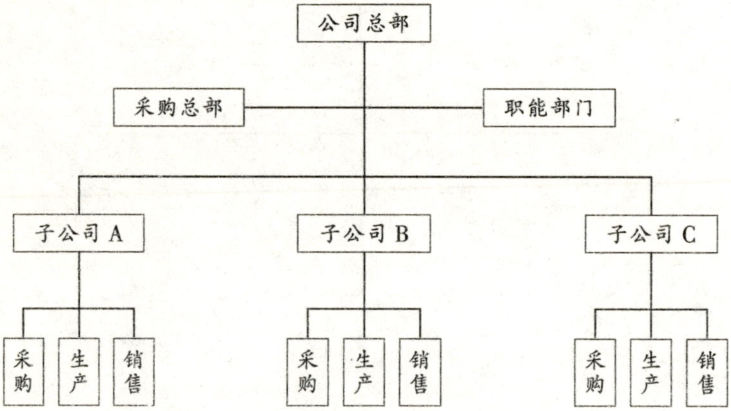

复合型采购组织机构

复合型采购组织模式一度非常流行，1995年美国高级采购研究中的关于采购部门的组织作用和责任的调查反映了这一点。研究发现，采用复合型采购组织机构的企业从1988年的61%上升到1995年的68%，采用集中型采购组织机构的企业从27%下降到22%，采用分散型采购组织机构的企业从12%下降到10%。但是调查结果同时发现，尽管复合型采购组织机构在理论上确实具有一定吸引力，然而实际中却有很多大公司不愿采用这种模式。

四、跨职能采购组织模式

跨职能采购组织模式是采购中相对较新的组织形式，由于采购组织的构建与赋予它的职能有直接的关系，采购部门各种业务的实施都有其行政管理或上下层关系，而不是采购部门必须完全听命于需求或委托单位，否则采购部门便无法完成企业所交付的任务。

以 IBM 公司的采购小组为例，IBM 公司的新采购组织采用了一个与供应商的单一联系点（商品小组），由这一商品小组为整个组织提供对全部部件需求的整合。合同的订立是在公司层次上集中进行的，然而在实际操作中的采购业务活动却是分散的。采购部件和其他与生产相关的货物是通过分布在全球的采购经理组织的。这些经理对某些部件组合的采购、物料供应和供应商政策负责。他们向首席采购官（CPO）和他们自己的经营单位经理汇报。经营单位经理在讨论采购和供应商问题以及制定决策的各种公司业务委员会上与 CPO 会晤。CPO 单独与每一个经营单位经理进行沟通，以便公司的采购战略与单独的部门和经营单位的需要相匹配，这保证了组织中的采购和供应商政策得到彻底的整合。IBM 通过这种方法，将其巨大的采购力和最大的灵活性结合在一起。

对于与生产相关的物料的采购，IBM 公司追求的是全球范围内的统一采购程序，供应商的选择和挑选遵循统一的模式。他们越来越集中于对主要供应商的选择和与他们签订合同，这些供应商以世界级的水平提供产品和服务并且在全球范围内存在，这促使了更低的价格和成本水平、更好的质量、更短的交货周期，并因此实现了更低的库存。这种方法导致了更少的供应商和逐渐增加的相互联系，因为采购总额被分配给更少的供应商，因此可以以持续的绩效改善为基础，更多地关注价值链中与单个供应商的关系。

采购管理一点通

现代企业已逐渐认识到采购组织的重要性，投入各种资源建立采购组织，将其纳入企业战略的一个重要组成部分，并直接与财务目标相联系，希望它能为企业绩效作出卓越的贡献。合理地建设一个好的采购组织，不仅能满足公司运营的基本要求，还能对整个企业的运作发挥整合协调作用，并且帮助企业建立竞争优势。

采购组织的组建

企业采购组织的建立，亦称为采购内部组织的部门化，也就是将采购部门应负责的各项功能整合起来，并以分工方式建立不同的部门来加以执行。

企业建立起一个完善的采购管理组织，有利于深入研究企业采购管理工作的规律，逐渐形成采购管理工作的标准规范和一系列的规章制度，指导企业日常采购管理工作和业务工作的正常进行，以及探索发展更加科学先进的采购管理工作方法和工作手段，使企业采购管理工作走向正规和健康的发展轨道。相反，如果没有一个采购管理组织，或者不能建立起一个有效率的采购管理组织机构，则是不可能进行比较复杂的采购管理工作的。

一、建立采购组织的原则

在实际工作中，采购组织的设计和建立应遵循以下四个原则。

1. 精简的原则

精兵简政在企业采购机构设计中同样有效，这个“精”指人员精干；“简”指机构简化。只有人员精干，机构才能简化。如果人员素质差而过分强调简化机构，应该开展的工作开展不起来，应该完成的工作完成不了，同样是不可取的。

2. 责、权、利相结合的原则

“责”指责任，起约束的作用；“权”指权力，是履行职责的保证；“利”指利益，起激励作用。责、权、利相结合，才能充分调动采购队伍的积极性，发挥他们的聪明才智。如果有权无责，必然会出现瞎指挥、盲目决策甚至损公肥私的现象；如果有责无权，什么事情都要请示汇报才能决策，也难以真正履行责任，还会贻误时机，影响效率；同样，没有相应的利益刺激，也难以保证采购工作的高效、准确。只有把“责、权、利”有机地结合起来，发挥各自的职能，才能保证采购组织工作的有效性。

3. 统一的原则

任何一个企业的采购组织要顺利地完成采购任务，都必须上下一心、齐心协力，遵循统一的原则，统一的原则基本上包括三个方面的内容。

（1）目标要统一。为了完成采购任务，实现企业经营目标，总的目标定下来后，应将总目标分解到各个部门、各分支机构的岗位和个人，形成子目标，当子目标与总体目标出现矛盾或不协调时，应强调局部服从总体。

（2）命令要统一。采购部门的多种决策、指令、命令要及时下达，一方面要防止令出多头，下级无法执行，无所适从的现象；另一方面也要杜绝上有政策、下有对策的散乱现象。

（3）规章制度要统一。采购部门有总体规章制度，多分支机构也应有自己相应的规章制度，但二者之间不能自相矛盾，应形成一个相配套的体系，在制度面前人人平等。

4. 高效的原则

采购工作要高效开展，必须有一套高效运转的组织机构，这种高效的组织机构应确定合理的管理幅度与层次。横向方面，各部门、各层次、各岗位应加强沟通、各负其责、相互扶持、相互配合；纵向方面，上情下达迅速，同时领导要善于听取下级的合理化建议，解决下级之间出现的矛盾与不协调。这样才能形成一个团结严谨、战斗力强的采购队伍，才能使采购工作高效地开展。

二、建立采购组织的步骤

1. 确定采购组织的结构

采购部门的组织结构随着企业的经济类型、经营规模的不同而有所区别，一般情况下，有以下四种组织结构形式。

(1) 产品结构式。它是指将企业所需采购的产品分为若干类，每一个或几个采购人员分成一组，负责采购其中的一种或几种商品的组织形式。按产品结构，如按主原料、一般物料、机器设备、零部件、工程发包、维护和保养等类别，将采购工作分由不同的人员办理。运用这种结构形式，可使采购人员对其经办的项目非常专业和精通，能够做到熟能生巧、触类旁通。这种形式适合于所需采购的商品较多、专业性较强、商品间关联较少的企业。

(2) 区域结构式。它是指将企业采购的目标市场划分为若干个区域，每一个采购人员负责一个区域的全部采购业务。一般是依照物品采购来源进行区域的划分，如国内采购部、国外采购部。这种组织形式便于明确工作任务和绩效考核，有利于调动员工的积极性并与供应商建立良好的业务关系，也适合于交易对象及工作环境差异性较大的企业。

(3) 顾客结构式。它是指将企业的采购目标市场按顾客的属性进行分类，每一个采购人员负责同一类顾客。这种组织形式可使员工较为深入地了解顾客的供应情况及存在的问题，通常适用于同类顾客较为集中的企业。

(4) 综合式。这种组织形式综合考虑了上述三种结构形式的重要程度和关联状况。稍具规模的企业在采购量较大，而且作业过程复杂、交货期较长等情况下可以选择此种结构形式。

2. 为采购组织设定岗位，配置适当的人员

在根据企业具体特点选定了部门结构形式后，根据采购具体的管理职能和组织结构，设定各个岗位，并进行部门人员的选择。设置岗位包括每一个岗位责任和权利的设置。一般来讲，采购部门的人员包括以下四类。

(1) 总经理。总经理是采购部门的最高领导，主要向运营副总裁负责，负责从提供服务到行政管理的各个阶段，并统管整个采购部门的运作。总经理必须在最大限度地运用资产的同时，努力降低采购部门的成本，保证满足企业供应的需要。

(2) 采购经理。采购经理受总经理的直接领导，主要负责安排本部门的具体工作，并制订本部门的中、短期计划，帮助办事人员协调部门内部的工作，对内部人员实行控制和管理。

(3) 采购经理助理。采购经理助理的职责主要是辅助采购经理开展日常工作，协助采购经理根据具体需要制订中、长期计划，协助采购经理进行具体工作的安排，协助采购经理对下属人员进行监督和管理，并就与部门相关的档案资料进行整理和管理。

(4) 采购人员。采购人员采购日常工作的具体执行者，主要是按照部门和各科室制订的计划来进行工作。

3. 确定采购部门人员的数量

在确定采购部门的职能后，就需要确定采购部门的人员数量。采购部门在确定一个采购经理后，其余的部门成员数量应视具体情况而定。如果涉及的工作量大，且难度较大，成员的数量可相对多一些；如果涉及的工作量不大，且任务较轻，成员的数量可相对少一些。通常情况下，采购部门的成员数量以能满足工作的需要为标准，太多则容易增加成本，造成浪费；太少又易造成工作的延误，难以满足工作要求和完成工作任务。

4. 明确采购部门的职责

采购部门的职责包括一些与采购工作直接或间接的相关活动，具体内容后文再予以介绍。

采购管理一点通

采购管理组织既是企业采购管理的司令部，又是企业采购业务工作的行动部。就像军队打仗那样，科学合理的采购组织有利于统一指挥，又有利于统一调度、统一行动，可以保证采购业务工作高效有序地开展。建立起一个完善的采购管理组织，有利于精简机构、缩短管理流程，做到分工明确、权责分明，事事有人管，事事有人做，使工作效率得到极大的提高。

采购部门和人员的职责

企业在建立起采购组织后，就要明确各采购部门和相关人员的职责，把采购工作落到实处。

一、采购组织的职责

采购部是企业对供应商的唯一窗口，也是能对企业客户产生极大作用的组织。它是联结企业客户和供应商的纽带，从总体而言，它具有对内和对外两类不同的职责。对外是选择和管理供应商，控制并保证价格优势；对内是控制采购流程，保证采购质量和交货周期，满足企业生产和市场的需要。

1. 采购总部的职责

(1) 组织与工作职责的制定。

(2) 商品结构的制定（大组、小组、商品群、价格带、品项数等）。

(3) 采购作业规范手册的编制与更新。

(4) 拟订全国品牌采购条件和年度采购计划。

(5) 统一订货与结算商品的处理。

(6) 定期召开全国联合采购会议，加强全国采购本部与地区采购部、地区采购部与地区采购部之间的交流。

(7) 促进各分店之间的采购交流工作。

(8) 开展采购工作的培训与稽核。

(9) 协助新开张分店地方性商品的采购。

(10) 协调财务部门，确保全国联合采购供应商的“绿色通道”。

(11) 辅导各分店的采购工作。

(12) 分析各分店商品结构，并给予各分店建议或指导。

(13) 协调各分店与供应商之间的矛盾及交易条件。

(14) 制定符合公司规章制度，同时满足质量控制和财务制度的采购控制流程，确保公司的采购活动能够满足来自生产部门、市场部门、公司内部的各种采购要求。

(15) 通过人员培训和组织调整，控制采购的合同风险和法律风险，杜绝来自公司内外的对采购流程的干扰，提高采购部门的纯洁性。

2. 采购部门的职责

(1) 供应商（包括寻找新的物料代替品）的调查与选择。通过采购调研做出供应商的筛选、甄别、评价、认证、培养、审核、考察、评审、资料备案等。

(2) 与供应商协商对采购最有利的供货条件（包括质量、折扣、价格、进货奖励、广告赞助、促销办法、订货办法、送货期限及送货地点等）。

(3) 收集市场信息、价格变化的调查分析，掌握市场的需要及未来的趋势。对市场（国内和国际）的行情有及时的了解，保证公司在采购价格上的优势。在市场状况发生明显变化时能够妥善利用供应商的资源和采取适当战略降低风险，取得竞争优势。

(4) 核对请购单所购物料的技术规范和技术标准。

(5) 供货商交货时品质、数量的验收、追踪和处理。

(6) 询价、洽谈采购条件，填制订购单并签订采购合同。

(7) 通过不懈的努力，降低采购运作的成本，提高采购效率，提高内部和外部的客户满意度。

二、采购人员的职责

在市场经济条件下，决定企业成功的根本因素是人，企业采购都要通过采购人员来完成。有的企业每年外购总值高达数亿元甚至数百亿元，只要采购管理工作发生一点疏漏，就可能造成严重后果，可见采购人员的能力和素质对一个企业来说有多么重要。

1. 采购经理的职责

（1）在总经理的领导授权下，直接负责采购部门的各项工作，并行使采购总监的职权，对商品政策进行监督。

（2）在企业总体经营策略的指导下，制定符合当地市场需求的营运政策、客户政策、供应商政策、商品政策、价格政策、包装政策、促销政策、自有品牌政策等各项经营政策。

（3）在遵循企业总体经营策略下，领导采购部门达到企业的业绩及利润要求。

（4）对采购人员进行相应的采购技能培训和提高，清楚地了解采购人员的能力水平，以便促进员工的招聘、调动和提升。

（5）保持与企业各层级的采购人员密切沟通与配合，以保证采购工作的连续性、充分性和完整性。

（6）制定和维护一套信息系统，以保证能清楚地知道应采购什么物料、由谁采购、从哪儿采购、采购的数量及采购成本，完成一些主要物料的谈判和重要的采购环节。

（7）指导和帮助企业各部门的采购人员实现存货控制系统、储配水平、在订货点及一般物料管理工作的管理效益。

（8）负责对供应商的调查、评估，决定与供应商的合作方式。

（9）负责并确保所采取的采购行为符合有关政策、法规和道德规范。

（10）调查研究企业各部门的物资需求及消耗情况，熟悉各种物资的供应渠道和市场变化情况，做到供需心中有数。

总体而言，采购经理需要根据运营整体进度规划，开发或优化现有供应商，并与之签订规范的产品经销合同；及时评估现有供应商的质量和效率，及时优化供应链，降低进货成本。依据采购部的采购需求单及补货单，保障执行采购；将市场上的销售情况反馈给产品经理，为其提供采购建议（互动）；与储运部门沟通接洽，及时理顺流程，保障入库；与财务部门沟通，及时审核、履行付款财务手续；检查并监督本部门是否将财务记录和资料进行归档留存；控制库存在合理的程度内，与供应商协调，及时安排办理调退货，优化库存。

2. 采购人员的职责和要求

采购人员的日常工作就是进行采购作业，包括商品的议价、交易条件协商、新商品的引进及议价、商品的配送方式、数量等。

其职责主要包括以下几项：

(1) 随时掌握企业各部门的物资需求及各种物资的市场供应状况，熟悉各种物资的采购计划。

(2) 对于采购物品，要做到在物美价廉的基础上，尽量选用优质的产品。对于季节性的物资，如果部门尚未提出申购计划，应及时提供样品、信息，供经营部门参考。

(3) 努力学习业务知识，提高业务水平，严格遵守企业的各项规章制度，服从上级领导的工作安排。

(4) 必须依照采购单进行采购活动，金额超过规定数额以上须经采购经理批准。

(5) 采购多种物品时，要分轻重缓急，合理采购。大宗高额物资须经采购中心招标采购，小宗大量物资同申购部门代表一同采购。

(6) 严把质量关、价格关，不采购假冒、伪劣、不符合质量要求的商品，及时做好入库报销工作。

作为采购员，在执行工作任务时，清楚地了解自己的岗位职责，可以更好地投入工作。目前各个行业和企业都有自己的采购标准和采购模式，对采购员的要求也不一样。材料、酒店、超市、工厂、药品、服装、原料、工程、物资采购员岗位职责可能都会有所差异，但一些基本的采购员岗位职责是大同小异的。采购员一定要以身作则，做好基本的采购工作。

采购管理一点通

初入职的采购员对于自己的工作职责，不要仅仅浮于表面，要更多的通过实际训练来消化理解。同时在工作过程中，要尽快熟悉岗位职责，然后在此基础上努力提高效率，优化工作任务。这样做不仅有利于自己采购工作的开展，而且对带动同事也会起到积极作用，更容易得到领导的肯定和赞赏。

采购人员的职业素养

为了搞好企业的采购管理工作，企业对采购管理人员应有一定的素质要求。在所有的采购管理人员中，无论是采购主管还是基层采购员，一些基本的素质素养是必须具备的。

一、采购人员的思想品德素质

采购工作没有固定规则可循，加上采购行为稽查困难，就使得采购工作成为“良心工作”。因此，觉悟高、品行端正是一个采购员应有的基本素质。只有思想品德高尚的人，才能大公无私、克己奉公，处处为企业大局着想，不贪图个人小利。在实际工作中，有许多采购员拿回扣，要好处费，或借采购之机游山玩水，造成企业采购费用开支过大，或所采购商品质量低劣，给企业造成巨大损失。结合当前很多企业的实际情况，采购人员应具备以下基本的道德素质。

(1) 胸怀坦荡，大公无私。

(2) 有很强的工作责任心和敬业精神。

(3) 有良好的职业道德，把企业的利益放在首位，严格把好进货关。

(4) 有较强的抗压能力。采购工作是一项重要、艰巨的工作，要与企业内外方方面面的人打交道，经常会受到来自企业内外的“责难”，采购人员应具有应付复杂情况和处理各种纠纷的能力，在工作中被误解时，能在心理上承受得住各种各样的“压力”。

二、采购人员的知识素质

在采购工作中，一方面采购人员要与不同类型的供货商打交道，另一方面，采购的商品品种繁多，规格不一，且市场上商品的供求变化快，为此，采购人员应该具备承担采购任务所需要的相关知识、政策和法律知识，包括国家出台的各种相关法律、价格政策、专营方向，维护国家与企业利益。除此之外，还应掌握：

1. 市场学知识

了解消费者需要，掌握市场细分策略以及产品、价格、渠道、促销方面的知识，才能合理地选择采购商品的品种，从而保证采购的商品适销对路。

2. 业务基础知识

业务知识包括谈判技巧、商品知识（商品功能、用途、成本、品质）、签约的基本知识等，这是做好本职工作的关键，将有助于与供应商的沟通；能主动进行价值分析，开发新来源或替代品，以降低采购成本。

3. 社会心理知识

了解客户的心理活动，把握市场消费者的心理需求，从而提高采购工作的针对性。

4. 自然科学知识

自然科学知识包括自然条件、地理、气候、环境变化以及数理知识和计算机知识。将现代科技知识用于采购过程，把握市场变化规律，从而提高采购工作的效率与准确性。

5. 文化基础知识

这是其他知识的基础，一个文盲是干不好采购工作的。

三、采购人员的能力素质

知识不等于能力，国外心理学家研究表明，要办好一件事，知识起的作用只有 1/4，而能力起的作用占 3/4，可见能力更为重要。要做好采购工作，采购人员同样应具有相应的能力，我们把采购人员具备的能力归纳为以下五项。

1. 分析能力

分析市场状况及发展趋势，分析消费者的购买心理，分析供货商的销售心理，从而在采购工作中做到心中有数、知己知彼、百战百胜。

2. 协作能力

采购过程是一个与人协作的过程。一方面采购人员要与企业内部各部门打交道，如与财务部门打交道解决采购资金、报销等问题，与仓储部门打交道，了解库存现状及变化等。另一方面采购人员要与供应商打交道，如询价、谈判等。采购人员应处理好与供应商和企业内部各方面的关系，为以后工作的开展打下良好的基础。

3. 表达能力

采购人员是用语言文字与供应商沟通的，因此必须做到能够正确、清晰地表达所欲采购的各种条件，如规格、数量、价格、交货期限、付款方式等。如果口齿不清，说话啰唆，只会浪费时间，导致交易失败。

因此采购人员的表达能力尤为重要，是采购人员必须锻炼的交际技巧。

4. 成本分析和价值分析能力

采购人员必须具有成本分析能力，会精打细算。买品质太好的商品，物虽美，但价更高，导致成本加大；若盲目追求“价廉”，则必须承受商品品质低劣带来的损失或伤害其与供应商的关系。因此，对于供应商的报价，要结合其提供的商品的品质、功能、服务等因素综合分析，以便买到适宜的商品。

5. 预测能力

在市场经济条件下，商品的价格和供求在不断变化，采购人员应根据各种产销资料及与供应商打交道中供应商的态度等方面的情况，来预测将来市场上该种商品的供给情况，如商品的价格、数量等。

四、提高采购人员素质的途径

1. 加强采购人员的绩效考核

企业通过运用现代企业绩效管理，分析自身的运行状况，及时发现存在的问题，更好地引导和激励工作人员努力工作，可在很大程度上提升现代企业的竞争能力和发展水平。采购人员的绩效考核是企业绩效管理的一个重要组成部分，通过对采购人员进行绩效考核，可以修正采购活动中的失误，更换不符合要求的采购人员，并对优秀的人员给予必要的奖励。

在考核中应交替运用两套指标体系，即业务指标体系和个人素质指标体系。业务指标体系主要包括：

(1) 采购成本是否降低，卖方市场的条件下是否维持了原有的成本水平。

(2) 采购质量是否提高，质量事故造成的损失是否得到有效控制。

(3) 供应商的服务是否增值。

(4) 采购是否有效地支持了其他部门，尤其是营运部门。

(5) 采购管理水平和技能是否得到提高。

当然，这些指标还可以进一步细化。如采购成本可以细分为购买费用、运输成本、废弃成本、订货成本、期限成本、仓储成本等。把这些指标一一量化，并同上一个半年的相同指标进行对比所得到的综合评价，就是业务绩效。

2. 加强采购人员的培训

采购人员的培训主要有岗前培训和在职培训两个部分。

(1) 岗前培训一般是由企业的人力资源部统一安排的，培训内容主要包括公司文化、公司历史、本职业工作相关的技能训练。

(2) 采购人员的在职培训比岗前培训的实务性、知识性、技巧性和专业性更强，是一种比较有效地提高采购人员素质的途径。

3. 加强企业文化建设

企业文化是企业组织在其发展过程中形成的组织成员所共同信仰的管理哲学、行为规范和价值体系的总和，是企业核心竞争力的重要体现，是企业生存和发展的灵魂。加强企业文化建设，是提升企业每个员工素质的有效手段，当然采购人员亦是如此。

采购管理一点通

采购人员的每一行为都影响着采购企业的长期利益和企业形象。采购人员要具有正直、高尚的品质，保持平常心，不受权力的威逼和金钱的诱惑。那些牺牲公司权益，图利他人或自己的行为，终将误人误己。

采购人员的招聘

在企业人力资源管理工作中，员工招聘具有重要的意义，它直接关系到企业人力资源的形成。有效的招聘工作不仅可以提高员工素质、改善人员结构，也可以为组织注入新的管理思想，为组织增添新的活力，甚至可能给企业带来技术、管理上的重大革新。

招聘是企业整个人力资源管理活动的基础，有效的招聘工作能为以后的培训、考评、工资福利、劳动关系等管理活动打好基础。因此，员工招聘是人力资源管理的基础性工作。

企业采购人员招聘原则同整个企业员工的招聘原则相同。通常来说，采购部门的招聘都是由企业的人力资源部门统一进行的。但是在一些企业中，总经理也授权给企业的采购部门主管，由其负责进行部门内部人员的招聘。

一、招聘的原则

由于员工招聘成功与否对企业的生存和发展非常重要，所以在日常员工招聘过程中应该体现以下五个原则。

(1) 因事择人原则。所谓因事择人，就是员工的选聘应以实际工作的需要和岗位的空缺情况为出发点，根据岗位对任职者的资格要求选用人员。

(2) 公开、公平、公正原则。公开就是要公示招聘信息、招聘方法，这样既可以将招聘工作置于公开监督之下，防止以权谋私、假公济私的行为，又能吸引大量应聘者。公平公正就是确保招聘制度给予合格应征者平等的获选机会。

(3) 竞争择优原则。竞争择优原则是指在员工招聘中引入竞争机制，在对应聘者的思想素质、道德品质、业务能力等方面进行全面考察的基础上，按照考查的成绩择优选拔录用员工。

(4) 效率优先原则。效率优先原则就是用尽可能低的招聘成本录用到合适的最佳人选。

(5) 内部优先的原则。

二、招聘方法与渠道

为了以最小的招聘成本招聘到最合适的员工，企业必须寻找和利用各种应聘者来源。企业可以通过刊登广告或求助于职业介绍所，但要招聘到最优秀的人才，必须更加别具匠心。有时为了找到最有价值的应聘者，企业也要进行深层次的挖掘。

通常，可以利用的招聘渠道有：

1. 内部征召

内部征召是指吸引现在正在企业任职的员工，填补企业的空缺职位。它是企业重要的征召方法，特别是对于企业管理职位来说，它是最重要的应聘者来源，如在美国有抽样调查资料显示，90%的管理职位是用内部征召的方法来填补的。内部征召这一方法的使用，是通过不同的渠道来完成的。

(1) 内部提升。当企业中有些比较重要的职位需要招聘人员时，让企业内部符合条件的员工从一个较低级的职位晋升到一个较高级的职位的过程就是内部提升。

(2) 职位转换。将员工从原有的职位调到同层次或下一层次的空缺职位上去的过程称为职位转换。

2. 外部征召

外部征召的方法多种多样，当企业需要大量员工时，外部征召是必然的选择。其主要渠道有：刊登广告；员工推荐；顾客推荐；大学校园招聘；在线招聘；就业机构推荐；专职猎头机构推荐。

3. 不同征召渠道的选择

选择什么样的征召渠道与职位的类型、级别、企业的规模等都有很大的关系。技能及管理层次越高的职位，越需要在大范围内进行征召。国外的一些研究表明，职位的类型是决定使用哪一种征召来源的重要因素。调查显示，对管理职位来说，使用最多的是内部征召、报纸广告，其次是私人就业机构；对于专业和技术职位来说，使用最多的是校园征召，其次是报纸和专业杂志广告，再次就是私人就业机构；对销售人员的征召，企业使用最多的是报纸广告。

针对我国的情况，对于大多数企业来说，如果是集中征召一批人员，通常采用广告、校园征召、人才交流等渠道，而员工推荐则往往作为补充渠道或补充特殊人才渠道。

三、甄选

企业要把合适的人选安排到工作的职务空缺中去，为此不但要求招聘过程按照一定的程序进行，而且要求企业必须实行科学、可行的选拔方法。现代企业员工甄选的方法非常多，有效的基本方法有以下几种。

1. 对申请者的背景调查

根据求职者的《求职申请表》对申请求职者首先进行必要的背景调查，这是企业了解申请者的教育经历、工作履历、个人品质、人际交往能力、工作能力，以及申请者原来所在单位录用其理由的重要手段。但是一般来讲，背景调查均是通过官方材料和档案来进行的，只有原单位认真、客观地记录和尽力配合才能获得真实的信息。只有这样，背景调查才能在企业对申请人的初选中起到积极作用。

2. 心理测验

在甄选员工时，为了能够准确判断应聘者的气质、思维敏捷性、特殊才干等，经常采用心理测验的方法。从内容上分，心理测验可划分为智力测验、个性测验和能力倾向测验三种。能力倾向测验具体又包括特殊能力测验和心理运动机能测试两种类型。

3. 情景模拟

情景模拟是指根据被试者可能担任的职务，编制一套与该职务实际情况相似的测试题目，让被试者处理可能出现的各种问题，以此来测评应聘者的心理素质、潜在能力的一系列方法。情景模拟可以为企业选择到最佳人选，可为企业节省培训费用，也使被试者得到了一次实际的锻炼机会。情景模拟的内容包括：公文处理、与人谈话、无领导小组讨论、角色扮演和即席发言等，有些可以量化的情景模拟内容，还可以搬到计算机上来进行，如模拟一个工厂的生产经营。情景模拟一般不可能大规模使用，如果使用也只是在高层次的管理人员和特殊的专门人员的甄选上，原因在于其成本过于高昂。

4. 笔试

笔试是指通过纸笔的形式了解被测试者的知识广度和知识深度的一种方法。在我国企业的员工招聘中，笔试历来被广泛应用。笔试的优点是：公平、费用低、迅速、简便。不足之处是过分强调记忆力，不能全面考察应试者的工作态度、品德修养、管理能力、口头表达与操作能力。因此，其往往在应聘者的初次甄选中使用，成绩合格者才能参加面试或下一轮测试。

5. 面试

甄选进入到最后一轮都会有一次面谈，有时甚至随着主考官的不断变化安排好几次面谈。面谈可能通过交流和观察等来了解应聘者的个性特点、态度、随机应变能力、形象气质等方面的特性，从而挑选到合适的人员。有研究表明，面谈中从应试者面部表情中获得的信息量可以达到50%以上。但是面谈也存在一些不足，如甄选时间长，费用偏高，主观偏见难以避免等。

6. 录用

员工的正式录用是指试用期满后，使表现良好、符合组织要求的新员工成为组织正式成员的过程。一般由用人部门根据新员工在实习期间的具体表现对其进行考核，作出鉴定，并提交人力资源管理部门。人力资源管理部门对考核合格的员工发放正式录用通知，并代表公司与员工签订正式录用合同，正式明确双方的责任、义务与权利。

采购管理一点通

网上招聘是一种新兴的招聘方式。它具有费用低、覆盖面广、时间周期长、联系快捷方便等优点。用人单位可以将招聘广告张贴在自己的网站上，或者张贴在某些网站上，也可以在一些专门的招聘网站上发布信息。网络招聘由于信息传播范围广、速度快、成本低、供需双方选择余地大，且不受时间、空间的限制，因而被广泛采用。

采购人员的培训

员工培训是指一定组织为开展业务及培育人才的需要，采用各种方式对员工进行有目的、有计划地培养和训练的管理活动，其目标是使员工不断地更新知识，开拓技能，改进员工的动机、态度和行为，使员工适应新的要求，更好地胜任现职工作或担负更高级别的职务，从而促进组织效率的提高和组织目标的实现。

企业采购人员培训原则同整个企业员工的培训原则相同，那么，企业应该如何对人员进行有效的培训，从而提高他们的工作效率呢？

一、员工培训需求分析

员工培训需求分析是有效实施培训的前提条件。如果培训需求分析正确，就能保证制订出符合实际情况的培训方案，选择好适当的培训方法，所以，这是企业进行员工培训必须首先做好的一项工作。企业员工培训需求分析应从三个方面进行，即企业、工作和个人。只要三者中的任何一个方面在需求上出现问题，就要提出培训要求。

1. 企业的培训需求分析

(1) 人力资源现状与组织目标分析。分析内容包括两项：一是维持当前生产经营活动的组织结构和组织行为等现状，维持当前生产经营活动所需要的人员数量、年龄及素质。二是企业当前的人力资源状况，包括数量、年龄结构、知识结构、出勤率、离职率等，找出企业人力资源现状与实现组织目标的差距。

(2) 企业未来的状况预测。分析内容包括：企业在将来某一时期的发展目标，采用的生产技术手段，实现这些发展目标所需要的人力资源数量、类别和素质，以及未来企业将面临的外部环境，包括产品市场状况、劳动力市场状况等。通过这些分析，企业的人力资源部门便可以找出实现企业目标和企业人力资源状况两者之间的差距，进而确定哪些差距可以通过培训来解决，以及培训的项目和内容。

2. 工作任务的描述和需求分析

这项描述和分析将说明每项工作的任务要求、能力要求和对员工素质的要求等。通过对工作任务的描述和需求分析，使每个人都能够认识到接受一项工作的最低要求是什么，满足了这些要求的员工才能上岗，否则就要对其进行培训。因此，职位分析是确定培训内容的重要依据。

3. 个人需求分析

这是分析员工从事现任职位的要求与实际工作能力之间的差距，通过分析可确定“谁需要接受培训”以及“需要哪种培训”，使存在差距的员工通过培训能力得以提高。

二、确定员工培训计划

企业员工的培训对象可分为三类，即工人、工程技术和专业人员、管理人员。为了最大限度地提高员工培训的投资效益，企业必须根据发展的需要和个人的具体情况，合理地确定培训对象。

确定培训对象时要考虑这样几个原则：第一，急需原则，即企业迫切需要一部分员工改进目前的工作或掌握新的知识和技术，以利于尽快提高组织的效率，对这部分员工的培训应优先考虑。第二，关键性原则。企业对关键技术人员和管理人员应优先予以培训。第三，长远原则。根据企业中长期人力资源的需求分析，对企业在未来发展中需要的合适人才，可先进行培训，以使他们掌握一些新技能和新知识。

1. 员工培训的内容

企业员工培训的内容涉及面较广，应根据培训对象的不同确定培训内容。具体来说，员工培训内容可归纳为以下七个方面。

（1）有关企业文化方面的内容。

（2）企业、行业及有关岗位所需要的知识和技能方面的内容。

（3）有关一般文化知识的普及和提高方面的内容。

（4）有关协调人际关系方面的内容，如冲突的处理、团队工作关系等。

（5）有关知识更新、本行业中最新科学技术方面的内容。

（6）有关现代管理知识和技能方面的内容。

（7）有关健康保健、休闲活动的内容。

2. 员工培训的类型

员工培训方式视企业各类人员的不同而有所不同。一般来说，有以下四种类型。

(1) 新员工入门培训和上岗前培训。这是对刚刚进入企业的新员工所进行的专门培训。新员工入门培训，主要是向新员工介绍企业的基本情况、企业的规章制度、企业文化、企业的发展前景等，帮助新员工学会适应企业的需要，实现从学生到企业员工的角色转换。这种培训一般由人力资源部门统一安排，不需要采购部门单独进行。

(2) 员工上岗后的适应性培训。适应性培训是指在岗位的员工为不断适应工作要求而进行的培训，它是企业对所有员工进行的日常性培训，可以定期，也可以不定期。适应性培训的内容包括：一是根据工作分析和岗位职责的规定和要求，对任职者进行的有关岗位知识、工作态度、职业道德等方面的培训。通过培训来提高员工的职业素质，使其适应本职位的要求。二是对员工进行本岗位新知识、新技能、新方法和新观念，以及相关领域的辅助性知识和技能的培训。适应性培训的内容、时间和方法可以根据企业的具体要求灵活安排。

(3) 专业技术人员培训。在企业中，各类专业技术人员通常都需要定期培训。这是因为，在科学技术飞速发展的时代，各类专业知识、技能不断更新，各种先进的技术手段层出不穷。如果忽视对专业技术人员的持续不断的培训，专业技术人员就不能很好地适应组织发展的需要。在专业技术人员的培训中，尤其要重视培养他们解决实际问题的能力和处理人际关系的能力，帮助专业技术人员将知识运用于生产与经营过程，并且帮助他们更好地在组织中与同事互相协作，多出成果。

(4) 管理人员培训。管理人员培训包括高层管理人员培训、中层管理人员培训、基层管理人员培训。高层管理人员培训主要由人力资源部门负责，采购部门中层和基层管理人员的培训可由本部门单独负责。事实上，即使是那些由人力资源部门负责此类培训的企业也必须注重采购部门的参与。

3. 员工培训的方式

上述四种培训可通过不同的方式进行。培训的方式主要有两大类，即在职培训与离职培训。

所谓在职培训，是指员工不脱离岗位，利用业余时间和部分工作时间参加培训，如各种类型的短训班，一般不超过一个月，重点是放在解决某一类问题上。这种短训班比较灵活，效果也好。在职培训的另一种方式就是在职学习，一般指利用晚上和周末的业余时间进行培训，时间相对较长。还有一种方式就是岗位轮换，岗位轮换可使员工了解企业的整体活动和各部门的关系，掌握相关的知识和技能。

所谓离职培训，是指员工离开工作岗位，专门学习某些专业知识或技能。离职培训可采取到高校学习、到国外学习、到外单位培训或在本单位培训等方式。离职培训的时间一般从几个月到几年不等。离职培训的内容有攻读学位、新技术培训、管理知识技能培训等。

不管采用哪种方式进行培训，企业都应当重视四个“结合”，即将技术培训与管理培训相结合，将工作技能培训与工作态度培训相结合，将当前工作需要与未来工作需要相结合，将企业目标与员工个人目标相结合。

采购管理一点通

网络培训法是一种新型的计算机网络信息培训方式，投入较大。但由于使用灵活，符合分散式学习的新趋势，节省学员集中培训的时间与费用。且信息量大，新知识、新观念传递优势明显，更适合成人学习。因此，特别为实力雄厚的企业所青睐，也是企业培训发展的一个必然趋势。

采购组织的团队精神

任何企业组织在经营发展的过程中，要想有高效率、高标准、高产值，离开团队组建和团队协作精神，一切都是无稽之谈。团队的力量是强大而不可比拟的，一个好的团队能够完成一个人不可能完成的事情，能够做到一个人不能做到的事情。

调查发现，世界500强企业里有80%以上的企业都拥有卓越的领导团队。事实证明，团队正成为企业发展的重要组织形式。

一、采购组织团队的重要性

团队是由一些具有共同信念的人为达到共同目的而组织起来的，各成员通过沟通与交流保持目标、方法、手段的高度一致，从而能够充分发挥各成员的主观能动性，运用集体智慧将整个团队的人力、物力、财力集中于某一方向，创造出惊人业绩的工作单元。

采购组织要想成功地完成采购任务，就需要建设一个高效的采购团队，依靠全体职能部门和员工相互配合，共同努力完成采购任务。所谓采购组织的团队，就是让员工适当打破原有的部门界限，直接面对供应商和公司采购战略目标并对公司的总体目标负责，以群体和协作优势赢得竞争主导地位的组织形式。

一个采购团队是由可相互补充知识和技能的人组成的，以团队任务为导向，有共同的绩效目标、相对独立的决策权和执行权的联合体。采购组织的团队建设要目标明确、责任清楚、畅所欲言、共同决策、全体参与、自觉协作、团队成功至上，有意识地在采购组织中开发有效的工作小组，相互信任、相互支持、目标一致、技能互补，共同完成某一采购任务，这也是采购组织获得成功的切实保障。

二、采购组织团队的分类

采购组织的团队一般可分为两类：一类是项目采购团队，成员主要是来自公司各部门的专业人员，为完成某一特定采购项目而组织在一起，他们要解决的采购项目可能是某一产品的小项目，也可能是提升企业综合竞争力的工程、产品或服务的大项目，通常项目完成后，团队即告解散。另一类是采购工作团队，如采购部或采购科，这些团队通常是长期性的，主要从事日常采购工作。

三、采购团队的特征

采购团队的特征主要有以下五点。

（1）拥有共同的、明确的采购目标。共同的目标是采购团队存在的基础，每一个团队都有一个非常清楚的目标，如采购一个新产品、招标一项新工程等。

（2）拥有采购职能。采购团队组织可能由不同部门、不同技能的员工构成，员工一旦进入团队后，就不再受原职能部门领导，而是有权在现场作出决定，直接面对相关群体。

（3）角色分工适当。团队的成员必须有清晰的角色定位和分工，团队成员应清楚地了解自己的定位与责任。

（4）信息沟通顺畅。团队成员应通过深入、密切的沟通与交流，确保在确定目标、制订和执行工作计划以及培训计划等方面取得一致意见。

(5) 成员知识互补。团队成员总体专业知识和技能全面，规模适中，素质与技能互补性强。

四、采购组织团队的建设

采购组织目标的完成通常需要团队整体的配合与协作。正如比尔·盖茨所说的："团队合作是企业成功的保证，不重视团队合作的企业是无法取得成功的。"为此，企业采购组织必须考虑建立一种能够把完成任务所需的各种人才聚集在一起的机制，把各个成员的知识结构、技术技能、工作经验和年龄性别按比例加以配置，达到合理的互补，这些决定了团队的基本要素。

1. 明晰的共同目标

在采购团队中，不同职位的成员目标也是不一致的。不同角色由于地位和看问题的角度不同，对企业的目标和期望值会有很大的区别。因为目标的不一致，导致其动力也会不一样。要想在采购团队内部建立明确的共同目标，有效激发团队成员的工作动力，关键是管理者要做到正确理解一般员工的需求，帮助他们树立共同的奋斗目标，劲往一处使，使得组织的努力形成合力。加强对员工的教育、合理设计员工的职业生涯、增加员工的未来收益等方法，可以使员工的个人利益与企业的整体利益紧密联系在一起。

2. 明晰的人员分工和角色认知

员工有了共同目标，通过正确分工，在工作过程中加强沟通和协调，就能形成一个团队，并发挥出团队的最大力量。

每个属于团队的成员都要在团队中扮演某种角色，并按照角色的规范和要求去行动。任何一个进入团队的人，首先应建立和适应团队的角色意识，尽快掌握角色规范。莎士比亚说："世界是一个大舞台，所有男人和女人不过是舞台上的演员。"可以这样说，所有的团队成员都是演员，每个人都扮演着一种角色。试想，如果成员对角色和分工都不认同，怎么会有积极性呢？

例如，在医院的某个手术小组，如果在某个环节，没有人在适当的时间按适当的要求去履行职责，病人就会有危险。同样的道理，公司的采购部门提供的采购服务也会由于某个人的失职而无法保证。所以，每一位成员都必须清楚自己的角色并掌握企业的组织流程。

员工的工作程序和流程必须明确，流程是为了产生最高的效率，而高效率的团队需要每一位成员的才能都与角色相匹配。

（1）采取职位说明来对角色分工进行细致的说明。职位说明不仅能够使员工的工作效率得到提升，还能够使员工本人及其周围的同事明白他的工作性质，更重要的是，员工能学会在自己的职责范围内找事情做，而不会干等着上级指派工作给他们。例如，提供一些工作指引，员工可以此来设定个人工作目标和安排。管理者应制订相应的规章制度，规范员工的行为。

事实上，现有的许多企业规章制度很多，但制度的适用性、规范性存在较大问题。常见的通病是制度不能得到良好的执行和管理者不能以身作则。一个好的管理者首先应是一个规章制度的实践者。有了好的制度，关键在于执行。对于违背规章制度的行为，应该及时制止，否则发展下去，一些不良风气、违规行为就会滋生蔓延，制度就会形同虚设。管理者是规章制度的制定者和监督者，更应该成为遵守规章制度的表率。

（2）建立员工的归属感。在员工清楚自己角色的基础上，为了企业的未来，从长远的角度来看，应尽力吸引住员工，留住员工的心，增强员工的归属感。积极帮助员工进行职业生涯规划，让员工更科学地制订自己的发展规划，规划自己的人生方向，这也是在帮企业规划自己的人才。只有员工能更好地开发自己的潜能，实现自我价值，才能为采购队伍带来更多的价值。

此外，为了防止员工对自己的职业生涯产生懈怠，应定期举办职工职业培训班，提高员工的技能，并注意加强员工的素质教育以及实施岗位轮换制等，这对于员工更好地扮演自己的角色以及留住员工的心也会起到一定的作用。

采购管理一点通

随着社会分工越来越细，个人已经无法单独完成一个具体的项目。而团队的力量则可以超越团队成员力量的简单相加，也就是达到人们经常所说的“1+1>2”的效果。所以在当今竞争残酷的市场经济中，无论是企业管理者还是基层员工，都应充分认识到团队建设对企业发展的重要作用，积极着手实施企业的团队建设，培养自身的团队精神。

采购组织的工作原则

企业采购组织要想高效地运转，除了必要的监督和管理之外，采购组织本身也要遵守一些基本的工作原则。

一、高层领导监管原则

采购部门的监管人应由有责任心、综合实力强的人才去担当，最好不要一个人，以两三个人为佳，最好是高层领导，甚至是总经理自己。

采购部门是一个非常敏感的部门，经济命脉在这里开始。采购部门不仅仅是花掉企业大笔资金去购买物料，很多时候采购部门的花费和投入关系到整个企业的生死兴衰，一个小的细节可能因为监管不到位，而导致出现严重后果；有时则可能因采购人员贪图私利或责任心不到位，道德素质欠缺而酿成大祸。而在这种情况下，采购的质量往往也得不到保证。这对企业来说是最致命的。因此，采购质量的定性与控制需要人去抓、去管。只有规范了质量技术要求后才能在这个范畴内寻找合适的供应商，做到性价服务综合考察，择优采购。

二、总经理监督原则

众所周知，在企业中，一个优秀的经理人要带好一帮人，是要付出很多心血的。采购经理同样如此。

采购经理不必每天像螺丝钉一样不停去拧紧每一环，去跟催每一次货，去参与每一项采购具体的细节，尤其是让自己去担当采购的具体工作，这是大可不必的。因为一个人的精力是有限的，他应该把工作的重心放在防患于未然上。

再者，如果一个采购经理勤于参与采购细节，采购员会感到责任有人担，事情有人做，责任心就会减弱，工作上就会丧失积极性和主动性，久而久之，容易养成听候领导指导的不良习惯。而此种情况带来的负面影响是十分恶劣的。

三、细分工作内容原则

每个人的时间、能力、精力都是有限的，对于一个人来说，其工作量和用心度往往是呈反比的。例如，如果一个人现在的工作量是 1，那他会做得很精心，他会花 10 分的用心度去做。同样如果他现在工作量是 10，为了完成工作，他只能花 1 分的用心度去做。如果采购员的事务太多，那他多数时间一定会处于应付性完成工作的状态，他不会也没时间和精力去做更深层的工作，关注实质性的东西也会越少，可能腐败的地方也会更多。

一个人掌控的东西太多，做太多事不是一件好事，采购上更是如此。所以相对来说，我们可以不用去考虑多用几个员工所多花去的工资，多几个人把工作做得更细一些漏洞少一些，这些无形之中所降低的采购风险，所杜绝的腐败带来的效益要可观得多。

四、记录总结工作原则

当企业采购工作量相对减少时，管理者有权要求，也应该要求采购组织部门做好记录、总结、分析等工作。

采购工作不仅仅是只应付了生产所用就行了，关键是时刻对自己的业务要有创新、要有分析。定期地分析，或对重大采购事件进行分析，管理者可以从这些分析汇报中去核实这些采购信息是否准确、是否有效。就是一个层次不高的人，他独特的分析定也有有利之处。用人上有时有一个误区，认为某个人做事做越多，越做得有点马虎是正常的。感到只要胜任工作多，目的达到了，事情完成了。实则不然，没有任何记录和分析总结的工作，会让领导真正看不到有些深层次的东西。

采购组织人员对采购项目每项采购活动的采购文件应当妥善保存，不得伪造、变造、隐匿或者销毁。采购文件的保存期限为从采购结束之日起至少保存15年。采购文件包括采购活动记录、采购预算、招标文件、投标文件、评标标准、评估报告、定标文件、合同文本、验收证明、质疑答复、投诉处理决定及其他有关文件、资料。

五、注重资讯管理原则

采购的信息，一切在办公过程中总结收集的情报、资料甚至总结、分析等，都要谨慎管理，并要有危机管理意识。万一这个采购员不做了，那么就要明确接下来的正常交接工作是否正常，原有资料是否存在，客户群是否有影响，联系方式、账务往来是否明确受控，等等。可见，企业对每一个采购工作期间的资讯都应妥当管理，人可以再招，但信息与经验是一时招不回来的。

六、工作细致有根据原则

一个人要领导信服他的工作能力，首先他必须是一个心细眼明的人。细到对自己做的每一个工作细节让领导很难挑出毛病，他所做的每一件事，必须是让别人没有什么刺可挑的，让周围的人去检测你的工作能力，不是让领导通过自己告知领导，自己很能干。这就是一个心境坦荡的人，问心无愧的人要用心去做的。只有做好了工作的细节，什么样的领导都会坦然地接受。

所以，采购员自身的工作做得越细，越详尽，越有根有据、有分析，对采购管理更有效力。

七、备用物料供应商原则

企业物料供应商要有足够的备用和替换的商家。供应商的培养是要花时间和精力的，由于产品结构变动，由于老供应商的更新跟不上企业的需求，老供应商无法完成采购订单，质量无法保障，企业在仓促之中也很难得找到好的商家进来。甚至有时可能会牺牲一时短暂的利益，也要给物料多备一两个可用的商家。在不是很急的情况下给新客户足够的时间去感受参与企业合作的兴趣。有时做生意就是放长线钓大鱼。没有人愿意和采购方做生意或者采购方受限于某一供应商，这的确是采购的悲哀。

八、部门通力配合原则

企业各个部门完善地配合，提供较坚实的技术支持和品质管理，能有效地提高采购的质量和效率。有时，如果是技术资料更改频繁，时间紧迫，这时给采购留出来的时间有限了，这里就会发生几种结局：一是的确无法完成任务，二是马虎完成任务，三是有漏洞地完成任务。而企业会显得无可奈何，顺其自然。如果计划问题做好了，采购就没有众多可搪塞的理由。

采购管理一点通

采购组织工作也需要优秀的人才。无论怎样强调人才在成功的采购中的作用都不会过分。在大多数行业，商务谈判策略的应用只占影响采购改进因素的20%~30%。其余则来自对产品规范和需求的管理--采购人员掌握深刻的职能和门类专业知识的实践做法、他们在多种环境中应用所学知识的能力、以及他们对企业更广泛的目标的理解等。这就说明采购组织的高效运行，离不开高素质人才的作用。

第三章

采购计划与预算

采购计划，是指企业管理人员在了解市场供求情况，认识企业生产经营活动过程中和掌握物料消耗规律的基础上，对计划期内物料采购管理活动所做的预见性的安排和部署。采购计划环节是企业整个采购运作的第一步。采购预算则是指企业采购部门在一定计划期间（年度、季度或月度）编制的材料采购的用款计划，它也是企业预算的重要组成部分。

采购市场调查

市场调查，即是用科学的方法，有目的地、有系统地搜集、记录、整理有关市场营销信息和资料，分析市场情况，了解市场的现状及其发展趋势，为市场预测和营销决策提供客观的、正确的资料。市场调查包括市场环境调查、市场状况调查、销售可能性调查，还可对消费者及消费需求、企业产品、产品价格、影响销售的社会和自然因素、销售渠道等开展调查。

采购市场调查，是指企业以采购市场为对象，运用科学的方法，有系统、有目的地搜集采购市场信息，记录、整理、分析采购市场情况，了解采购市场的现状及其发展趋势，以为采购市场预测提供客观的、正确的资料。

采购部门要时刻掌握市场信息和市场动向，仅凭直觉和经验做出的分析缺乏可靠性，势必会造成采购部门决策的失误，影响采购部门的效益。因此，采购前期的市场调查起着十分重要的作用。

一、采购市场调查的重要性

1. 采购市场调查是企业进行经营决策的基础

现代企业经营的重心在决策，而信息是企业经营决策的前提。只有通过市场调查，收集准确、及时的市场信息，并进行科学的加工处理，才能做出正确的决策，减少经营失误，把风险降到最低。

2. 采购市场调查是调整和矫正采购计划执行情况的重要依据

通过市场调查可以了解采购市场情况，检查企业采购计划是否正确，在哪些方面还存在不足甚至失误；可以认识客观环境是否发生了变化，出现了哪些新问题和新情况，为企业提供修改和矫正计划的依据。

3. 采购市场调查是改善企业经营管理的重要工具

在市场经济条件下，企业经营的好坏和经济效益的高低是通过市场来检验的。采购市场的调查是企业经营管理活动的出发点，也是了解和认识市场的一种有效方法。通过采购市场调查，取得企业经营活动所需的第一手资料，就可以制定正确的采购策略，取得较好的采购效益。

二、采购市场调查的程序

一般来说，采购部门的市场调查可分为 8 个程序，每一个程序工作完成得好坏，关系着下一个程序的工作质量。

1. 对成本进行评价

首先要通过对项目价值与成本的衡量来帮助我们确定哪一个调查项目应该执行，哪个项目应该放弃。例如在采购项目中，用户对移动电池的需要量不大，就没有必要单独对其进行市场调查。

2. 明确调查目标

采购有不同需要，市场调查的目标也有所不同。如果在采购之前对所要采购的产品本身不熟悉，那么市场调查的目标应先定位在对产品市场情况的认识上，产品的货源情况、售后服务情况、产品的市场周期情况则不是当前的主要目标。如果对某产品较熟悉，市场调查目标重点则相反。

3. 设计调查方案

一个完善的市场调查方案一般包括以下内容：

(1) 调查目的。根据市场调查目标，在调查方案中应列出本次调查的具体目的要求。

(2) 调查对象。采购市场调查的对象一般为用户、零售商、批发商，在进行市场调查之前应确定到底对什么样的群体进行调查。如果供应商太多的话，一般应对信誉度高、执行合同能力强的供应商进行重点调查。如果调查内容缺乏针对性，一则效果不会很明显，二则精力和时间都不允许。

4. 确定调查内容

调查内容是收集资料的依据，为实现调查目标服务，应根据市场调查的目的确定具体的调查内容。调查内容的设定要全面、具体，条理清晰、简练，避免面面俱到，过于烦琐，防止把与调查目的无关的内容列入其中。

5. 设计调查表

调查表是市场调查的基本工具，调查表的设计质量直接影响到市场调查的质量。设计调查表要注意以下几点。

(1) 调查表的设计要与调查主题密切相关，重点突出，避免可有可无的问题。

(2) 调查表中的问题要让被调查者容易接受，避免出现被调查者不愿回答或令被调查者难堪的问题，同时注意不要泄密。

(3) 调查表中的问题要条理清楚，顺理成章，符合逻辑顺序，一般可遵循容易的问题放在前，开放式问题在后的原则。

(4) 调查表的内容要简明、尽量使用简单、直接、无偏见的词汇，保证被调查者能在较短的时间内完成调查表。

6. 选择市场调查的方式

市场调查的方式有许多，适合某一次调查的方式却可能只有一种。应该根据调查目的去选择一种最适合的方式，而不是让调查目的去适应调查方式。选择了合适的调查方式往往会收到事半功倍的效果。

以 IT 行业为例，IT 行业是技术更新换代最快的行业，新产品层出不穷。因此，要了解市场行情，特别是实时行情。我们虽然不能每时每刻进行实地调查，但可以每天上网查询，以了解市场行情。通过电话互相联系也可节省不少的时间，更重要的是还可在一定程度上沟通与供应商之间的关系。但要注意的是，通过上网和浏览报刊获得的信息毕竟是二手信息，有些信息准确度不高，甚至是假消息，采购部门应注意区别。

此外，当需要作出重大决策而本采购机构的调查力量不够时，还可以委托专业机构从事市场调查。采购部门只要付出适当的费用，就可以获得一份非常详尽细致的市场调查报告。

7. 组织实地调查

实地调查是一项较为复杂烦琐的工作。要按照事先划定的调查区域确定每个区域调查样本的数量，访问人员的人数，每位访问人员的路线，明确调查人员及访问人员的工作任务和职责，做到任务落实到位，目标、责任明确。调查时，应认真地向供应商询问，对他们提出的有关采购的问题，应该避免透露太多的信息，以使供应商在平等的条件下竞争。在提问时应做到对采购调查的目的有帮助。另外要严格控制市场调查的实施过程，在市场调查中如果发现调查方案设计有问题，要及时修正，以免得出错误的结论。

8. 调查资料的整理和分析

实地调查结束后，即进入调查资料的整理和分析阶段。收集好已填写的调查表后，由调查人员对调查表进行逐份检查，将合格调查表统一编号，以便于调查数据的统计。利用统计结果，就可以按照调查目的的要求，针对调查内容进行全面的分析工作。

撰写采购市场调查报告是采购市场调查的最后一项工作内容，市场调查工作的成果将体现在最后的调查报告中。调查报告将提交给采购部门的决策者，作为采购部门制定采购策略的重要依据。采购市场调查报告要按规范的格式撰写，一个完整的市场调查报告格式由题目、目录、概要、正文、结论和建议、附件等组成。

市场调查工作是十分必要的，但要想充分发挥市场调查应有的作用，就需要对市场调查的结果有一个明智的判断和合理的运用。

采购管理一点通

采购市场调查是进行需求确定和编制采购计划的基础环节。对于制造业企业来说，采购市场调查的核心，是市场供应状况的调查与分析。而对于零售业特别是连锁经营企业来说，由于采购与销售一体化的运营模式，使这项工作成为事实上的整体市场调查过程。

采购需求的分析

采购需求是指对采购标的的特征描述。要实施采购就一定要搞清楚采购需求，好的采购需求能够合理、客观地反映采购标的的主要特征以及要求供应商响应的条件，符合适用原则、非歧视原则，并能够切合市场实际。

显而易见，企业组织要进行采购，首先要通过分析弄清自己究竟需要什么、需要多少、什么时候需要的问题，从而明确应当采购什么、采购多少、什么时候采购以及怎样采购的问题，得到一份确实可靠、科学合理的采购任务清单。这个环节的工作，就叫作采购需求分析。

一、采购需求分析的作用

(1) 采购市场需求分析是企业采购决策的前提。决策是企业采购活动的核心，没有对未来发展趋势的分析，决策只能是盲目的。只有在科学分析的基础上作出的决策，才能靠得住、行得通。

(2) 采购市场需求分析是企业编制采购计划的依据。企业采购计划是对未来行动的部署，采购市场分析是对企业采购市场未来发展趋势的陈述，有了预测，才能更好地进行计划、部署行动，使计划适应采购市场环境的变化。

(3) 采购市场需求分析是企业增强竞争能力和提高经营管理水平的重要手段。

二、采购需求分析的分类

对不同的采购市场需求情况进行分析时，分析结果的准确性和可靠性与分析期限有关。按照分析期限的长短，采购需求分析可以分为以下四类。

1. 长期分析

分析期限一般为5年或5年以上，主要是根据企业的长远发展战略和市场的需求发展趋势进行预测和分析。长期分析由于预测期较长，不确定的因素较多，因而分析结果和实际情况之间的误差也较大。一般来讲，它只能对分析对象作一个大概的、粗略的描述，例如经济发展形势的分析、图形准时化方式所带来的后果等。

2. 中期分析

分析期限一般为1年至5年，主要是围绕企业的经营战略、新产品的研究与开发等方面进行预测。中期分析由于分析期不长，不确定的因素较少，相关数据资料也比较完整，因而分析的结果比较准确，能够避免长期分析所带来的某些局限性。例如，分析新产品的市场需求、企业所需原材料的可得性等。

3. 短期分析

分析期限一般以月为时间单位，大致为三个月至一年左右，主要是确定某种产品季度或年度的市场需求量，从而调节企业自身的生产能力。例如，编制生产计划表、组织短期货源等。

4. 近期分析

分析期限一般以周、旬作为时间单位，主要是对企业内部的各个环节进行分析，确定物料或零部件的需求量，以保持生产过程的连续性和稳定性，例如分析某段时间内生产某种产品所需的零部件数量、确定生产批量的大小和批次等。近期分析的目标一般比较明确，不确定的因素较少，因而可预见性较强，分析的结果一般也比较准确。

对于企业的决策者来说，究竟采用哪一种类型的分析，应当根据企业经营决策的需要和分析目标的内容、性质、特点和具体要求而定。

三、采购需求分析的方法

进行采购需求分析有多种方法，一般情况下，可以提出以下问题进行审核分析：

(1) 是不是非要采购这个品种。考虑资源市场的产品变革，有没有其他更好的替代品。

(2) 是不是非要采购这么多的数量。考虑采购价值、成本和库存控制的需要，能不能少一点或多一点。

(3) 这个品种的需求时间是不是可靠。考虑采购价值、成本和库存控制的需要，可不可以推后或提前。

(4) 这个品种采购有没有什么特别要求。考虑采购价值、成本和库存控制的需要，这些要求是不是必要，有没有实现的可能性。

根据如上这些问题的答案进行分析考虑，如果有什么需要变更采购申请项目的，则应当和采购申请单位进行商榷，进行适当的修正。这样做是非常必要的，它可以把好最后一道关，使得每一项采购申请都真正合理和必要。

除了以上通过采购申请进行需求分析之外，还可以通过物料需求计划、物资消耗定额、需求预测等途径进行需求分析。

四、采购需求分析对人员素质的要求

采购需求分析是制订采购计划的基础和前提。在极简单的采购情况下，需求分析是很简单的。例如，在单次、单一品种需求的情况下，需要什么、需要多少、什么时候需要的问题非常明确，不需要进行复杂的需求分析。通常的采购活动有很多是属于这样的情况，以至于使很多人产生不必要进行需求分析的错觉。但在较复杂的采购情况下，人们就会对需求分析的必要性产生深刻体会。例如，一个汽车制造企业，有上万个零部件，有很多的车间，很多的工序，每个车间、每个工序生产这些零部件，都需要各式各样的原材料、工具、设备、用品，而且在各个不同的时间需要各个不同的品种。这么多的零部件，什么时候需要什么、需要多少，哪些品种要单独采购，哪些品种要联合采购，哪些品种先采购、哪些品种后采购，采购多少……不对这些问题进行认真地分析研究，就不可能进行科学的采购工作。因此需求分析不但非常必要，而且是一项技术性很强的工作。

总之，采购需求分析涉及企业各个部门、各个生产环节、各道工序、各种材料、设备、工具以及办公用品等，因此采购人员要有比较全面的知识。对于生产型企业的采购人员来说，首先要有生产技术方面的知识，要知道生产产品和加工工艺的知识，会看图样，会根据生产计划以及生产加工图样推算出物料需求量；其次要有数理、统计方面的知识，会进行科学的统计分析；再次要有预测方面和管理方面的知识，会发现需求规律，并根据需求规律进行预测。此外，采购需求分析还需要依靠企业各个部门，特别是管理部门的大力支持。

采购管理一点通

采购需求的一项重要内容是技术规格，如质量、性能、功能、体积、符号、标志、工艺与方法等。技术规格一方面反映了采购的要求，对预算单位而言，这种要求往往是一种基本要求，另一方面技术规格也是对供应商响应情况的评审依据。技术规格的编制是一件技术性非常强而又费时的工作，编制的好坏直接影响整个项目的采购效果。

采购需求的确定

大家都知道，企业尤其是制造型企业的经营始于原材料的采购。只有当原材料经加工制造或组合装配成为产品，并通过销售过程实现流通后，企业才能获得利润。由此可见，采购是制造业生产经营的第一步，其中如何获取足够数量的原材料是采购计划的重点所在。采购需求的确定是正常的产销活动的重要保证。

一、决定采购需求的资料基础

1. 生产计划

生产部门对物料的需求，是制订采购计划的根本依据。物料采购计划要从生产需求开始，国内外企业物料采购，一般都是首先由生产部门根据生产计划或即将签发的生产通知提出请购单；或者说，由生产部门根据生产计划编制用料申请表，报送采购部门。

2. 物料清单

物料清单是制造企业的核心文件，由产品设计人员从产品设计图样中提取数据生成，它包含了构成产品的所有装配件、零部件和原材料的信息，为编制物料需求计划提供产品组成信息。采购部门要根据物料清单确定物料的采购需求计划，并可据此精确计算制造某一种产品的用料需求数量。

3. 存量管制卡

根据生产计划和物料清单计算出的物料采购需求并不一定就是实际采购数量，因为企业可能还有库存，如果有足够的库存数量，有可能不需要进行采购。因此，企业一般都建立了存量管制卡，以记录各种物料的库存状况。在计算实际采购数量时，必须考虑目前的库存状况，以及安全存量标准等因素。

4. 物料需求

物料的需求可分为独立需求和相关需求两种类型。

(1) 独立需求。独立需求是指某种物料的需求量是由外部市场决定的，与其他物料不存在直接的对应关系，表现出对这种库存需求的独立性。

(2) 相关需求。相关需求是指某种物料的需求量与其他物料有直接的匹配关系，当其他某种物料的需求量确定以后，就可以通过这种相关关系把该种物料的需求量推算出来。

在日常生产经营中，来自用户的、对企业产品和服务的需求称为独立需求。独立需求最明显的特征是需求的对象和数量不确定，只能通过预测方法粗略地估计。相反，企业内部物料转化各环节之间所发生的需求为相关需求。相关需求也称为非独立需求，它可以根据对最终产品的独立需求准确地计算出来。比如，某汽车制造厂年产汽车30万辆，这是通过预测市场对该产品的独立需求来确定的。一旦30万辆汽车的生产任务确定之后，对构成该种汽车的零部件和原材料的数量和需要时间是可以通过计算精确地得到的，对零部件和原材料的需求就是相关需求。相关需求可以是垂直方向的，也可以是水平方向的。产品与其零部件之间垂直相关，与其附件和包装物之间则水平相关。

二、采购需求量的确定

采购量的大小决定生产销售与资金调度的顺畅与否。物料采购量过大，易造成过高的存货储备成本与资金积压；物料采购量过小，则采购成本提高，因此适当的采购量是非常必要的。采购需求量大小的确定是采购需求分析的重要组成部分。

生产计划、用料清单以及库存量是决定采购数量的主要依据，更确切地说，它们是决定独立需求物料的主要依据。采购数量只表示某一物料在某时期应预订购的总量，至于某一物料在某时期应如何订购，下面作进一步说明。

(1) 定期订购法。定期订购法是按预先确定的订货时间间隔按期进行订货，以补充库存的一种库存控制方法。进口的物料以及少数价值很高的国内采购物料，可以选择每季、每月或每周订购一次，这就是定期订购法。这种方法在使用上要求必须对物料未来的需求数量能作出正确的估计，以避免存货过多，造成资金积压。

(2) 定量订购法。定量订购是指当库存量降到某一确定的数值时，才开始订购预先确定的新的物资，补充库存，订货时间不定。为了降低成本，需要确定一个合适的订货批量，即经济订购批量法。

对于价格低廉、临时性需求及非直接生产用途的物料，比较适合采用定量订购法，也就是按照订购量来决定采购量。譬如复仓制的采购计划，即此类物料首次入库时将被分为两个部分，当其中一部分使用完毕时，必须先开出请购单，才准使用剩余的另一部分物料，采购与使用反复交替进行。此类物料数量的管制，通常由仓储人员负责。

(3) 固定数量法。计划订单数量以净需求为基础，订单数量必须为固定/经济批量所定数量的整数倍。如果每次订货的数量都是固定的，可以采用该类设置，同时要设置固定批量。这种订货方法每次订货数量相同而且一般都是凭经验或直觉确定的，同时不考虑订购成本和储存成本。

(4) 批对批法。它表示对每一天的净需求都产生计划订单。这种方法每次发出的订购数量与每一期净需求的数量相同，并且每一期均不留库存数，有时也会考虑最小订货批量、批量增量等。对大多数订购成本不高且没有特殊要求的物料，可以采用这种方法进行设置。

(5) 固定期间法。固定期间法每次采购的期间是固定的，但每次采购的数量因剩余库存的不同而不同，一般都是按期间将各天的净需求进行汇总后进行批量调整。这种方法可以节约成本，订货间隔期的长短根据以往经验确定。对于周期性订货的物料，如供应商有良好的信誉，且需求相对稳定，同时采用周期订货对供应双方都便利，可以采用该种方法。

总之，全面评估与准确判断采购需求，以最低的成本实现对企业的持续供货，是采购部门的重点任务。

采购管理一点通

物料调查有助于对一个主要的采购物料未来长期及短期的采购需求作出预测。这些信息构成了制定正确决策及现有的采购管理的基础，并且为最高管理部门提供了有关这些物料未来供应与价格的相对完整的信息。通常，这种调查的焦点集中在那些大宗采购的有代表性的物料上。但是，它也适用于那些被认为严重供应短缺的小笔物料采购中。

采购计划的主要程序

采购计划，是指企业管理人员在了解市场供求情况，认识企业生产经营活动过程中和掌握物料消耗规律的基础上，对计划期内物料采购管理活动所做的预见性安排和部署。采购计划是根据生产部门或其他使用部门的计划制定的包括采购物料、采购数量、需求日期等内容的计划表格。

采购计划环节是整个采购运作的第一步，它包含两部分内容：采购认证计划的编制和采购订单计划的制订。目前公认的采购计划的主要环节有：准备认证计划、评估认证需求、计算认证容量、制订认证计划、准备订单计划、评估订单需求、计算订单容量、制订订单计划。

一、准备认证计划

准备认证计划是采购计划的第一步，也是非常重要的一步。

(1) 接收开发批量需求。开发批量需求是能够启动整个供应程序流动的牵引项，要想制订比较准确的认证计划，首先要做的就是熟悉开发需求计划。

(2) 接收余量需求。导致余量需求的情况一般有两种。一种是随着企业规模的扩大，市场需求也会变得越来越大，旧的采购环境容量不足以支持企业的物料需求；另一种是因为采购环境有了下降的趋势从而导致物料的采购环境容量逐渐缩小，从而无法满足采购的需求。余量需求会引发对采购环境进行扩容的要求。

(3) 准备认证环境资料。通常，采购环境的内容包括认证环境和订单环境两个部分。有些供应商的认证容量比较大，但是其订单容量比较小；有些供应商的情况则恰恰相反，其认证容量比较小，但是订单容量比较大。企业对认证环境进行分析的时候一定要分清。

(4) 制定认证计划说明书。制定认证计划说明书也就是把认证计划所需要的材料准备好，其主要内容包括物料项目名称、需求数量、认证周期等，同时还应附有开发需求计划、余量需求计划、认证环境资料等。

二、评估认证需求

评估认证需求是采购计划的第二个步骤，其主要内容包括以下三方面：分析开发批量需求、分析余量需求、确定认证需求。

(1) 分析开发批量需求。要做好开发批量需求的分析，不但需要分析量上的需求，而且还要掌握物料的技术特征等信息。

(2) 分析余量需求。余量认证的产生来源：一是市场销售需求的扩大；二是采购环境订单容量的萎缩。这两种情况都导致了目前采购环境的订单容量难以满足用户的需求，因此需要增加采购环境容量。

(3) 确定认证需求。认证需求可以根据开发批量需求及余量需求的分析结果来确定。认证需求是指通过认证手段，获得具有一定订单容量的采购环境。

三、计算认证容量

计算认证容量是采购计划的第三个步骤，它主要包括以下四个方面的内容：分析项目认证资料、计算总体认证容量、计算承接认证量、确定剩余认证容量。

(1) 分析项目认证资料。这是计划人员的一项重要事务，不同认证项目的过程及周期是千差万别的。作为从事某行业的实体来说，需要认证的物料项目可能是上千种物料中的某几种，熟练分析几种物料的认证资料是可能的，但是对于规模比较大的企业，分析上千种甚至上万种物料难度则要大得多。

(2) 计算总体认证容量。在采购环境中，供应商订单容量与认证容量是两个不同的概念，虽然有时可以互相借用，但绝不是等同的。一般在认证供应商时，要求供应商提供一定的资源用于支持认证操作，或者一些供应商只做认证项目。

(3) 计算承接认证量。供应商的承接认证量等于当前供应商正在履行认证的合同量。一般认为，认证容量的计算是一个相当复杂的过程，各种各样的物料项目的认证周期也是不一样的，一般是计算要求的某一时间段的承接认证量。最恰当、最及时的处理方法是借助电子信息系统，模拟显示供应商已承接认证量，以便认证计划决策使用。

(4) 确定剩余认证容量。采购环境中的认证容量不仅是采购环境的指标，而且也是企业不断创新、维持持续发展的动力源。源源不断的新产品问世是基于认证容量价值的体现，也由此能生产出各种各样的产品新部件。

四、制订认证计划

制订认证计划是采购计划的第四个步骤，它的主要内容包括对比需求与容量、综合平衡、确定余量认证计划、制订认证计划四个方面的内容。

(1) 对比需求与容量。认证需求与供应商对应的认证容量之间一般都会存在差异，如果认证需求小于认证容量，则没有必要进行综合平衡，直接按照认证需求制订认证计划即可。如果认证需求量大大超出供应商容量，就要进行认证综合平衡，对于剩余认证需求，需要制订采购环境之外的认证计划。

(2) 综合平衡。综合平衡就是指从全局出发，综合考虑生产、认证容量、物料生命周期等要素，判断认证需求的可行性，通过调节认证计划来尽可能地满足认证需求，并计算认证容量不能满足的剩余认证需求，这部分剩余认证需求需要到企业采购环境之外的社会供应群体之中寻找容量。

(3) 确定余量认证计划。确定余量认证计划是指对于采购环境不能满足的剩余认证需求，应提交采购认证人员分析并提出对策，与之一起确认采购环境之外的供应商认证计划。采购环境之外的社会供应群体如没有与企业签订合同，那么制订认证计划时要特别小心，最好由具有丰富经验的认证计划人员和认证人员联合操作。

(4) 制订认证计划。制订认证计划是认证计划的主要目的，是衔接认证计划和订单计划的桥梁。只有制订好认证计划，才能根据该认证计划做好订单计划。

五、准备订单计划

准备订单计划也主要分为四个方面的内容：接收市场需求、接收生产需求、准备订单环境资料、制订订单计划说明书。

(1) 接收市场需求。市场需求是启动生产供应程序的流动牵引项，要想制订比较准确的订单计划，首先必须熟知市场需求计划，或者市场销售计划。市场需求进一步分解便得到生产需求计划。

(2) 接收生产需求。生产需求对采购来说可以称之为生产物料需求。生产物料需求的时间是根据生产计划而产生的，通常生产物料需求计划是订单计划的主要来源。为了利于理解生产物料需求，采购计划人员需要深入熟知生产计划以及工艺常识。

(3) 准备订单环境资料。准备订单环境资料是准备订单计划中一个非常重要的内容。订单环境是在订单物料的认证计划完毕之后形成的，订单环境的资料主要包括订单物料的供应商消息、最小包装信息、订单周期、订单环境等。

(4) 制订订单计划说明书。制订订单计划说明书也就是准备好订单计划所需要的资料，其主要内容是订单计划说明书（物料名称、需求数量、到货日期等)，并附有市场需求计划、生产需求计划、订单环境资料等。

六、评估订单需求

评估订单需求是采购计划中一个非常重要的环节，只有准确地评估订单需求，才能为计算订单容量提供参考依据，制订出好的订单计划。它主要包括以下三个方面的内容：分析市场需求、分析生产需求、确定订单需求。

(1) 分析市场需求。只有充分分析各种和市场有关的信息，才能对市场需求有一个全面的了解，才能制订出一个满足企业远期发展与近期实际需求相结合的订单计划。

(2) 分析生产需求。分析生产需求是评估订单需求首先要做的工作。要分析生产需求，首先就需要研究生产需求的产生过程，其次再分析生产需求量和要货时间。

(3) 确定订单需求。根据对市场需求和对生产需求的分析结果，我们就可以确定订单需求。通常来讲，订单需求的内容是指通过订单操作手段，在未来指定的时间内，将指定数量的合格物料采购入库。

七、计算订单容量

计算订单容量是采购计划中的重要组成部分。只有准确地计算订单容量，才能对比需求和容量，经过综合平衡，最后制订出正确的订单计划。计算订单容量主要有以下四个方面的内容：分析项目供应资料、计算总体订单容量、计算承接订单量、确定剩余订单容量。

(1) 分析项目供应资料。在采购过程中，物料和项目都是整个采购工作的操作对象。对于采购工作来讲，在目前的采购环境中，所要采购物料的供应商信息是非常重要的一项信息资料。如果没有供应商供应物料，那么无论是生产需求还是紧急的市场需求，一切都无从谈起。

(2) 计算总体订单容量。总体订单容量是多方面内容的组合。一般包括两方面内容：一是可供给的物料数量，另一方面是可供给物料的交货时间。

(3) 计算承接订单容量。承接订单容量是指某供应商在指定的时间内已经签下的订单量。

(4) 确定剩余订单容量。剩余订单容量是指某物料所有供应商群体的剩余订单容量的总和。

八、制订订单计划

制订订单计划是采购计划的最后一个环节，也是最重要的环节。它主要包括以下四个方面的内容：对比需求与容量、综合平衡、确定余量认证计划、制订订单计划。

(1) 对比需求与容量。对比需求与容量是制订订单计划的首要环节，只有比较出需求与容量的关系才能有的放矢地制订订单计划。

(2) 综合平衡。综合平衡是指综合考虑市场、生产、订单容量等要素，分析物料订单需求的可行性，必要时调整订单计划，计算容量不能满足的剩余订单需求。

(3) 确定余量认证计划。在对比需求与容量的时候，如果容量小于需求就会产生剩余需求，对于剩余需求，要提交认证计划制订者处理，并确定能否按照物料需求规定的时间及数量交货。为了保证物料及时供应，此时可以通过简化认证程序，并由具有丰富经验的认证计划人员进行操作。

(4) 制订订单计划。制订订单计划是采购计划的最后一个环节，订单计划做好之后就可以按照计划进行采购工作了。

采购管理一点通

采购计划的审批，是指企业内主管物资采购的部门对采购计划的审查和批准。有的采购计划审批还包括企业上级领导机关对物资采购计划的批准。物资采购是由下而上进行的，在编制过程中虽然做了不少的工作，一般情况下比较符合实际，但也可能会存在一些问题，所以要进行审批。

影响采购计划的主要因素

采购需求的分析和确定是一个综合系统的过程，需要一定的时间来执行和完成，而在这个过程中，企业内外环境是不断变化的，所以采购需求也会随之变化。相应的，此时制订采购计划也要有相应的变化。那么，造成这些变化的都是哪些因素呢？或者说，在实际工作中，影响采购计划和预算的主要因素有哪些呢？

一、采购环境

采购活动是发生在一个具有许多变化因素的环境中，这些因素包括外界的不可控因素，如国内外经济发展状况、人口增长、政治体制、文化及社会环境、法律法规、技术发展、竞争者状况等，以及内部不可控因素，如财务状况、技术水准、厂房设备、原料零件供应情况、人力资源及企业声誉等。这些因素的变化都会对企业的采购计划和预算产生一定影响。

以纺织企业的棉花采购为例，由于受供求关系、国际市场变化以及棉花收获的季节性等因素影响，其市场价格往往波动得很厉害，这就造成了棉花采购成本的差价比较大。为了节省成本，棉花的采购除了要按照订单要求满足必要的生产外，还要根据棉花市场的价格波动情况，选择恰当的采购时机进行收购。这就要求采购人员能够预测到环境的变化，并提前作出反应。

二、年度行销计划

除非市场出现供不应求的状况，否则企业年度的经营计划多以行销计划为起点。而行销计划的拟订，又受到销售预测的影响。销售预测的决定因素，包括外界的不可控制因素，如国内外经济发展情况（国民生产总值、失业率、物价、利率等）、人口增长、政治体制、文化及社会环境、技术发展、竞争者状况等，以及内部可控制因素，如财务状况、技术水准、厂房设备、原料零件供应情况、人力资源及公司声誉等。

三、年度生产计划

一般而言，生产计划根源于行销计划，行销计划过于乐观，将使产量变成存货，造成企业的财务负担；反之，过度保守的行销计划，将使产量不足以供应顾客所需，丧失了创造利润的机会。因此，生产计划常因行销人员对市场的需求量估算失当，造成生产计划朝令夕改，也使得采购计划与预算必须经常调整修正，以免使物料供需长久处于失衡状况。

四、用料情况

特别在高科技行业，产品工程变更层出不穷，致使用料情况难以做到即时反映，用料清表修订，以致根据产量所计算出来的物料需求数量，与实际的使用量或规格不尽相符，造成采购数量过与不及、物料规格过时或不易购得等不良后果。因此，采购计划的准确与否，取决于是否能维持最新、最正确的用料清表。

五、存量管制情况

由于应购数量必须扣除库存数量，因此，记录存量管制，存量管制卡的记载是否正确，将是影响采购计划准确性的因素之一。存量管制卡的重要记载项主要有两个：料账是否不一致，以及物料存量是否全为良品。若账上数量与仓库架台上的数量不符，或存量中并非全数皆为规格正确的物料，将使仓库的数量低于实际上的可取用数量，故采购计划中的应购数量将会偏低。

六、物料标准成本之设定

在编订采购预算时，由于不易预测将来拟购物料的价格，故多以标准成本替代。若此标准成本的设定，缺乏过去的采购资料为依据，亦无工程人员严密精确地计算其原料、人工及制造费用等组合或生产的总成本，则其正确性不无疑问。因此，标准成本与实际购入价格的差额，即是采购预算准确性的评估指标。

七、生产效率

生产效率的高低，将使预计的物料需求量与实际的耗用量产生误差。产品的生产效率降低，会导致原物料的单位耗用量提高，而使采购计划中的数量不够生产所需。过低的产出率，亦会导致经常进行修改作业，而使得零组件之损耗超出正常需用量。所以，当生产效率有降低趋势时，采购计划必须将额外的耗用率算计进去，否则会发生原物料的短缺现象。

八、价格预期

在编订采购预算时，常对物料价格涨跌幅度、市场景气荣枯，乃至汇率变动等多加预测，甚至列为调整预算之因素。不过，因为个人的主观判定与事实的演变常有差距，亦可能会造成采购预算的偏差。

由于影响采购计划与预算的因素颇多，故采购计划与预算拟订之后，必须与产销部门保持经常的联系，并针对现实的状况作必要的调整与修订，才能达成维持正常产销活动的目标，并协助财务部门妥善规划资金的来源。

采购管理一点通

企业的采购计划无论受何种因素影响，都要保证达到如下目的：预计采购物料所需的时间和数量，防止供应中断，影响产销活动；避免物料储存过多，积压资金以及占用存储空间；配合企业生产计划与资金调度；使采购部门事先准备，选择有利时机购入物料；确定物料耗用标准，以便管制物料采购数量与成本。

采购计划的编制

采购计划编制是确定企业外部采购哪些产品和服务能够最好地满足企业经营需求的过程，涉及需要考虑的事项包括是否采购、怎样采购、采购什么、采购多少以及何时采购。

那么，怎样才能做好采购计划的编制工作呢？

一、掌握采购计划的内容

好的采购计划可以使企业的采购管理有条不紊地顺利实现，一项完善的采购计划不仅包括采购工作的相关内容，而且包括对采购环境的分析，并要与企业的经营方针、经营目标、发展计划、利益计划等相符合，具体内容参见下表。

采购计划的内容

采购计划内容	目　的
计划概要	对拟议的采购计划给予扼要的综述，便于管理机构快速浏览
采购现状	提供有关物料、市场、竞争以及宏观环境的相关背景资料
机会与问题分析	确定主要的机会、威胁、优势、劣势和采购面临的问题
计划目标	确定计划在采购成本、市场份额和利润等领域所完成的目标
采购战略	提供将用于实现计划目标的主要手段
行动方案	谁去做？什么时候去做？费用多少
控制	指明如何监测计划

采购计划编制需要经过下列几个阶段：企业在编制采购计划之前首先要作自制分析或外购分析，以决定是否要采购。在自制分析或外购分析中，主要对采购可能发生的直接成本、间接成本、自行制造能力、采购评标能力等进行分析比较，并决定是否从单一的供应商或从多个供应商采购所需要的全部或部分物料，或者不从外部采购而自行制造。

当决定需要采购时，合同类型的选择便成为买卖双方关注的焦点，不同的合同类型或多或少地适合不同类型的采购。常见的合同可分为以下四种：

(1) 成本加固定费用合同。此类合同适合于研发项目。

(2) 成本加奖励费用合同。此类合同适合于高风险项目。

(3) 固定价格加奖励费用合同。它是长期的高价值合同。

(4) 固定总价合同。此类合同，买方易于控制总成本，风险最小；卖方风险最大而潜在利润也可能最大，因而最常用。

二、制订合理的采购计划

由于市场变化捉摸不定，采购部门要制订一份合理的采购计划并不是一件容易的事。因此，采购部门应对采购计划工作给予高度的重视，采购部门不仅要拥有一批经验丰富、具有战略眼光的采购计划人员，而且在制订采购计划时，还必须抓住关键的两点：知己知彼，群策群力。

1. 认真分析企业自身情况

采购部门在制订采购计划之前，必须要充分分析企业自身实际情况，如企业在行业中的地位、现有供应商的情况、生产能力等，尤其要把握企业长远发展计划和发展战略。企业发展战略反映着企业的发展方向和宏观目标，采购计划如果没有贯彻、落实企业的发展战略，就可能导致采购管理与企业的发展战略不相协调甚至冲突，造成企业发展中的“南辕北辙”，而且脱离企业发展战略的采购计划缺乏根据，有可能使采购部门丧失方向感。因此，只有充分了解了企业自身的情况，制订出的采购计划才有可能是切实可行的。

2. 进行充分的市场调查，收集真实可靠的信息

采购部门在制订采购计划时，应对企业所面临的市场进行认真的调研，调研的内容应包括经济发展形势、与采购有关的政策法规、行业发展状况、竞争对手的采购策略以及供应商的情况等。只有做好充分、细致的准备工作，才能最终完成采购计划的制订。否则，制订的计划无论理论上多合理，都可能经不起市场的考验，要么过于保守造成市场机会的丧失和企业可利用资源的巨大浪费，要么过于激进导致计划不切实际，无法实现而成为一纸空文。

3. 集思广益，群策群力

许多采购部门在制订采购计划时，常常是仅由采购经理来制订，没有相关部门和基层采购人员的智慧支持，从而失去了最可靠的第一手资料和最有创造性的建议，而且缺乏采购人员的普遍共识，致使采购计划因不够完善而影响采购运作的顺利进行。因此，在编制采购计划时，不应把采购计划作为一个部门的事情，而应该广泛听取各部门的意见，吸收采纳其合

理和正确的意见和建议，在计划草拟成文之后，还需要反复征询各方意见，以使采购计划真正切入企业的实际，适应市场变化的脉搏。

三、编制和执行采购计划时要注意的问题

1. 在制订采购计划时，要把货物、工程和咨询服务分开

编制采购计划时应注意的问题有：采购设备、工程或服务的规模和数量，以及具体的技术规范与规格，使用性能要求；采购时分几个阶段或步骤，哪些安排在前面，哪些安排在后面，要有先后顺序，且要对每批货物或工程从准备到交货或竣工需要多长时间做出安排；一般应以重要的控制日期作为里程碑式的横条图或类似图表，如开标、签约日、开工日、交货日、竣工日等，并应定期予以修订；货物和工程采购中的衔接；如何进行分包份段，分几个包/合同段，每个包/合同段中含哪些具体工程或货物品目。

2. 实际工作中应该注意的有关事项

为更好地组织好采购工作，要建立强有力的管理机构，并保持领导层的稳定性和连续性。切实加强领导，保证项目采购工作的顺利进行；要根据市场结构、供货能力或施工力量，以及潜在的竞争性来确定采购批量安排、打捆分包及合同段划分。在确定采购时间表时，要根据项目实施安排，权衡贷款成本，采购过早、提前用款，要支付利息；过迟会影响项目执行。

3. 及早做好采购准备工作

根据采购周期以及项目周期和招标采购安排的要求，一般来说，在采购计划制订完毕之后，下一步要做的工作就是编制招标文件（包括在此之前的资格预审文件），进入正式采购阶段。

通常，最理想的安排是，在项目准备和评估阶段就要开始准备招标文件，同时进行资格预审，到贷款协议生效之前，就完成开标、评标工作，待协议一生效就可以正式签订合同。这样做可以避免因采购前期准备工作不充分，而影响采购工作如期进行。

4. 选择合适的采购代理机构

采购代理机构的选择要根据项目采购的内容、采购方式以及国家的有关规定来确定。通常，属于国际竞争性招标的，要选择符合国家批准的有国际招标资格的公司承担。对属于询价采购、国内竞争性招标、直接采购的，要视情况而定，可以选择国际招标公司，也可选择外贸公司作为代理，还可以由项目单位自行组织采购。

采购管理一点通

采购计划的制订，一般可从三个方面考虑：第一，根据前期销售的情况进行统计分析，拟出本期应该进货的品种、名称、型号、规格和数量。第二，参照库存量，库存多的可少进。如果资金充裕，销路好的产品也可适当多进。第三，根据当前市场行情，作一些适当调整。

做好采购预算工作

预算，就是用金额来表示的计划，是将企业未来一定期间经营决策的目标通过数据系统地反映出来，是对经营决策的具体化和数量化。预算的时间范围要与企业的计划期保持一致，不能过长或过短。

采购预算是指采购部门在一定计划期间（年度、季度或月度）编制的材料采购的用款计划。采购预算是企业预算的重要组成部分。

一、采购预算的特征

(1) 准确性。采购计划是具体指导企业进货业务活动的行动纲领，是企业取得经济效益的前提和基础，因此要求计划的各个指标数据，特别是计划采购量，必须准确无误。

(2) 及时性。及时性即采购计划安排的进货时间。一定要与计划任务的用料时间相适应，进货时间过早会造成资金周转缓慢和仓储费用增大，过迟则影响任务的按期完成，都对企业经济效益不利。

(3) 齐备性。齐备性主要指计划的商品名称、品种、规格和数量、质量及时间要求，都必须根据任务需要完整无缺，调查资料齐全清楚；其次是指计划的各项指标核算，也要齐全无缺地认证核算，不得主观估算和遗漏。

(4) 配套性。配套性是齐备性和及时性相结合的要求，即编制计划调查物资用项和使用时间时，对于配套物资使用的时间和数量，必须先适当进行安排，不得超前或滞后，否则将影响生产进度或将物资积压。

(5) 全面性。采购计划既要从物资供应上保证生产计划的完成，又要实现企业财务计划和资金周转的要求，还要考虑企业场库容量、装卸搬运能力等内部条件以及外包环境条件的可能，既要实现企业经济效益，又要考虑社会效益。

(6) 系统性。计划编制过程中要把采购工作的各个环节、企业各相关部门、各个岗位的人员看作一个完整的系统，做到互相衔接、紧密配合，这是编好采购计划的组织保证。

(7) 连续性和协调性。编制采购计划要处理好计划期和前后期的关系，做到相互衔接、顺利运行。

二、采购预算的编制步骤

(1) 审查企业以及部门的战略目标。预算的最终目的是为了保证企业目标的实现，企业在编制部门预算前首先要审视本部门和企业的目标，以确保它们之间的相互协调。

(2) 制订明确的工作计划。管理者必须了解本部门的业务活动，明确它的特征范围，制定出详细的工作计划表，从而确定部门实施这些活动所带来的产出。

(3) 确定所需的资源。有了详细的工作计划表，管理者可以对支出作出切合实际的估计，从而确定为了实现目标所需要的人力、物力和财力资源。

(4) 提出准确的预算数字。管理者提出的数字应当保证其最大可能性。可以通过以往的经验作出准确判断，也可以借助数学工具和统计资料通过科学分析提出准确方案。

(5) 汇总。汇总各部门、各分单元的预算，最初的预算总是来自每个分单元，而后层层提交、汇总，最后形成总预算。

(6) 预算是用以预计收入和可能支出的动态模型，它反映的是未来的事情，由于外在的环境总是处于不断变化之中，因此，必须根据实际情况的变化不断进行修订以确保预算最大限度地贴近现实，反映实际的支出采购预算。

三、采购预算的编制方法

1. 弹性预算

弹性预算亦称为变动预算，它是根据计划期间可能发生的多种业务量，分别确定与各种业务量水平相适应的费用预算数额，从而形成适用于不同生产经营活动水平的一种费用预算。

由于弹性预算是以多种业务量水平为基础而编制的一种预算，因此，它比只以一种业务量水平为基础编制的预算，具有更大的适应性和实用性。即使企业在计划期内实际业务量发生了一定的波动，也能找出与实际业务量相适应的预算数，使预算与实际工作业绩可以进行比较，从而有利于对有关费用的支出进行有效的控制。

编制弹性预算，首先要确定在计划期内业务量的可能变化范围。在具体编制工作中，对一般企业，其变化范围可以确定在企业正常生产能力的70%和110%之间，其间隔取为5%或10%，也可取计划期内预计的最低业务量和最高业务量为其下限和上限。

其次，要根据成本形态，将计划期内的费用划分为变动费用部分和固定费用部分。在编制弹性预算时，对变动部分费用，要按不同的业务量水平分别进行计算，而固定部分费用在相关范围内不随业务量的变动而变动，因为不需要按业务量的变动来进行调整。

弹性预算一般用于编制弹性成本预算和弹性利润预算。弹性利润预算是对计划期内各种可能的销售收入所能实现的利润所做的预算，它以弹性成本预算为基础。

2. 概率预算

在编制预算过程中，涉及的变量较多，如业务量、价格、成本等。企业管理者不可能在编制预算时就十分精确地预见到这些因素在将来会发生何种变化，以及变化到何种程度。而只能大体上估计出它们发生变化的可能性，从而近似地判断出各种因素的变化趋势、范围和结果，然后，对各种变量进行调整，计算其可能值的大小。这种利用概率（即可能性的大小）来编制的预算，即为概率预算。

概率预算必须根据不同的情况来编制，大体上可分为以下两种情况。

(1) 销售量的变动与成本的变动没有直接联系。这时，只要利用各自的概率分别计算销售收入、变动成本、固定成本的期望值，然后即可直接计算利润的期望值。

(2) 销售量的变动与成本的变动有直接联系。这时，需要用计算联合概率的方法来计算利润的期望值。

3. 零基预算

零基预算是指在编制预算时，对于所有的预算项目均以零为起点，不考虑以往的实际情况，而完全根据未来一定期间生产经营活动的需要和每项业务的轻重缓急，从根本上来分析每项预算支出的必要性和支出数额的大小。这种预算编制方法，是美国的彼得·派尔于20世纪60年代首先提出的，目前已被西方国家广泛使用。

零基预算的编制的方法，大致上可分为以下三步：

(1) 提出预算目标。

(2) 进行成本—收益分析。

(3) 分配资金、落实预算。

4. 滚动预算

滚动预算又称连续预算或永续预算，其主要特点是预算期随着时间的推移而自行延伸，始终保持一定的期限（通常为 1 年）。当年预算中某一季度（或月份）预算执行完毕后，就根据新的情况进行调整和修改后几个季度（或月份）的预算，以此往复，不断滚动，使年度预算一直含有四个季度（或 12 个月份）的预算。

滚动预算提出的根据是：第一，企业的生产经营活动在可预见的将来是延续不断的，因此，指导企业经营活动的预算也应该全面反映这一延续不断的过程，使预算方法和生产经营过程相适应。第二，现代企业的生产经营活动是复杂的，随着时间的推移，它将产生各种难以预料的结果。滚动预算在执行过程中可以结合新的信息，对其不断进行调整与修订，使预算与实际情况能更好地相适应，有利于充分发挥预算的指导与控制作用。

采购管理一点通

企业经营是一个连续不断的过程，只是为了使用方便才在时间上对它们进行了硬性分割。为了能够使预算与实际过程更紧密地联合在一起，采用滚动预算的办法，在制定这一期预算的时候根据实际情况同时对下期的业务进行预算，能够保证企业活动在预算上的连续性。

第四章

采购流程

采购既然是一种系统性的工作，就必然有它的流程。采购的过程，一是要实现将资源的所有权从供应商手中转移到用户手中，二是要实现将资源的物质实体从供应商手中转移到用户手中。显而易见，前者是一个商流过程，后者是一个物流过程，只有这两个方面都完全实现了，采购过程才算完成。

商品采购的主要流程

采购是一种通过交换获取物料和服务的购买行为，它为企业经营在合适的时间、地点、价格获取质量、数量合适的资源。采购的主要流程有收集信息、询价、比价、议价、评估、索样、决定、请购、订购、协调与沟通、催交、进货检收、整理付款。一般可分为以下四个阶段。

一、商品采购的准备阶段

商品采购的准备阶段主要完成的工作是信息资料的收集和实施条件的准备。

1. 信息资料的收集

在进行商品采购决策之前，商品流通企业要加强内部和外部各种信息资料的收集，还要对收集的信息资料进行整理、汇总和分析，为商品采购决策打好基础。

(1) 内部信息资料。主要包括：

查明计划期生产经营的任务量。查明计划期的生产经营任务量是为了与上期及上几期实际完成任务量进行对比分析，弄清楚计划期任务量的特点及增减变化情况。

查明本企业生产经营的各种商品销售（或消耗）、进货、库存的历史统计资料。查明这些统计资料是为了从中探索规律，总结历史经验，以利于今后工作的开展。

查明本企业生产经营的各种商品的性能和特点。查明各种商品的性能和特点，可以了解它们对运输、装卸、保管条件的要求，采用替代商品的可能性。

(2) 外部信息资料。主要包括：

市场环境资料。如国家有关方针、政策、法规，经济发展现状及前景，新技术、新工艺、新产品开发和应用情况，竞争单位的生产经营能力、市场占有率、采用的销售途径和促销策略情况等。

各种商品的市场供求状况。哪些商品供过于求，哪些商品供不应求；哪些商品畅销，哪些商品滞销；哪些商品由于供求关系的变化而引起了价格变动；等等。

供应商的情况。供应商能为本企业提供商品的品种、质量、价格、运费、服务水平、供货能力等情况。

2. 实施条件准备

实施条件准备是指为组织商品采购而进行的人力、物力和资金的组织安排。

(1) 人力组织。要有采购组织机构，在该组织机构中有得力的专业采购人员，还要有严密的采购工作制度。

(2) 物力组织。采购的商品要经过运输、装卸、检验等环节才能最终到达企业，这就需要运输工具、装卸设备、检测仪器仪表等。商品到达企业后，要有存放商品的地方，如仓库、货架等。

(3) 资金组织。采购资金是实现商品采购的根本条件，资金组织包括资金的筹集、资金的投入、资金的周转及资金的增值等。

二、商品采购的决策阶段

商品采购的决策阶段是对采购商品的品种、规格、质量、数量、订购和到货时间、采购方式、供应商的选择等作出决策。

商品采购决策阶段要解决以下几个方面的问题：

(1) 采购什么商品？即确定采购商品的品种、规格和质量。

(2) 采购多少？即确定计划期各种商品的采购总量。

(3) 向谁采购？即选择商品的供应商。

(4) 如何采购？即选择采购方式。如选择现货采购还是远期合同采购？同种商品是向一家供应商采购还是向多家供应商采购？采用定量采购还是定期采购？等等。

(5) 一次采购多少？即确定采购批量。

(6) 什么时间提出采购？即确定提出采购的时间和商品进货的时间。

三、商品采购的供需衔接阶段

商品采购的供需衔接阶段是商品流通企业的采购管理部门根据采购决策和采购计划与供应商洽谈，办理采购手续、签订购销合同的过程。商品采购供需衔接阶段要讲究谈判策略，遵守签订购销合同的原则。

1. 谈判策略

无论是现货采购还是远期合同采购，采购人员都要与供应商销售人员进行谈判。

(1) 双赢策略。采购人员在追求低采购成本的同时，要考虑供应商的合理利润，供应商的销售人员在追求利润的同时，要考虑需求单位的采购成本。供需双方的谈判者为了有效地进行谈判，必须保持一种双赢的态度，把谈判重点放在具有共同利益的方面，因为共性是所有谈判的基础。越具有共性，谈判越容易成交。

(2) 长期合作的策略。现代社会，采购人员和销售人员进入了相互保持战略联盟和长期合作的时代，这对供需双方都有利。因此，在谈判时供需双方要着眼于长期合作。

2. 签订购销合同的原则

办理采购手续、签订购销合同时必须遵守下列原则：

(1) 协商一致。任何一方不能把自己的意志强加给对方，签订霸王合同，也不能采取欺诈等非法手段迫使对方签订购销合同。

(2) 平等互利。签订购销合同的双方，权利和义务必须平等，公平合理。

(3) 遵纪守法。签订的购销合同要符合国际法和国内有关法律和法规的要求。

四、商品采购的进货作业阶段

商品采购的进货作业阶段是商品采购流程的最后阶段，其主要工作包括：

(1) 购销合同管理。将已经签订的购销合同进行分类整理，建立台账，及时掌握购销合同的执行情况。

(2) 商品的接运或提运。按照到货通知组织接运或提运，将采购的商品从供应商或车站、码头等地方接收并运到本企业。

(3) 商品的验收入库。对到货的商品进行数量和质量检验，验收合格后办理入库手续。

(4) 付款结算。到货的商品验收入库后，通知财务部门与供应商办理结算手续。

(5) 问题处理。在进货作业阶段发现到货的商品有短缺或破损，按购销合同规定及时提出索赔和拒付货款。

(6) 通知销售部门到货。使销售部门了解商品库存情况，积极组织销售。

采购管理一点通

采购是项机动性很高的工作，采购人员需随时掌握市场及供货商的相关信息，并主动开发新的商品或供货商，故东奔西走甚至远赴国外采购有时是不可避免的。采购人员因此必须有很强的适应性，能够适应不同的环境、地区或国家，一直坐在办公室是不可能把工作做好的。

采购订单的操作

采购订单是指企业根据市场的计划、企业的用料计划和实际能力，以及相关的因素所制订的切实可行的采购订单计划，并下达至订单部门执行。

采购订单是企业存货在采购业务中流动的起点，是详细记录企业物流的循环流动轨迹、积累企业管理决策所需要的经营运作信息的关键。通过它可以直接向供应商订货并可查询采购订单的收货情况和订单执行状况，通过采购订单的关联跟踪，采购业务的处理过程可以一目了然。

采购人员发出采购订单，是为了实施订单计划，从采购环境中购买物料项目，为生产市场输送合格的原材料和配件，同时对供应商群体绩效表现进行评价反馈。订单的主要环节有订单准备、选择供应商、签订合同、合同执行跟踪、物料检验、物料接收、付款操作、供应评估。其操作规范有如下一些要点。

一、熟悉需要订单操作的物料项目

有时，采购人员会遇到从没有采购过的物料项目，其采购环境不一定熟悉，需要花时间去了解物料项目的技术资料等。订单本身也有难易差异。所以，必须熟悉订单操作的物料项目。

二、进行价格确认

采购人员应依据科学的计算方法算出价格，同时必须算出材料的需要两级标准时间。因为这些需要依赖生产（制造）技术部门配合查明，故需发出查订单。

在提出“查订单”及“估价单”时，为了决定价格，应汇总出决定价格的资料。同时，为了了解订购经过，也应制作“查订单”簿。决定价格之后，应填列订购单、订购单兼收据、入货单、验收单及接受检查单、货单等6张单据。这些单据应把记载事项包括交货期限、订购号码、交易对象号码（用电脑处理的号码）、交易对象名称、单位、数量、单价、合计金额、资材号码（资料的区分号码，如电器零件、电子零件、材料等的分类区分）、品名、图面及设计书号码、交货日期、发行日期、需要来源（要写采购部门的名称）、制造号码、交货地点、摘要（图面、设计书简要的补充说明）。

若检查部门检查完毕，在验收栏填列检查结果（合格品数量）后，应将验收单交至采购者，然后再将物品送至要求采购的部门，并保管接受检查单。而采购者接受验收单，应取出所保存的进货单将检查结果（合格品数量）填入，并将进货单送至会计部门。最后，会计部门依照进货单付款。

三、确认项目质量需求标准

订单人员日常与供应商的接触有时大大多于认证人员，由于供应商实力的变化，前一订单的质量标准是否需要调整，订单操作作为认证环节的一个监督部门应发挥应有的作用。

四、确认项目的需求量

订单计划的需求量应等于或小于采购环境订单容量（经验丰富的订单人员不查询系统也能知道），如果大于则提醒认证人员扩展采购环境容量；另外，对计划人员的错误操作，订单人员应及时提出以保证订单计划的需求量与采购环境订单容量相匹配。

五、制定订单说明书

订单说明书主要内容包括说明书（项目名称、确认的价格、确认的质量标准、确认的需求量、是否需要扩展采购环境容量等方面），另附有必要的图纸、技术规范、检验标准等。

六、查询采购环境

订单人员在完成订单准备之后，要查询采购环境信息系统，以寻找适应本次物料供应的供应商群体。认证环节结束后会形成公司物料项目的采购环境，用于订单操作，对小规模的采购，采购环境可能记录在认证报告文档上；对于大规模的采购，采购环境则使用信息系统来管理。一般来说，一项物料有 3 家以上的供应商，特殊情况下也会出现 1 家供应商，即独家供应商。

七、计算供应商容量

如果向一个容量已经饱和的供应商下单，那么订单会难以被正常执行，最后导致订单操作的失败。作为经验丰富的订单人员，首先计算一下采购环境中供应商的容量，哪些是饱和的，哪些是有空余容量的。如果全部饱和，应立即知会相关认证人员，并提出紧急对策。

八、与供应商确认订单

从主观上对供应商的了解需要得到供应商的确认，供应商组织结构的调整、设备的变化、厂房的扩建等都会影响供应商的订单容量。有时需要进行实地考察，尤其注意谎报订单容量的供应商。

九、确定意向供应商

订单人员在权衡利弊（既考虑原定的订单分配比例，又要考虑现实容量情况）后可以初步确定意向供应商，以便确定本次订单由哪一家供应商供应，这是订单操作取得实质性进展的一步。

十、发放订单说明书

既然是意向，就应该向供应商发放相关技术资料，一般来说，采购环境中的供应商应具备已通过认证的物料生产工艺文件。如果是这样，订单说明书就不要包括额外的技术资料。供应商在接到技术资料并分析后，即向订单人员作出“接单”还是“不接单”的答复。

十一、确定物料供应商

通过以上过程，订单人员决定本次订单计划所投向的供应商，必要时可上报主管审批，可以是一家，也可以是若干家。

十二、制作合同

拥有采购信息管理系统的企业，订单人员直接在信息系统中生成订单，在其他情况下，需要订单制作者自行编排打印。一般的企业都有固定标准的合同格式，而且这种格式是供应商认可的，订单人员只需在标准合同中填写相关参数（物料名称代码、单位、数量、单价、总价、货期等）及一些特殊说明后即完成制作合同操作。值得说明的是，价格及质量标准是认证人员在认证活动中的输出结果，已经存放在采购环境中，订单人员的操作对象是物料的下单数量及交货日期，特殊情况下可以向认证人员建议修改价格和质量标准。

国外采购双方沟通不易，订购单成为确认交易必需的工具。当采购单位决定采购对象后，通常会寄发订购单给供应商，作为双方将来交货、验货、付款之依据。国内采购可依情况决定是否给予供应商订单。由于采购部门签发订购单后，有时并未要求供应商签署并寄回，形成买方对卖方的单向承诺，于己不利。但订购单却能使卖方安心交货，甚至可获得融资的便利。

订购单内容特别侧重交易条件、交货日期、运输方式、单价、付款方式等。根据用途不同，订购单可分为厂商联（第一联），作为厂商交货时的凭证；回执联（第二联），由厂商签认后寄回；物料联（第三联），作为控制存量及验收的参考；请款联（第四联），可取代请购单第二联或验收单；承办联（第五联），制发订购单的单位自存。

通常在订购单的背面，多会有附加条款的规定，其主要内容包括交货方式、验收方式、罚则、履约保证、品质保证、仲裁或诉讼等。

采购管理一点通

采供订单中必须有明确的仲裁条款。仲裁条款以仲裁协议为具体体现，是指买卖双方自愿将其争议事项提交第三方仲裁机构进行裁决。仲裁协议的主要内容有仲裁机构、适用的仲裁程序、运用地点、裁决效力等。

商品采购的付款结算

采购结算是企业供应部的基本职能。它负责根据生产、总务、设备及检验等各部室的物品需求计划，编制与之相配套的采购计划，并组织具体的实施，保证经营过程中的物资供应；负责办理购进物资到货后相关的货物入库手续，并对不合格产品及时退货。

那么，对于采购人员来说，如何才能做好采购的付款结算工作呢？

一、查询物料入库信息

通常，对国内的供应商付款操作，都是在物料检验通过并且完成入库操作之后进行，所以订单人员（或者专职付款人员）要查询物料入库信息，仅对已经入库的物料办理付款手续。对于国外供应商，一般是“一手交钱，一手交货”，所以对国外采购项目，物料一到岸或者指定的交易地点，付款操作必须完成付款手续至开具付款票据（汇票等），在验收之后再对供应商进行付款。对于长期采购的供应商，可以通过谈判商定一定的付款周期，如供应商到货一周内付款。

二、准备付款申请单据

对国内供应商付款，拟制付款申请单，并且附合同、物料检验单据、物料入库单据、发票。作为付款人员要注意：五份单据（付款申请单据、合同、物料检验单据、物料入库单据、发票）中的合同编号、物料名称、数量、单价、总价、供应商必须一致。

三、付款审批

由企业管理办公室或者财务部专职人员进行，审核内容包括以下三个方面。

(1) 单据的匹配性。发票等五份单据在六个方面（合同编号、物料名称、数量、单价、总价、供应商）应保持一致性及正确性。

(2) 单据的规范性。特别是发票，其次是付款申请单，要求格式标准、统一、描述清楚。

(3) 单据的真实性。发票的真假鉴别，检验、入库单等单据的真假等。

四、资金平衡

如果企业拥有足够的资金，那么本环节可以省略。但是在大多数情况下，企业需要合理利用资金，特别是在资金紧缺的情况下，要综合考虑物料的重要性、供应商的付款周期等因素，以确定首先向谁付款。对于不能及时付款的物料，要充分与供应商进行沟通，征得供应商的谅解和同意。

五、向供应商付款

企业财务出纳部接到付款申请单及通知后，即可向供应商付款，并提醒供应商注意收款。

六、供应商收款

企业之间的交易付款活动一般通过银行进行，有时因为付款账号疏漏，可能存在供应商收不到货款的情况。对于大资金的付款活动，企业有必要在付款活动之后向供应商作出收款提醒。

此外，对于一些涉外采购单，企业的财务人员与采购人员在结算时还必须知道，何时需要使用外国货币、何时需要使用本国货币采购，还要知道避免货币成本增加，及尽可能降低货币成本的方法。好的采购人员应该了解某些可以降低短期风险的避险方法，及利用分析工具去协助避险策略的拟订。一般情况下，最好选择对于本国货币相对坚挺的货币付款，如此，采购方在付款时才不会有太大的差价。

要想选择合适的币种、获得尽可能多的利益，首先要回答两个问题：首先，你购买了什么产品，其价格是属于成本领导还是属于市场领导。当价格为成本领导时，供应商依据成本来设定价格。当价格为市场领导时，供应商依据世界市场，尤其是以美元来定售价，而且供应商不会以太高的价格来出售。其次，产品在哪里生产，如果生产国家的货币是盯住美元的，对于美国的买主而言此时就不需要避险。

1. 浮动汇率，成本领导定价的产品

此类产品为典型的订制或部分订制的产品，以在日本或欧洲组装的产品为典型，通常是以当地货币定价，这样可以使供应商缓和汇率风险。买主在议价之初，最好能取得较低的价格以避免供应商将避险成本加入售价中。选择这种方式的另一原因也是因为买主无法知道未来美元为升还是为贬。大多数情况下，买方厂商若要避免货币成本的增加，可利用较低成本的期货来避险，甚至可将避险条款列入采购合约中。

2. 浮动汇率，市场领导定价的产品

此类产品多为大众化的商品，其价格接近世界各地的类似产品，如黄金、石油等。此类产品不需避险，买主在议价时最好依产品在世界各地的定价，并维持价格随产品在世界各地价格的波动而变动。若此类产品的采购包含许多地区，在避险上也不需像成本导向的产品一样，因为美元走强时，价格反映在他国货币上也会上涨。

3. 固定汇率，成本领导定价的产品

采取固定汇率的通常是较小的国家，如泰国、新加坡、韩国等，由于在汇率变动时盯住美元，且外汇市场规模小，所以很少需要避险。但买主要在合约中加入条款代替避险，因为这些货币会因为价值变动而面临调整对美元之汇率。

4. 固定汇率，市场领导定价的产品

若市场以本国货币计价，则该产品不存在避险问题；如果不是，则避险方法和技巧如同“浮动汇率，市场领导定价的产品”中所提及。

5. 避险

避险是为了保障本国货币价值在未来不会随外国货币浮动，最大的理由就是要保障采购价值。买主可利用期货合约或货币选择来达到避险的目的。买主必须在付款同时卖出本国货币以换取供应商所在国货币。交易结束后会有利得或利失，利得或利失的发生源于汇率的变动，这会反映到材料采购价格的差额上，但是，期货的存在会减少这种损失。当然，在利得时，由于期权成本的存在也会冲减利得。

购买外汇期权合约会发生固定成本，如果国外的存款利率高于本国当地利率，会降低本国货币的成本。期权虽然可以避险，但是其代价非常昂贵，六个月的期权成本约为5%，因此大部分人并不会用其来做避险工具。使用期权还有另一个困难就是欧式期权的信息在财务报纸上并不完整。

6. 买进美元的风险

美元并不是最保险的货币。有些美元买者需要以很高的价格买进，当币值滑落时，会付出相当代价，供应商的竞争者会迅速让买主知道他们的损失惨重。当美元币值滑落时，使用固定美元报价的供应商通常会毁约。

7. 避险期间

利用期货和约来长期避险，会产生与买进美元同样的风险。若美元升值，买主将会付出许多。用期权长期避险时成本又较高，因为期权的风险溢价是时间越长成本越高，典型的避险时间大约是六个月。

采购管理一点通

采购付款结算的主要风险是：付款审核不严格、付款方式不恰当、付款金额控制不严，可能导致企业资金损失或信用受损。主要管控措施有：当加强采购付款的管理，完善付款流程，明确付款审核人的责任和权力，严格审核采购预算、合同、相关单据凭证、审批程序等相关内容，审核无误后按照合同规定，合理选择付款方式，及时办理付款。

影响采购流程的因素和优化采购流程的方法

采购流程不外乎采购分析、采购计划、采购操作和采购完成四步，虽然采购流程看起来很简单，但其影响因素和优化方法也是需要注意的。

一、影响采购流程的五大因素

1. 供应商和品牌规格的影响

除了一些居于汽车、计算机、消费电子工业前沿的公司，多数买方在规格定制阶段很少参与其中。规格产品通常由买方单方面决定，这就意味着它们经常是依据特定的供应商确定的。使用特定的品牌或者供应商的规格会严重限制买方的行动自由度，而供应商则在多数情况下对买方的产品选择十分清楚。而且，这可能导致选择的供应商不能满足公司的生产量和物流需要的状况。

2. 供应商选择的影响

选择供应商是采购流程中最重要的决策之一，特别是当交付的货物要求多年的维修和服务的时候。核实供应商信用的失败，会导致预期以为的破产，以及以没有能力满足质量要求和不愿意满足保证义务的形式出现的令人不愉快的意外。

3. 合同签订的影响

如果在交货期间或者之后出现问题，合同中难懂的条文就会起反作用。我们可以发现原以为应该由供应商处理的事情将不得不由用户单独完成。对于问题处理的误解可以通过签订标准合同的方式加以避免，避免问题比处理问题要好得多，而合同的修改最好留给采购者完成。

4. 价格的影响

采购人员要重视采购的价格，特别是在购买固定设备的时候，购买决策需要在总成本上，而不仅仅在价格的基础上作出。很多设备制造商都采用了这样一种销售策略，即为他们的设备定一个相当低的价格。然而，他们的保证和服务合同要求客户从原始设备制造商那里获得所有的备件和维护服务。如果客户不这样做，供应商将不保证设备的正常运作。这类销售策略的例子很多，复印机制造商、计算机主机制造商、掘土设备和卡车制造商、系统集成供应商都致力于这种实践。为了使固定设备采购能够有效进行，买方需要将其决策置于总成本的模型之上，在设备的初始采购和设备的终生费用之间进行平衡。

5. 管理机构的影响

订货也能引起大问题，有时没有关于购置或采购授权的明确的程序，会造成组织中的每个人都能随意订货，结果造成交货和应付发票的检查出现大量的额外工作。

二、优化采购流程的方法

采购是一个系统的过程，难免会受到各种因素的影响，更会出现各种各样的问题，以下介绍一些优化采购流程的方法。

1. 建立从使用者到采购部门的在线通知系统

在线通知系统是指通过高效和迅速的信息传递来节约时间的一种内部系统。客户在需要通过采购部门来满足物料和服务需求的时候，就可以使用这些系统。如果客户不需要采购部门的介入，就应转向其他廉价系统。

先进企业的情况更可能是这样：当低价值的采购需求要通过采购部门来满足时，客户就会通过内部的电子系统来发送采购请求。在低价值项目采购方面进展缓慢的通常是那些通过邮件或电话接收采购要求的公司。在需要通过采购部门时，客户应该通过高效的采购通知单来传递采购要求。采购业界内当前的一个近期目标，是开发一种新的系统或流程，使客户直接从供应商那里获取低价值的商品而不需要采购部门参与。

2. 向客户发放采购卡

采购卡是大多数企业都认可的一种改进采购流程的工具或系统，是一种面向内部客户的信用卡。当客户要采购低价值项目时，只要联系供应商并使用采购卡即可。采购卡对于未定供应商或未被其他一些采购系统所囊括的采购项目非常有用。客户作出采购决策（来自部门预算）后，可完全跨过采购部门。面向采购卡的商品项目的价值相对而言比较低，如要通过采购部门进行大范围的供应商的搜索，成本很可能会超过商品本身的价值。

3. 实行基于互联网的电子采购商务

基于互联网的电子采购商务包括了一系列广泛而多样的活动。在未来的几年里买方对商业互联网的使用将会急剧增加，电子采购商务增长率最高的领域包括：向供应商传递采购订单；追踪订单状态；向供应商询盘；向供应商下订单；电子支付；电子数据交换。

一个在线订购系统中，买方与卖方通过调制解调器或其他网络工具来建立直接的电子联系。在线订购系统的一个主要特征，就是采购部门常常要开发与客户计算机系统相链接的软件。一旦企业同供应商订立了综合或长期合同，在线订购就成为常规的采购方式，资源获取流程的重要组成部分包括供应商的确认、评价及选择。在线订购系统使得采购部门或客户能直接进入供应商的订购系统。

在线订购系统的优点包括：立刻可知延期交货项目；更短的订单输入时间，从而缩短了订单周期的时间；减少误差；良好的订单跟踪能力；轻松得到供应商发出的附装运说明的订单通知；可在一个在线订单中满足多个客户对不同产品的需求。

4. 签订长期采购合同

长期采购合同通常年限为 1~5 年，并可在供应商绩效达到要求的情况下续约。这种合同不用每年更新，从而节省了低价值项目和采购相联系的交易成本。而且，一旦采购部门和供应商达成协议，物料管理的责任就归于客户。比较理想的情况是，即使是低价值的项目，物料管理也通过电子而不是人工进行。

5. 对采购流程进行重新设计

大多数公司都意识到采购流程的再设计通常能推进低价值采购系统的发展，它们的发展常常是再设计努力的成果。适当地进行再设计可加快周转次数，简化交易流程，从而节约交易成本。

采购流程由许多子流程组成，这意味着它可以通过流程图和再设计得到改进。低价值采购流程会影响成百上千位员工，这些员工遍布于整个公司的各个部门、办公室、工厂及厂房设施，同时这一流程还会影响到会计部门、接收和处理部门、采购部门和供应商。任何对低价值商品有需求的员工都是低价值采购流程的一个部分。

采购管理一点通

一个企业总是处在变化之中，产品的升级换代、规模的扩大与缩小、销售区域的变化，这些对采购流程都会产生直接或间接的影响。采购管理部门应根据情况变化，决定对企业采购流程的调整。流程运作过程中，还要根据流程输出绩效指标的情况，对流程进行整合。如果流程的绩效指标不能处在行业较高水平，则说明流程存在问题，应及时作出调整和完善。

服务采购的流程

服务采购是指组织对除货物和工程以外的其他企业需求对象进行获取的过程。企业的服务采购是指采购满足组织内部不能或不愿提供的服务或相关服务。通过招标、竞标，企业挑选最适合的供应商并要求其提供专业的、高效的、能够给企业带来利益的服务，并把从供应商那里采购来的服务，与企业的战略管理有效结合，以有利于企业获取更专业的技术和人才，减少业务负担，获得专家的意见，降低支出，增强企业的竞争力。

在现如今的大多数企业，服务采购还没有被纳入供应部门实施一体化管理。但伴随着市场竞争的压力，特别是经济形态已经明显地从产品经济转向服务经济，使得越来越多的企业开始重视服务的采购。

一、服务采购的特点

与货物、工程采购相比，服务采购的标的——服务或相关服务，具有无形性、评审侧重质量而不是价格、无法存储性、易变性、不可分割性、不能再销售、服务采购复杂等属性。因此服务采购呈现出不同的特点。

（1）服务采购难于把握和控制。因为同样的服务经常在不同的地方或者被多个业务单位使用，或者有多个客户在不同程度上使用同一种类型的服务。要应对这个挑战，对服务采购进行分类诊断是关键。

（2）由于服务的无形性使得确定其范围和要求更加困难，所以需要一个能够促进供应管理部门和内部客户之间协作和沟通的、规范的服务采购流程。

（3）对服务本身或服务供应商的评价更多的是主观评价，所以必须对供应商的服务范围和要求给出明确的描述。

（4）有些内部客户认为它们所需要的服务非常特别，很难在市场上找到新的供应商。这时，供应管理部门就要利用自己所掌握的市场知识，为内部客户提供增值的服务，包括选择服务供应商和站在客户的立场上详细地说明服务的要求。

（5）有些服务要求会直接面向企业内部的其他部门，可能会越过已经制定的采购流程。这时，供应管理部门就必须介入。当然，也可以把采购职能与评价职能分开，这将有助于供应管理部门参与签约过程。

（6）有时企业会面临某种服务无法归类的情况，这时，企业在与供应管理部门和内部客户之间协作和沟通时要规范采购流程。

二、服务采购的分类

对服务采购进行恰当的分类是对其实施一体化供应管理和优化采购资源配置的基本要求。服务和产品一样，可以用不同的方法来分类，包括策略的和非策略的；与生产相关的和与生产无关的；高、中、低风险的；高、中、低成本的；重复性的、非重复性的和一次性的；等等。服务分类的方法取决于企业的行业属性，并反过来决定服务分类管理的方法。

有效服务分类的关键是明确分类的原则。例如，如果管理层认为把服务分为策略的和非策略的比较合适，那么确定这些原则的定义就非常重要。比如，有个企业使用这种方法把策略采购确定为“任何超过1万元的服务采购”。问题是有些超过1万元的服务采购明显的属于例行公事，而且并不需要策略采购小组的技能和专业知识。而一些金额在1万元以下的服务采购却显得更复杂，并需要策略采购小组的技能和专业知识支持。所以，对策略的更有用的定义可能是“关键任务”，这意味着某种服务对于企业实现其目标而言是必需的。

三、服务采购的规范流程

所谓规范的采购流程，是指用于服务采购的系统性的采购和签约方法。这个流程一般是从和使用者一起确定清晰的服务范围和服务要求开始的，然后是评价市场并了解行情，全面的征询采购解决方案，根据清晰的定义确定决策标准和评价潜在的供应商，最后是通过面对面的谈判或在线反向拍卖的方法达成一项服务协议。

许多采购经理都认为，根据规范的流程来管理服务采购，以及在这个过程中吸收企业内部有关职能部门的知识和技能，是供应管理增值的最好方法。供应管理部门的核心竞争力就在于采购流程的组织实施。显然，系统化的流程增强了服务采购的规范性和可信度水平。

虽然服务采购流程的具体环节会随着企业的不同而变化，但下列步骤将有助于建立一体化供应管理，对服务采购进行更有效的控制。

1. 对服务采购支出进行结构分析

关键的问题有：

(1) 企业总支出的百分之多少是用于服务采购的？

(2) 企业采购了哪些服务？

(3) 每一类服务采购的支出比重是多少?

(4) 这些服务的类型是怎样的?

2. 确定适宜的服务采购流程

一般来说，企业应该对非紧急采购实行自动化的或程序化的采购方法，为每一种策略采购确定一个首选服务供应商，建立一个团队来取消短缺采购。关键的问题有：

(1) 是否可以使用电子工具获得所需服务？在线招标是否可行?

(2) 是否需要跨职能部门的解决方案？如果需要，在企业内部采取什么样的方法才是有效的?

3. 确定清晰的服务范围和服务要求

关键的问题有：

(1) 企业是否拥有足够的内部资源来确定清晰的服务范围和要求?

(2) 如果企业内部资源不足，所需要的技能是否可以从企业外部获得？代价多大?

(3) 有关的知识是否可以向企业内部转移?

4. 利用精心设计的采购流程来进行信息搜集和分析，并作出选择

事实证明，在服务采购领域导入一体化供应管理的好处是非常明显的。虽然服务采购确实不同于商品或其他东西的采购，但这并不代表企业就不能采取一体化供应管理方法来开发其潜在价值和节约成本。只要企业能够合理地配置人员，设计流程和协调关系，就能够在服务采购方面降低成本和获得效益，应对服务经济的挑战。

采购管理一点通

在企业内部，供应管理部门必须处理好与其他职能部门或商务过程的关系，这是任何采购解决方案有效实施的重要保证。原因有二：一是在确定准确和详细的服务要求时，有关部门必须密切配合，必须分享各自所掌握的信息并共同参与决策过程。二是供应部门和企业高管层的关系对服务采购的成败至关重要。

第五章

采购方式

做事要讲方式方法，同样，做采购工作也要注意方法、方式的选择。采购方式的选择是指采购部门根据相关要求，通过一定的程序和标准选定采购项目合同订立方式的一系列有组织的活动。确定合理的采购方式是采购活动成功、顺利进行的前提，是公平、公正、公开、高效的重要保证。

采购方式的分类

企业物资采购方式，是指物资企业作为需方同供货单位建立买卖关系，实现物资购销所采取的交货形式和组织方法。确定合理的采购方式是采购活动成功、顺利进行的前提，是公平、公正、公开、高效的重要保证。

采购方式的选择是指采购机构根据相关要求，通过一定的程序和标准选定采购项目合同订立方式的一系列有组织的活动。各种采购方式各有利弊，实际操作时应该将各种方式进行互补，取长补短，灵活选用。只有科学分析各种采购方式的特点和运作模式，才能实现科学选择采购方式，最终实现有效降低采购成本、保证交付进度、提高采购质量的采购目标。

依据不同的分类标准，可将采购方式分为如下几类。

一、按采购途径分类

按采购途径的不同，采购方式可分为直接采购、委托采购与调拨采购。直接采购是指直接向物料供应商从事采购的行为；委托采购是指指定第三方从事采购作业的行为；调拨采购是指在几个分厂或协作厂商和顾客之间，将过剩物料互相支持调拨使用的采购行为。

二、按采购性质分类

按采购性质的不同，采购方式可分为公开采购与秘密采购、大量采购与零星采购、特殊采购与普通采购、正常性采购与投机性采购、计划性采购与市场性采购。

1. 公开采购与秘密采购

公开采购是指采购行为公开化，而秘密采购是指采购行为在秘密中进行。

2. 大量采购与零星采购

大量采购是指采购数量多的采购行为，而零星采购是指采购数量零星化的采购行为。

3. 特殊采购与普通采购

特殊采购是指采购项目特殊，采购人员事先必须花很多时间从事采购情报收集的采购行为，如采购特殊规格、特种用途的机器，普通采购是指采购项目极为普通的采购行为。

4. 正常性采购与投机性采购

正常性采购是指采购行为正常化而不带投机性，而投机性采购是指物料价格低廉时大量买进以期涨价时转手获利的采购行为。这种采购行为有可能获得巨额的投机利润，同时也隐藏着巨大的风险。

投机性采购有以下几大特点：

(1) 动用大量资金。

(2) 等待有利的购买时机才下手购买，有时会妨碍生产计划的进行。

(3) 使用大量的仓库空间以储存投机性采购的物资。

(4) 若物料规格改变，投机性采购的物质就有报废的危险。

5. 计划性采购与市场性采购

计划性采购是指依据材料计划或采购计划的采购行为。其优点在于存量能计划性地适当加以控制，价格成本控制也较有把握。缺点是物料计划及规格一旦发生变更，易造成企业与供应商的争端。市场性采购是指依据市场的情况、价格的波动而从事的采购行为，此种采购行为不是根据材料计划而进行的，而具有人为因素。其优点是节省成本。缺点是存货增加，仓储增加，存货储备成本加大，规格一发生变更，物料就有报废的危险，市场价格趋势判断错误可能带来极大损失。

三、根据采购时间分类

按采购时间的不同，采购方式可分为长期固定性采购与非固定性采购、计划性采购与紧急采购、预购与现购。长期固定性采购是指采购行为长期而固定性的采购，而非固定性采购是指采购行为非固定性，需要时就采购。计划性采购是指根据材料计划或采购计划的采购行为；而紧急采购是指物料急用时毫无计划性的紧急采购行为。预购是指先将物料买进而后付款的采购行为；现购是指以现金购买物料的采购行为。

四、根据采购订约分类

按采购订约的不同，采购方式可分为订约采购、口头或电话采购、书信或电报采购及试探性订单采购。订约采购是指买卖双方根据订约的方式而进行采购的行为。口头或电话采购是指买卖双方不经过订约的方式而是以口头或电话的洽谈方式进行采购的行为。书信或电报采购是指买卖双方利用书信或电报的往返而进行采购的行为。试探性订单采购是指买卖双方在进行采购事项时因某种缘故不敢大量下订单，先以试探方式下少量订单，等试探性订单采购进行顺利时，才下大量订单。

五、根据决定采购价格的因素分类

按决定采购价格因素的不同，采购方式可分为招标采购、询价现购、比价采购、议价采购、定价收购及公开市场采购。

1. 招标采购

招标采购是指将物料采购的所有条件（如物料名称、规格、数量、交货日期、付款条件、处罚规则、投标押金、投标厂商资格、开标日期等）详细列明，登报公告。投标厂商依照公告的所有条件，在规定时间以内，缴纳投标押金，参加投标。招标采购的开标按规定必须至少三家以上的厂商从事报价投标方得开标。开标后原则上以报价最低的厂商得标，但得标的报价高过规定价格时，采购人员有权宣布废标，或经监办人员同意，以议价办理。

2. 询价现购

询价现购是指采购人员选取信用可靠的厂商将采购条件讲明，并询问价格或寄以询价单并促请对方报价，比较后则现价采购。

3. 比价采购

比价采购是指采购人员请数家厂商提供价格后，从中加以比价之后，选定厂商进行采购事项。

4. 议价采购

议价采购指采购人员与厂商双方经讨价还价而议定价格后方进行采购。一般来说，询价、比价和议价是结合使用的，很少单独进行。

5. 定价收购

定价收购是指购买的物料数量巨大，无法由一两家厂商全部提供，如铁路的枕木或烟草局的烟叶，或当市面上该项物料匮乏时，则可先定价格以现款收购。

6. 公开市场采购

公开市场采购是指采购人员在公开交易或拍卖场所随时机动式的采购，因此需要大宗物料时，以这种方式进行采购，价格的变动是非常频繁的。

六、依据采购地区分类

按采购地区的不同，采购方式可分为国内采购和国外采购。

当国内材料价格、品质、性能与国外相差无几时，应选择国内采购，国内采购机动性强，手续简单、方便。当国外材料价格低、品质高、性能好，综合成本比国内采购低时，可考虑国外采购。但在某些关系到民族前途的企业，如信息产业、通信产业等，应当不仅仅考虑当前利益，还应该为长远着想，尽量在国内采购或支持有能力的国内供应商共同开发。

采购管理一点通

在实际工作中，使用频率最高的采购方式往往是招标，但招标以外的多种采购方式却经常被忽略。有时几种采购方式相互混淆，甚至出现了很多过时的、不伦不类的甚至错误的采购方式。这些不正规的采购方式，严重影响了采购过程的规范性和公平、公开、公正的原则。所以，确定正确的采购方式对企业来说非常重要。

供应链采购

供应链采购，是指供应链内部企业之间的采购。供应链内部的需求企业向供应商企业采购订货，供应商企业将货物供应给需求企业。

供应链采购与传统的采购相比，物资供需关系没变，采购的概念没变，但是，由于供应链各个企业之间是一种战略伙伴关系，采购是在一种非常友好合作的环境中进行，所以采购的观念和采购的操作都发生了很大变化。

一、供应链采购的特点

1. 以外部资源管理为工作重心

供应链管理思想是协调性、集成性、同步性，要求提高采购的柔性和市场响应能力，增加和供应商的信息联系和相互之间的合作，建立新的供需模式。由此，采购工作的重点转向实现有效的外部资源管理。包括：形成相对稳定的、多层次的供应商网络，建立供应商数据库系统；提供供应商的教育培训支持；参与供应商的产品设计和质量控制；制定供应商评价与激励制度。

2. 面向过程的采购管理

由于分工过细，传统的采购管理在信息沟通上存在明显的问题。供应链管理贯穿的是一种过程管理的思想，这种思想要求将企业内部以及节点企业之间的各种业务看作一个整体功能过程，形成集成化供应链管理体系。体现在过程最优为管理的目标。供应链条件下的采购管理以采购的过程为管理对象，通过对过程中的资金流、物流和信息流的统一控制，以达到采购过程总成本和总效率的最优匹配。

3. 与上游供应商双赢的伙伴关系

传统条件下，企业与供应商之间是简单的买卖关系。在供应链环境下，双赢伙伴关系成为采购管理中企业与供应商之间关系的典范。它表现为制造商对供应商给予协助，帮助供应商降低成本、改进质量、加快产品开发进度；通过建立相互信任的关系提高效率，降低交易费用；长期的信任合同取代短期的合同和比较多的信息交流。

4. 电子商务下的信息化采购

供应链管理之所以区别于传统意义的管理而成为电子商务时代全新的概念，其中一个重要的原因是它以信息技术为手段，以信息资源的集成为前提，实现了采购内部业务信息化和外部运作信息化。采购内部业务信息化较容易实现，主要通过建立采购管理信息系统以及与财务会计信息系统的接口。信息化实现了采购管理的无纸化，减少了信息传递的速度，极大地提高了企业对市场的反应速度。

二、供应链采购的目标

在供应链管理模式下，采购工作要做到五个恰当。

(1) 恰当的数量。实现采购的经济批量，既不积压又不造成短缺。

(2) 恰当的时间。实现及时化采购，既不能提前，给库存带来压力，也不能滞后，给生产带来压力。

(3) 恰当的地点。实现最佳的物流效率，尽可能节约采购成本。

(4) 恰当的价格。达到采购价格的合理性，价格过高造成浪费，价格过低则可能造成质量难以保证。

(5) 恰当的来源。力争实现供需双方间的合作与协调，达到双赢。

三、供应链的操作

1. 进行信息系统建设，为供应链采购管理做一些基础工作

(1) 信息基础建设。首先，要建立起企业内外部网络，并且和互联网相联；其次，要开发管理信息系统、建立企业电子商务网站，建设信息传输系统。

(2) 供应链系统基础建设。首先，要通过扎实稳妥的工作，逐步建立起供应链系统。这就要求供应链各企业努力加强业务联系，加强供应链企业间的沟通，逐渐形成供应链各个企业的业务协调和紧密关系。其次，要逐渐建设责任共担、利益共享机制。此外，还要促进各个企业的内部建设，实现信息化、规范化、有关业务协调化，为建立一个完善的供应链作准备。在条件成熟以后，及时地建成供应链，实行供应管理。

2. 进行供应商的选择

由于供应商是整个供应链管理的关键所在，直接影响供应链采购实施的好坏，所以，在实施采购战略之前要先对供应商进行选择，从影响

供应商选择的关键因素出发，制订供应商选择的方案。在选择过程中，尤其是在对影响因素进行分析的时候，要结合采购方的自身条件及最关注的因素，进行方案的确定，再具体选择。

3. 供应链采购基础建设

在供应链采购实施过程中，针对不同的需要，有很多种采购策略，根据实际需要来选择采购策略。相应的，在选择之前要完善采购的体制机制基础建设，具体包括供应商管理库存、连续补充货物、数据共享机制、自动订货机制、准时化采购机制、付款机制、效益评估和利益分配机制、安全机制等。

4. 选择供应链的采购方式

(1) 供应商管理库存。为了进一步加强供应链关系，实现资源优化配置、加强相互权利和责任、合理分配利润，实行供应商管理采购方库存。具体的采购过程由供应商根据市场预测、采购方的生产计划及生产能力等来决定什么时间给采购方供货，供应多少。这样不仅可以降低采购方库存，实现零库存操作，而且对于供应商来说，也可以合理地调整自己的库存量、生产量等问题，从而削弱了供应链上的需求放大效应。

(2) 连续补货。采购方同样将自己的库存状况等通过信息共享提供给供应商，由供应商决定补货量及补货时间。供应商为了实现自己的利润最大化，最大地消除浪费，实行小批量多频次地连续补充货物的供货方式，销售一点就补充一点。这样既满足需要，又使库存最小；既降低了成本，又提高了效益。

5. 采购计划的实施

把制订的采购订货计划落实到人，根据既定的进度实施。

6. 采购评价及监控

运用各种评价指标对整个采购过程进行评价。

四、供应链采购与传统采购的比较

在传统的采购模式下，需方同供方经过洽谈后，要下达采购定单，供方要把需方的采购定单转变为用户定单，然后安排和协调计划并进行加工制造。在这个过程中，需方要不断地跟踪，甚至要派出专人常驻供方监督生产。供方在产品生产完工后要进行质量检验，先储存在自己的成品库，然后发货到需方。需方在接到货物后，还要进行一次检验，然后入原材料库或配套件库，等生产有需用时，再发料到生产部门。

在供应链采购模式下，需方和供方是合作伙伴，供应商是经过资格认证的，质量和信用是可信的。采购作业通过电子商务，一次把需方的采购订单自动转换为供方的销售订单；质量标准经过双方协议，由供方完全负责保证，不需要两次检验。由于信息畅通和集成，把供方的产品库和需方的材料库合二为一，仅在需方生产需要时，才把供方的产品直接发货到需方的生产线，减少了供需双方各自分别入库的流程。新的流程与传统流程相比，减少了许多不增值的作业，如订单的下达和接受转换、生产跟踪、质量检验、入库出库和库存积压。依靠信息技术和互联网的支持，采购管理发生了本质的变化。在这种采购模式下，信息沟通、采购成本、库存都有明显的改善，提高了供应链的竞争力。

综上所述，供应链采购与传统采购在采购业务流程等方面完全不同。供应链采购简化了采购业务流程，大幅度地提高了采购的效率，降低了采购的成本。

采购管理一点通

在供应链采购中，买方和卖方企业是一种友好合作的战略伙伴关系，互相协调、互相配合、互相支持，所以有利于各个方面工作的顺利开展，有利于提高工作效率、实现双赢。传统采购中双方是互相防备，互相封锁信息，互相不信任、不配合，甚至互相伤害的，工作效率相对较低。

招标采购

招标采购是指采购方作为招标方，事先提出采购的条件和要求，邀请众多企业参加投标，然后由采购方按照规定的程序和标准一次性地从中择优选择交易对象，并与提出最有利条件的投标方签订协议等一系列过程。整个过程要求公开、公正和择优，招标采购是很多企业组织尤其是政府部门采购最通用的方法之一。

一、招标采购的分类

1. 公开招标采购

公开招标采购是指招标人（政府采购中心或其委托的中介机构，下同）在媒体上公开刊登通告，吸引所有有兴趣的供应人参加投标，并按相关的程序选定中标人的一种采购方式。符合下列条件之一的，应当采取公开招标：

(1) 合同价值五万元以上的物资。

(2) 合同价值五十万元以上的工程。

(3) 合同价值五万元以上的服务。

(4) 采购目录中规定应当集中采购而未达到上述标准的项目。

2. 邀请招标采购

邀请招标采购是指招标人向五家以上的潜在投标人发出招标书，然后按相关程序选定中标人的一种采购方式。有下列情形之一的，经财政部门同意，可以邀请招标：

(1) 招标后，没有供应人或无合格标。

(2) 出现了不可预见的急需。

(3) 发生突发事件，无法按招标方式得到所需的货物、工程或服务。

(4) 供应人准备投标文件需要高额费用。

(5) 采购项目因其复杂性和专门性，只能从有限范围的供应方获得。

(6) 公开招标成本过高，与采购项目的价值不相称的。

(7) 经财政部门认定的其他情况。

二、招标采购的特点

1. 招标程序的公开性

公开性有时也指透明性，是指整个采购程序都在公开情况下进行。公开发布投标邀请，公开开标，公布中标结果，投标商资格审查标准和最佳投标商评选标准要事先公布，采购法律也要公开。

2. 招标程序的竞争性

招标就是一种引发竞争的采购程序，是竞争的一种具体方式。招标之竞争性充分体现了现代竞争的平等、信誉、正当和合法等基本原则。招标作为一种规范的、有约束性的竞争，有一套严格的程序和实施方法。政府采购机关通过招标程序，可以最大程度地吸引和扩大投标人的竞争，从而使招标方有可能以更低的价格采购到所需的物资或服务，更充分地获得市场利益，有利于政府采购经济效益目标的实现。

3. 招标程序的公平性

所有感兴趣的供应商、承包商和服务提供者都可以进行投标，并且地位一律平等，不允许对任何投标商进行歧视；评选中标商应按事先公布的标准进行；投标是一次性的并且不准同投标进行谈判。所有这些措施既保证了招标程序的完整，又可以吸引优秀的供应商来竞争投标。

三、招标采购的主要步骤流程

在招标阶段，应按照招标、投标、开标、评标、定标和签订合同等步骤组织实施。

1. 招标

(1) 发布招标公告 (或投标邀请函)。公开招标应当发布招标公告 (邀请招标发布投标邀请函)。招标公告必须在财政部门制订的报刊或者媒体上发布。

(2) 资格审查。招标人可以对有兴趣投标的供应商进行资格审查。资格审查的办法和程序可以在招标公告 (或投标邀请函) 中载明，或者通过指定报刊、媒体发布资格预审公告，由潜在的投标人向招标人提交资格证明文件，招标人根据资格预审文件的规定对潜在的投标人进行资格审查。

(3) 发售招标文件。在招标公告 (或投标邀请函) 规定的时间、地点向有兴趣投标且经过审查符合资格要求的供应商发售招标文件。

(4) 招标文件的澄清、修改。对已售出的招标文件需要进行澄清或非实质性修改的，招标人一般应当在提交投标文件截止日期 15 天前以书面形式通知所有招标文件的购买者，以澄清或修改内容为招标文件的组成部分。这里应该特别注意的是，必须是在提交投标文件截止日期前 15 天发出招标文件的澄清或修改部分。

2. 投标

投标人应该按照招标文件的规定编制投标文件，投标文件应载明的事项有：投标函；投标人资格、资信证明文件；投标项目方案及说明；投标价格；投标保证金或者其他形成的担保；招标文件要求具备的其他内容。投标文件应在规定的截止时间前密封送达投标地点。这里特别要注意的是，招标公告发布或投标邀请函发出日到提交投标文件截止日，一般不得少于 20 天，即等标期最少为 20 天。

3. 开标

检查投标文件的密封情况后，按招标通知书中规定的时间、地点，邀请投标方代表参加开标会，当众宣读供应商名单、有无撤标情况、提交投标保证金的方式是否符合要求、投标项目的内容、价格等内容，并合理地解释投标文件中还不甚明确的地方。以电传、电报等方式来投标的，不予开标。开标时应做好开标记录，内容包括：项目名称、招标号、刊登招标通告的日期、购买招标书的单位及其报价、收到其招标书的日期及其处理情况。开标仪式由招标人主持，邀请采购人、投标人代表和监督机关（或公证机关）及有关单位代表参加。评标委员会成员不参加开标仪式。开标仪式的主要程序如下：

(1) 主持人简要介绍招标项目的基本情况，宣布开标仪式开始。

(2) 介绍参加开标仪式的领导和来宾。

(3) 介绍参加投标的投标人单位名称及投标人代表。

(4) 宣布监督方代表。

(5) 宣布开标人、唱标人、监标人、记标人及有关注意事项。

(6) 宣布评标标准及评标办法。

(7) 检查投标文件的密封和标记情况。

(8) 按递交投标文件的逆顺序开标。

(9) 工作人员按照开标顺序唱标。

(10) 监督方代表、领导和来宾讲话。

4. 评标

开标仪式结束后，由招标人召集评标委员会，向评标委员会移交投标人递交的投标文件。评标应当按照招标文件的规定进行，由评标委员会独立进行评标。评标的基本内容和程序如下：

(1) 审查投标文件的有效性。

(2) 对投标文件的技术方案和商务方案进行审查。

(3) 询标。评标委员会可以要求投标人对投标文件中含义不明确的地方进行必要的澄清，但澄清不得超过投标文件记载的范围或改变投标文件的实质性内容。

(4) 综合评审。评标委员会依据招标文件的规定和评标结论。评标结论中应具体说明询标时所了解的情况，对投标文件进行综合评审和比较。

(5) 评标委员会根据综合评审和比较情况，得出评标结论。评标结论中应具体说明收到的投标文件数、符合要求的投标文件数、无效的投标文件数及其无效的原因、评标过程的有关情况、最终的评审结论等，并向招标人推荐1~3个中标候选人（应注明排列顺序，并说明按这种顺序排列的原因以及最终方案的优劣比较等）。

5. 定标

招标人对评标委员会提交的评标结论进行审查，按照招标文件规定的定标原则，在规定时间内从评标委员会推荐的中标候选人中确定中标人，在确定中标后应将中标结果书面通知所有投标人。

6. 签订合同

中标人应当按照中标通知书的规定，并依据招标文件的规定与采购人签订合同。中标通知书、招标文件及其修改和澄清部分、中标人的投标文件及其补充部分是签订合同的重要依据。

招标这种采购方式可以使招标人买到便宜的、适用的货物，使投标人得到公平竞争的机会。但招标也有自身的缺点：时间较长；有时因招标书中技术规格要求过高或暗指某个厂商的产品，商务条款苛刻，甩给投标人的风险太大，分包不合理，抬高业绩要求，使国内产品失去投标资格等，反而可能会买到价格高的货物；一般买不到性能最好的产品。因此，充分认识招标的特点，对于顺利招标、投标是很重要的。

采购管理一点通

评标工作结束后，采购实体要编写评标报告，上报采购主管部门。评标报告的内容主要包括：招标通告刊登的时间、购买招标文件的单位名称；开标日期、开标汇率；投标商名单；投标报价以及调整后的价格（包括重大计算错误的修改）；价格评比基础；评标的原则、标准和方法；授标建议。

JIT　采　购

JIT 采购，又称为准时化采购，它是由准时化生产（Just In Time）管理思想演变而来的。它的基本思想是：把合适的数量、合适质量的物品在合适的时间供应到合适的地点，最好地满足用户需要。准时化采购和准时化生产一样，它不但能够最好地满足用户需要，而且可以极大地消除库存、最大限度地消除浪费，从而极大地降低企业的采购成本和经营成本，提高企业的竞争力。

JIT 作为一种先进的采购模式，不但可以有效克服传统采购的缺陷，提高物资采购的效率和质量，还可以有效提升企业的管理水平，为企业带来巨大的经济效益。其主要优点包括以下几个方面。

1. 有利于暴露生产过程隐藏的问题，从深层次上提高生产效率

JIT 采购理论认为，过高的库存不仅增加了库存的成本，而且还将许多生产上、管理上的矛盾掩盖起来，使问题得不到及时解决，日积月累，小问题就可能积累成了大问题，严重地影响企业的生产效率。而 JIT 是一种理想的物资采购方式，它设置了一个最高标准，一种极限目标，即原材料和外购件的库存为零，质量缺陷为零。

2. 消除了生产过程的不增值过程，提高了生产效率

在企业采购中，存有大量的不增加产品价值的活动，如订货、修改订货、收货、装卸、开票、质量检验、点数、入库及运转等，把大量的时间、精力、资金花在这些活动上是一种浪费。JIT 采购由于大大地精简

了采购作业流程，因此消除了这些浪费，极大的提高了工作效率。

3. 进一步减少并最终消除原材料和外购件库存

降低企业原材料库存，不仅取决于企业内部，而且取决于供应商的管理水平。JIT 采购模式不仅对企业内部的科学管理提出了严格的要求，而且对供应商的管理水平提出了更高、更严格的要求。

4. 使企业真正实现柔性生产

JIT 采购使企业实现了需要什么物资，就能供给什么样的物资，什么时间要就能什么时间供应，需要多少就能供给多少。从而使原材料和外购件库存降到最低水平。从这个意义上讲，JIT 采购最能适应市场需求变化，使企业能够具有真正的柔性。

5. 有利于提高采购物资的质量

一般来说，实施 JIT 采购，可以使购买的原材料和外购件的质量提高 2~3 倍。而且，原材料和外购件质量的提高，又会引致质量成本的降低。

6. 有利于降低原材料和外购件的采购价格

由于供应商和制造商的密切合作以及内部规模效益与长期订货，再加上消除了采购过程中的一些浪费，就使得购买的原材料和外购件的价格得以降低。

JIT 采购方法和传统的采购方法的一些显著差别，企业要实施 JIT 采购模式，大体可以遵从下面具体步骤。

一、创建 JIT 采购班组

JIT 采购班组的作用，就是全面处理 JIT 有关事宜。要制定 JIT 采购的操作规程，协调企业内部各有关部门的运作、协调企业与供应商之间的运作。JIT 除了企业采购供应部门有关人员之外，还要有本企业以及供应商企业的生产管理人员、技术人员、搬运人员等共同组成。一般应成立两个班组：一个是专门处理供应商事务的班组，该班组的任务是培训和指导供应商的 JIT 采购操作、衔接供应商与本企业的操作流程、认定和评估供应商的信誉、能力，与供应商谈判签订准时化供货合同，向供应商发放免检签证等；另一个班组是专门协调本企业各个部门的 JIT 采购操作、制定作业流程、指导和培训操作人员、进行操作检验、监督和评估。这些班组人员对 JIT 采购的方法应有充分的了解和认识，必要时要进行培训。

二、制订计划，确保 JIT 采购有计划、有步骤地实施

企业要有针对性地制定采购策略，制定出具体的分阶段改进当前传统采购的措施，包括减少供应商的数量、供应商的评价、向供应商发放签证等内容。在这个过程中，企业要与供应商一起商定 JIT 采购的目标和有关措施，保持经常性的信息沟通。

三、精选少数供应商建立伙伴关系

供应商和企业之间互利的伙伴关系，意味着双方充满了一种紧密合作、主动交流、相互信赖的和谐气氛，共同承担长期协作的义务。在这种关系的基础上，发展共同的目标，分享共同的利益。企业可以选择少数几个最佳供应商作为工作对象，抓住一切机会加强与他们之间的业务关系。

四、进行试点工作

企业可以先从某种产品、某条生产线或是某些特定原材料的试点开始，进行 JIT 采购的试点工作。在试点过程中，取得企业各个部门的支持是很重要的，特别是生产部门的支持。通过试点总结经验，为正式的 JIT 采购实施打下基础。

五、搞好供应商培训，确定共同目标

JIT 采购是供需双方共同的业务活动，单靠采购部门的努力是不够的，需要供应商的配合。只有供应商也对 JIT 采购的策略和运作方法有了认识和理解，才能获得供应商的支持和配合，因此，需要对供应商进行教育和培训。通过培训，大家取得一致的目标，相互之间就能够很好地协调做好采购的准时化工作。

六、给供应商颁发产品免检证书

在实施 JIT 采购策略时，核发免检证书是非常关键的一步。颁发免检证书的前提是供应商的产品 100%的合格。为此，核发免检证书时，要求供应商提供最新的、正确的、完整的产品质量文件，包括设计蓝图、规格、检验程序以及其他必要的关键内容。经长期检验达到目标后，所有采购的物资就可以从卸货点直接运至生产线使用。

七、实现配合节拍进度的交货方式

向供应商采购的原材料和外购件，其目标是要实现这样的交货方式：当生产线正好需要某种物资时，该物资就到货并运至生产线，生产线拉动它所需的物资，并在制造产品时使用该物资。

八、继续改进，扩大成果

JIT 采购是一个不断完善和改进的过程，需要在实施过程中不断总结经验教训，从降低运输成本，提供交货的准确性，提高产品质量、降低供应库存等各个方面进行改进，不断提高 JIT 采购的运作绩效。实行 JIT

采购效益非常好，操作也非常简单，但对企业管理基础和信息化建设基础要求较高，因此，国内许多企业尚未采用。但是作为一种先进的采购方法，由于能为企业带来显著的经济效益，JIT 采购模式已经引起了越来越多国内企业的了解和重视，推广和应用已是国内企业发展的必然需要和大势所趋。

总之，JIT 采购不仅是一种采购方式，也是一种科学的管理模式，JIT 采购模式的运作，在客观上将在用户企业和供应商企业中铸造一种新的科学管理模式，这将大大提高用户企业和供应商企业的科学管理水平。

采购管理一点通

由于实施 JIT 采购对企业的基础工作、人员素质、管理水平等要求较高，在我国实施 JIT 采购方法的企业数量还不太多，主要集中在诸如汽车、电子等行业，应用水平也有待于进一步提高。作为一种先进的物资采购模式和管理方法，其在工程建设机械行业的应用可以说也是大势所趋。

MRP 采 购

MRP，即物料需求计划（Material Requirement Planning），就是依据主生产计划、物料清单、库存记录和已订未交订单等资料，经由计算而得到各种相关物料的需求状况，同时提出各种新订单补充的建议，以及修正各种已开出订单的一种实用技术。

MRP是一种以计算机为基础的编制生产与实行控制的系统，它不仅是一种新的计划管理方法，而且也是一种新的组织生产方式。MRP的出现和发展，引起了生产管理理论和实践的变革。MRP是根据总生产进度计划中规定的最终产品的交货日期，规定必须完成各项作业的时间，编制所有较低层次零部件的生产进度计划，对外计划各种零部件的采购时间与数量，对内确定生产部门应进行加工生产的时间和数量。一旦作业不能按计划完成时，MRP系统可以对采购和生产进度的时间和数量加以调整，使各项作业的优先顺序符合实际情况。

一、MRP系统的运行步骤

（1）根据市场预测和客户订单，正确编制可靠的生产计划和生产作业计划，在计划中规定生产的品种、规格、数量和交货日期，同时，生产计划必须是同现有生产能力相适应的计划。

（2）正确编制产品结构图和各种物料、零件的用料明细表。

（3）正确掌握各种物料和零件的实际库存量。

（4）正确规定各种物料和零件的采购交货日期，以及订货周期和订购批量。

（5）通过MRP逻辑运算确定各种物料和零件的总需要量以及实际需要量。

（6）向采购部门发出采购通知单或向本企业生产车间发出生产指令。

二、MRP的系统结构

MRP的基本处理模型主要包括基本条件数据和展开数据两方面。

1. 基本条件数据

组成MRP基本条件数据主要有：产品出产计划（主生产计划）、产品结构、库存状态。

(1) 产品结构文件。产品结构文件也叫物料清单，是 MRP 的核心文件，它在物料分解与产品计划过程中占有重要的地位，是物料计划的控制文件，也是制造企业的核心文件。

以光缆产品为例，其产品结构文件中，各物料处于不同层次，我们采用层次码表示。光缆成品的层次码为最高层，或用 0 层表示，钢带、成缆半成品、护套料等分为第 2 层，缆膏、松套半成品、聚脂带等分为第 3 层……有时一种原料同时在不同的部件上使用，为了计算机处理方便，把同一种原料集中表示在它们的最低层次上，即采用低层码，提高计算机的运行效率。

(2) 库存状态文件。MRP 中的库存状态文件的数据主要有两部分：一部分是静态的数据，在运行 MRP 之前就确定的数据，如物料的编号、描述、提前期、安全库存等；另一部分是动态的数据，如总需求量、库存量、净需求量、计划发出（订货）量等。MRP 在运行时，不断更变的是动态数据。

下面对库存状态文件中的几个数据进行说明。

(1) 总需求量。如果是产品级物料，则总需求由主生产计划决定；如果是零件级物料，则总需求来自于上层物料（父项）的计划发出订货量。

(2) 预计到货量。该项目有的系统称为在途量，即计划在某一时刻入库但尚在生产或采购中，可以作为 MRP 使用。

(3) 现有数。表示上期末结转到本期初可用的库存量。现有数=上期末现有数+本期预计到货量-本期总需求量。

(4) 净需求量。当现有数加上预计到货不能满足需求时产生净需求。净需求=现有数+预计到货-总需求。

(5) 计划接收订货。当净需求为正时，就需要接收一个订货量，以弥补净需求。计划收货量取决于订货批量的考虑，如果采用逐批订货的方式，则计划收货量就是净需求量。

(6) 计划发出订货。计划发出订货量与计划接收订货量相等，但是时间上提前一个时间段，即订货提前期。订货日期是计划接收订货日期减去订货提前期。

另外，有的系统设计的库存状态数据可能还包括一些辅助数据项，如订货情况、盘点记录、尚未解决的订货、需求的变化等。

2. 展开数据

MRP 的展开数据主要是生产与库存控制计划与报告，其内容与形式与企业生产的特点有关。主要有以下几个方面。

(1) 计划发出的订单，主要是零部件的投入出产计划、原材料采购或外协件计划。这两种计划是 MRP 的主要展开数据。

(2) 订单执行的注意事项通知。

(3) 订单的变动通知。

(4) 工艺装备的需求计划。

(5) 库存状态数据。

此外，也有一些辅助的报告，比如：

(1) 例外情况报告，如迟到或过期的订货报告、过量的废品与缺件报告等。

(2) 用于预测需求与库存的计划报告，如采购约定与评价需求的信息。

(3) 交货期模拟报告，对不同的产品实际交货期进行模拟。

(4) 执行控制报告，如指出呆滞物品、实际的使用量与费用的偏差报告。

三、MRP 的运算逻辑

MRP 的运算逻辑基本上遵循如下过程：按照产品结构进行分解，确定不同层次物料的总需求量；根据产品最终交货期和生产工艺关系，反推各零部件的投入出产日期；根据库存状态，确定各物料的净需求量；根据订货批量与提前期最终确定订货日期与数量。

MRP 有两种运行方式，即重新生成与净改变方式。重新生成方式是每隔一定时期，从主生产计划开始，重新计算 MRP。这种方式适合于计划比较稳定、需求变化不大的 MTS（面向库存生产）。净改变方式是当需求方式变化，只对发生变化的数据进行处理，计算那些受影响的零件的需求变化部分。净改变方式可以随时处理，或者每天结束后进行一次处理。

四、MRP 采购的注意事项

一般的采购活动都有以下几个步骤：资源的调查；供应商认证；询价及洽商；生成请购单；采购单跟踪；验收入库；结算。

实施 MRP 采购除了上述这些步骤外，还必须有一定的基础条件。最为重要的基础条件有两点：一是企业实施了 MRP 管理系统，二是企业有良好的供应商管理。

如果企业没有实施 MRP 系统，就谈不上进行 MRP 采购；不运行 MRP 系统，物料的需求计划就不可能由相关需求转换成独立需求；没有 MRP 系统生成的计划订货量，MRP 采购就失去了依据。如果手工计算，那计算量可想而知，对于复杂产品的物料相关需求靠手工计算根本就是不可能的。若仍采用订货点方法进行采购，必然造成零部件配不齐或者原材料的大量库存，占用大量的流动资金。因此，可以说 MRP 系统与 MRP 采购是相辅相成的，如果企业采用了 MRP 系统，则它对需要购买的物料必然实行 MRP 采购管理，这样才能使它的 MRP 系统得到良好的运行；而企业若实行 MRP 采购管理，则必然是企业实行了 MRP 系统，否则 MRP 采购管理如同空中楼阁，失去了基础。

采购管理一点通

实施 MRP 采购管理必须要有良好的供应商管理作为基础。在 MRP 采购中，购货的时间性要求比较严格。如果没有严格的时间要求，那么 MRP 采购也就失去了意义。如果没有良好的供应商管理，不能与供应商建立起稳定的客户关系，则供货的时间性要求很难保证。

政府采购概述

政府采购，就是指国家各级政府为从事日常的政务活动或为了满足公共服务的目的，利用国家财政性资金和政府借款购买货物、工程和服务的行为。

政府采购不仅是指具体的采购过程，而且是采购政策、采购程序、采购过程及采购管理的总称，是一种对公共采购管理的制度。完善、合理的政府采购可以对社会资源的有效利用、提高财政资金的利用效果起到很大的作用，因而是财政支出管理的一个重要环节。

一、政府采购的主要原则

1. 公开透明原则

公开透明是政府采购必须遵循的基本原则之一，政府采购被誉为“阳光下的交易”，即源于此。政府采购的资金来源于纳税人缴纳的各种税金，只有坚持公开透明，才能为供应商参加政府采购提供公平竞争的环境，为公众对政府采购资金的使用情况进行有效的监督创造条件。公开透明要求政府采购的信息和行为不仅要全面公开，而且要完全透明。仅公开信息，但仍搞暗箱操作属于违法行为。依本法精神，公开透明要求做到政府采购的法规和规章制度要公开，招标信息及中标或成交结果要公开，开标活动要公开，投诉处理结果或司法裁减决定等都要公开，使政府采购活动在完全透明的状态下运作，全面、广泛地接受监督。

2. 公平竞争原则

公平原则是市场经济运行的重要法则，是政府采购的基本规则。公平竞争要求在竞争的前提下公平地开展政府采购活动。首先，要将竞争机制引入采购活动中，实行优胜劣汰，让采购人通过优中选优的方式，获得价廉物美的货物、工程或者服务，提高财政性资金的使用效益。其次，竞争必须公平，不能设置妨碍充分竞争的不正当条件。公平竞争是指政府采购的竞争是有序竞争，要公平地对待每一个供应商，不能有歧视某些潜在的符合条件的供应商参与政府采购活动的现象，而且采购信息要在政府采购监督管理部门指定的媒体上公平地披露。

3. 公正原则

公正原则是为采购人与供应商之间在政府采购活动中处于平等地位而确立的。公正原则要求政府采购要按照事先约定的条件和程序进行，对所有供应商一视同仁，不得有歧视条件和行为，任何单位或个人无权干预采购活动的正常开展。尤其是在评标活动中，要严格按照统一的评标标准评定中标或成交供应商，不得存在任何主观倾向。为了实现公正，本法提出了评标委员会以及有关的小组人员必须要有一定数量的要求，要有各方面代表，而且人数必须为单数，相关人员要回避，同时规定了保护供应商合法权益及方式。这些规定都有利于实现公正原则。

4. 诚实信用原则

诚实信用原则是发展市场经济的内在要求，在市场经济发展初期向成熟时期过渡阶段，尤其要大力推崇这一原则。诚实信用原则要求政府采购当事人在政府采购活动中，本着诚实、守信的态度履行各自的权利和义务，讲究信誉，兑现承诺，不得散布虚假信息，不得有欺诈、串通、隐瞒等行为，不得伪造、变造、隐匿、销毁需要依法保存的文件，不得规避法律法规，不得损害第三人的利益。本法对此以及违法后应当承担的法律责任作了相应规定。坚持诚实信用原则，能够增强公众对采购过程的信任。

二、政府采购的主要方式

目前的政府采购方式有公开招标采购、邀请招标采购、竞争性谈判采购、询价采购、定点采购和单一来源采购等六种方式。各种采购方式的性质和特点如下。

1. 公开招标采购

公开招标采购是由招标人在报刊、电子网络或其他媒体上刊登招标公告，吸引众多供应商参加招标竞争，招标人从中择优选择中标单位的招标方式。公开招标能够降低包括搜索费用等在内的交易费用，为潜在的投标人提供均等的机会。但公开招标完全以书面材料决定投标人本身的资质，但有时书面材料并不能完全反映投标人的真实水平和情况。且招、投标双方所需准备的文件较多，招标和评标的费用成本较高。另外采购周期长，前期需要经过10日左右时间发出招标文件，以及不少于20日的提交投标文件时间。

2. 邀请招标采购

邀请招标采购是指采购单位不发布采购信息，根据招标内容确定一批供应商，作为邀请投标对象，并将招标公告直接送往这批供应商，其他供应商无从知道招标信息的一种招标方式。邀请招标方式限制了投标人的数量，使招标方的招标费用较低、评标工作量较小、投标有效期缩短。但邀请招标对供应商选择的余地不多，未能形成充分竞争氛围，招标周期也比较长，前期需要经过不少于7个工作日的资格预审公告期，以及不少于20日的提交投标文件时间。

3. 竞争性谈判采购

竞争性谈判采购是指采购实体直接邀请一定数量以上的供应商就采购事宜分别进行谈判，然后选定供应商并授予其采购合同的采购方式。竞争性谈判方式的采购周期较短，前期只需经过不少于3个工作日的资格预审公告期，以及不少于5个工作日的提交投标文件时间。且可以通过谈判要求投标人在原投标报价之下进行重新报价，并进行技术和商务等方面协商。

4. 询价采购

询价采购是指采购实体或采购机构向供应商发出询价单，要求供应商报价并对其报价进行比较，以确定最终中标供应商的一种采购方式，适用于采购数量不多、金额较小、价格弹性不大、技术参数标准化程度高的物品。询价采购的采购周期短，前期只需经过不少于3个工作日的提交投标文件时间，但存在非公平竞争、价格垄断、供应商无法履约、产品质量和服务无法得到保障等风险。

5. 定点采购、协议供货

定点采购通常是指采购代理机构采用招投标方式，择优确定一家或几家定点供应商，与其签订定点采购协议，由定点供应商根据协议在定点期限内提供货物或服务，常用于零星采购或专业设备采购。协议供货是指采购机构根据采购人的需求和市场信息及行业管理要求，对纳入政府集中采购目录以内的通用政府采购项目（不含工程采购项目），通过招标方式确定中标供应商及其所供产品，各采购人在协议范围内进行采购的一项政府采购管理制度，广泛应用于政府办公用品、劳保用品、通用设备等项目的采购。

6. 单一来源采购

单一来源采购也称直接采购，适用的情况：一是采购单位所购产品和服务的采购渠道是单一的；二是由于技术、工艺或专利权保护的原因，产品和服务只能由特定的供应商提供的；三是发生不可预见的紧急情况时，不能从其他供应商处采购的；四是必须保持原有采购项目一致性和服务配套的要求，需要继续从原供应商处添购，且添购资金总额不超过原合同采购金额10%的。

采购管理一点通

政府采购对社会经济有着非常大的影响，采购规模的扩大或缩小，采购结构的变化对社会经济发展状况、产业结构以及公众生活环境都有着十分明显的影响。正是由于政府采购对社会经济有着其他采购主体不可替代的影响，它已成为各国政府经常使用的一种宏观经济调控手段。

政府公开招标采购的流程

通过上文可知，政府采购一般有六种方式，每一种方式的采购流程都是截然不同的。限于篇幅，以下就常见的公开招标采购的流程作出介绍。

政府公开招标采购主要包括以下一些步骤。

一、签订委托协议

采购人根据政府采购监督管理部门下达的《政府采购计划下达函》和批复的政府采购方式，与代理机构签订委托协议，委托其办理政府采购公开招标事宜。

属于部门采购范围的采购项目，采购人具备部门采购条件的，经政府采购监督管理部门批准，比照本程序组织公开招标活动。

二、编制招标文件

采购人向代理机构提供详细的招标项目需求、技术参数等相关资料，代理机构根据《政府采购计划下达函》、委托协议和相关资料编制招标文件。招标文件中应该包括投标须知、采购需求、技术要求、评审标准等。

采购金额较大、专业性较强、技术较复杂、社会关注度较高的采购项目，代理机构要将招标文件送专家组审核。专家组审核招标文件中的商务、技术要求是否存在歧视性条款或不合理条件，是否有3家以上潜在投标人参与竞争等。专家组审核后出具书面报告。专家组提出修改意见后代理机构修改招标文件。

专家组从政府采购评审专家库中抽取（或按规定确定）3名以上专家组成。审核招标文件的专家不得再参加该项目的评审工作。

代理机构将招标文件送采购人确认，采购人审核后在招标文件上签署确认意见。

三、招标文件备案

代理机构在招标公告发布前2个工作日，将经采购人确认的招标文件报政府采购监督管理部门备案。政府采购监督管理部门在备案时发现招标文件中的有关内容不符合政策性、公正性、准确性，或带有明显倾向性、排斥性，以及未能清晰载明评审标准等情况时，提出书面修改意见交代理机构，代理机构修改招标文件后再报政府采购监督管理部门备案。

四、发布招标公告

招标文件备案后，代理机构在省级以上人民政府财政部门指定的政府采购信息发布媒体上发布招标公告。

五、发售招标文件

代理机构按照当地物价部门核定的收费标准发售招标文件。招标文件开始发出之日起至投标人提交投标文件截止之日止，不得少于20天。

代理机构对购买招标文件的供应商进行登记，记录投标人名称、联系人、联系方式。代理机构不得以任何理由拒绝潜在的投标人购买招标文件。

六、招标答疑及修改

代理机构根据招标项目的具体情况，可以组织购买了招标文件的供应商现场考察或者召开开标前答疑会，对投标人就招标文件提出的疑问进行解答。但不得单独或者分别组织只有一个供应商参加的现场考察。

代理机构对已发出的招标文件进行必要澄清或者修改的，应当在要求提交投标文件截止时间15日前，经采购人同意、政府采购监督管理部门备案后，在政府采购信息发布媒体上发布更正公告，并以书面形式通知所有招标文件收受人。

七、投标

投标人按照招标文件要求，编制投标文件，在招标文件规定的时间、地点密封递交投标文件，代理机构收到投标文件后签收保存。

投标人在投标截止时间前，可以对所递交的投标文件进行补充、修改或者撤回，并书面通知代理机构。

至投标截止时间前3天，购买招标文件的投标人不足3家的，代理机构应延长投标截止时间和开标时间不少于5个工作日。因上述原因或其他原因代理机构需要延长投标截止时间和开标时间的，应将变更时间书面通知所有招标文件收受人，并在政府采购信息发布媒体上发布变更公告。

八、组建评标委员会

代理机构应在开标前一天（特殊情况不得超过两天），在政府采购监督管理部门监督下通过随机方式从政府采购评审专家库中抽取评审专家，依法组建评标委员会。评标委员会由经济、技术等方面的专家5人以上单数组成，采购人可派1名代表参加，专家人数不得少于成员总数的2/3。专家库不能满足需求时，可以由采购人、代理机构从专家库外按3:1的比例提出推荐人选，推荐人选经政府采购监督管理部门审核后，从中随机抽取评审专家。

采购数额在300万元以上、技术复杂的项目，评标委员会中技术、经济方面的专家人数应当为5人以上单数。对招标文件征询过意见的专家，不得参加本项目的评标。

对与评委有利害关系的政府采购项目，政府采购监督管理部门、代理机构或采购人可要求相关评审专家回避。专家名单在评标结果确定前应予以保密。

九、开标

代理机构在招标文件规定的时间、地点组织开标。开标前应当通知政府采购监督管理部门及有关部门，政府采购监督管理部门及有关部门可以视情况到现场监督开标活动。

投标截止时间结束后，投标人不足3家的不得开标。

招标文件未经专家组审核的，代理机构应当立即组织有关专家对招标文件是否存在不合理条款进行审核并签署审核报告。招标文件存在不合理条款，招标公告时间及程序不符合规定的，由采购人调整采购需求、代理机构修改招标文件后重新组织招标。

招标文件已经专家组审核没有不合理条款、招标公告时间及程序符合规定的，经设区的市、自治州以上人民政府财政部门批准，可向已投标供应商采用竞争性谈判、询价或单一来源采购等采购方式进行采购。

投标人或其推选的代表在开标现场检查投标文件的密封情况。同时，投标人可向代理机构提出与招标项目有利害关系的评审专家的回避申请。代理机构应向政府采购监督管理部门报告，能够认定属实的，代理机构应向该评审专家提出回避，并从评审专家候选名单中依次递补。

投标文件的密封情况经确认无误后，招标工作人员当众拆封，对投标人名称、投标价格、价格折扣、招标文件允许提供的备选方案和投标文件的其他主要内容进行公开唱标并作好开标记录。未宣读的投标人名称、投标价格、价格折扣、招标文件允许提供的备选方案，评标时不予承认。

唱标结束后，所有投标报价均超过政府采购预算，采购人不能支付的，应当废标。采购人调整政府采购预算或者调整采购需求后，代理机构重新组织招标。

满足政府采购预算的投标报价不足 3 家的，经设区的市、自治州以上人民政府财政部门批准，可向满足政府采购预算的供应商采用竞争性谈判、询价或单一来源采购等采购方式进行采购。

十、评标

代理机构组织开展封闭评标。

评审专家在评标前，由代理机构宣布评标纪律和评审工作规则，并印发各评审专家遵照执行。评标专家签署《政府采购项目评标专家承诺书》，推选评标委员会负责人。评标专家对与自己有利害关系的评审项目应主动提出回避。

评标委员会对所有投标文件进行资格性和符合性检查。投标人不符合招标文件规定的资格要求和投标条件的为无效投标。有效投标人不足 3 家的，经设区的市、自治州以上人民政府财政部门批准，可向符合条件的投标人采用竞争性谈判、单一来源采购等采购方式进行采购。

评标委员会可以就投标文件中存在的疑问要求投标人书面解释和澄清。投标人的解释和澄清不得改变投标文件的实质性内容，投标人书面解释和澄清应由投标人或其授权委托人签字或盖章。

评标委员会对所有合格投标文件的技术、商务、服务部分独立进行评审并签字，必要时标明评审理由。

采用综合评分法的，价格分值由代理机构根据公式计算，其结果由评标委员会签字确认。

代理机构负责复核、统计各评审专家的评审情况，发现评审差异较大时，可提请评标委员会讨论，形成书面意见备查。评审专家认为必要时可修改自己的评审意见。

评标委员会根据全体评审专家签字的原始评标记录和统计结果，对投标人的评审名次排序，推荐中标候选人，编写评标报告。

开标和评标过程由代理机构指定专人负责记录，并存档备查。

十一、定标

代理机构在评标结束后 5 个工作日内将评标报告送采购人。采购人在收到评标报告后 5 个工作日内，按照评标报告推荐的中标候选人顺序确定中标供应商，也可以事先授权评标委员会直接确定中标供应商。5 个工作日内，采购人没有书面回复的，代理机构可确定排序第一的中标候选人为中标供应商。

十二、发布中标公告

中标供应商确定后，代理机构将中标结果通知所有投标人，并在政府采购指定媒体进行公告，公告期为 7 个工作日。

十三、发出中标通知书

发布中标公告的同时，代理机构向中标供应商发出中标通知书。

中标通知书发出后，采购人改变中标结果，中标供应商放弃中标的，应承担相应的法律责任。

中标公告发布期内，供应商对中标结果、招标过程有质疑的，代理机构、政府采购监督管理部门应按政府采购质疑和投诉程序受理、答复和处理。

十四、招标资料备案

代理机构在评标报告形成后3个工作日内，将评标报告、评审专家评审表、《政府采购项目评审专家评标情况反馈表》等资料报政府采购监督管理部门备案。

采购管理一点通

现今市场环境中，地区封锁和行业垄断现象较为普遍，分割了政府采购市场，阻碍了生产要素的自由流动。这种格局难以实现公平竞争，也妨碍了充分竞争，阻碍了全国政府采购大市场的形成和发展，限制了政府采购制度优越性的发挥。因此，要从全局和大局出发，破除壁垒，为政府采购营造充分竞争的社会环境。

联合采购

联合采购是委托中心城市代理政府采购活动，或者相邻若干地区实行区域联合集中采购，使不同地区零散项目集合起来，形成大规模采购，以此来实现提高规模经济效益和降低采购成本的目标。它包括区域纵向和横向联合两种模式。区域联合采购对财政支出规模小的贫困县切实可行，有很强的操作性，它可以弥补一些经济发展还很落后的贫困县财政困难、安排购买性支出的资金有限、采购规模小、单位分散、采购范围窄、品目少、采购经验不足、对供应商无法形成吸引力等不足，有效理顺采购关系，创造规模效益。

联合采购主要发生于非营利事业的采购，如医院、学校等，经由统合各不同采购组织的需求量，以获得较好的数量折扣价格，这也被应用于一般商业活动之中。

一、联合采购的优势

现今，很多企业经营者已经注意到群体规模采购在成本上的优势。的确，企业在采购环节上实施联合采购（两个以上的企业采用某种方式进行联合采购），可极大地减少采购及相关环节的成本，为企业创造出可观的效益。

1. 采购环节

如同批发和零售的价格差距一样，物料采购的单价和采购的数量成反比，采购数量越大，价格就越低。企业间联合采购，可合并同类器材的采购数量，通过统一采购使采购单价大幅度降低，使各企业的采购费用相应地降低。

2. 管理环节

我国企业普遍存在的一个问题就是管理落后，而管理的提高需要企业付出很高的代价，后继企业只有吸取先行企业的经验和教训，才能起到事半功倍的效果。比如生产同一类产品的企业，如果各个企业在采购及质量保证的相关环节的要求相同、需要的物品相同，就可以在管理环节上实施联合采购，归口管理相关工作。联合后的费用可以由各个企业分担，从而使费用大大降低。

3. 仓储环节

通过实施各企业库存资源的共享和物料的统一调拨，可以大幅度减少备用物资的积压和资金的占用，提高各企业的紧急需求满足率，减少因物料供应短缺造成的生产停顿损失。

4. 运输环节

物料单位的运输费率与单次运输总量成反比，特别是国际运输更为明显。企业在运输环节的联合，可通过合并小重量的货物运输，使单次运量加大，从而可以较低的运费率计费，减少运输费用的支出。

二、联合采购的实施方式

联合采购方式主要有两种：采购战略联盟和通用材料的合并采购。

1. 采购战略联盟

它是指两个或两个以上的企业出于对整个世界市场的预期目标和企业自身总体经营目标的考虑，采取一种长期联合与合作的采购方式。这是一种自发的、非强制性的联合，各方仍保持其采购的独立性和自主权，它们依靠相互间达成的协议及经济利益的考虑联结成松散的整体。网络技术的发展为企业创造了合作的空间，网络技术使采购信息即时传递，使异地企业可以实施联合采购。国际上越来越多的跨国公司为充分利用规模效益、降低采购成本、提高企业的经济效益，开始实施采购战略联盟。

2. 通用材料的合并采购

这种方式主要运用于有相互竞争关系的企业之间，通过合并通用材料的采购数量和统一采购来获得大规模采购带来的低价优惠。在这种联合方式下，每一项采购业务都交给采购成本最低的一方完成，使联合体的整体采购成本低于各方原来进行单独采购的成本之和，这是企业的联合准则。这种合作的组织策略主要分为虚拟运作策略和实体运作策略。虚拟策略的特点是组织成本低，它可以不断强化合作各方最具优势的功能和弥补各自的缺点。

例如，美国施乐公司（Xerox）、斯坦雷公司（Stanley Works）和联合技术公司（United Technologies）三家组成的钢材采购集团。虽然施乐公司的钢材用料仅是其他两家用量的1/4，但是它通过这种方式获得了这两家公司大规模采购带来的低价好处。再如，美国波音公司为降低其零部件采购成本、提高其民用飞机的竞争力，根据其零部件生产商原材料采购状况，制定了在全球范围内统一全部约750个生产商的原材料采购和运输业务，以整合这些生产商的原材料采购渠道及价格。其目的是通过降低生产商的原材料采购成本，进而达到降低其零部件的采购成本和飞机整体的制造成本，提高飞机的竞争能力。

联合采购已经超越了企业界限、行业界限甚至国界，这种企业间的合作正在世界范围内盛行。目前我国很多企业为解决采购环节的问题，正在讨论企业间联合采购的可能性，相信会有更多的企业参与这一过程。

采购管理一点通

在采购中，资金支付一直是供应商最关心的问题，联合采购也不例外。由于联合采购的特殊性，它的资金支付方式是采用集中支付还是分散支付，应该视情况而定。若是纵向采购，各采购组织、人员应将采购资金集中到相关负责部门，再统一支付给采购供应商；若是横向采购，则应分散支付，由各采购组织、人员按合同规定的时间，各自将款项直接支付给采购供应商。

第六章

供应商的选择与管理

采购工作成功与否，与供应商的选择息息相关。选择合适的供应商，不仅采购工作会事半功倍，对企业的生产经营和发展也能起到积极的促进作用；而一旦选择了不合适的供应商，便会为采购的失败埋下伏笔，甚至会对企业正常的生产经营造成严重影响。所以，企业采购人员必须以正确的态度和科学的方法来选择供应商。

供应商管理概述

大家都有体会，现在的市场竞争使得单个企业自身的赢利空间越来越小，要依靠自身去赢得优势已变得越来越难。因此，作为生产厂商，与供应商保持良好长期稳定的战略合作关系，将会使企业在激烈的竞争中有稳定可靠的物资来源，有利于企业的生存和发展。

供应商是指可以为企业提供原材料设备工具及其他资源的企业。供应商可以是生产企业，也可以是流通企业。企业要维持正常生产，就必须有可靠的供应商为自己提供各种各样的物资供应。供应商对企业的物资供应起着非常重要的作用。采购就是直接和供应商打交道而从供应商那里获得各种物资，因此，采购管理的一项重要工作内容就是供应商管理。

所谓供应商管理，就是对供应商的了解、选择、开发、使用和控制等综合性的管理工作的总称。其中，了解是基础，选择、开发、控制等是手段，使用是目的。供应商管理的目的就在于为企业建立一个稳定可靠的供应商队伍，为企业生产提供稳定可靠的物资供应。

一、供应商的分类

供应商分类是供应商系统管理的重要组成部分。它决定着对于哪些供应商你想开展战略合作关系，哪些你想增长采购金额，哪些是维持现状，哪些是积极淘汰，哪些是身份未定。相应的，供应商可分为战略供应商、优先供应商、考察供应商、消极淘汰供应商、积极淘汰供应商和身份未定供应商。当然，不同公司的分法和定义可能略有不同。

1. 战略供应商

战略供应商指那些对公司有战略意义的供应商。例如他们提供技术复杂、生产周期长的产品；他们可能是唯一供应商；他们的存在对公司的存在至关重要；更换供应商的成本非常高，有些乃至不可能。对这类供应商应该着眼长远，培养长期关系。

2. 优先供应商

优先供应商提供的产品或服务可在别的供应商处得到，但公司倾向于使用优先供应商。这是与战略供应商的根本区别。优先供应商是基于供应商的总体绩效，例如价格、质量、技术、服务、资产管理、流程管理和人员管理等。优先供应商待遇是挣来的。例如机械加工件有很多供应商都能做，但公司基于供应商 A 的总体表现决定优先选择供应商 A，把新生意给他，那么 A 供应商就是公司的优先供应商。

3. 考察供应商

考察供应商一般是指第一次提供产品或服务给公司时，公司对其表现并不十分满意，于是给一年的期限来考察的供应商。考察完成，要么升级为优先供应商，要么降为淘汰供应商。当然，对于优先供应商，如果其绩效在某段时间内下降，也可调为考察供应商，“留用察看”，给他们机会提高，然后要么升级，要么降级。

4. 消极淘汰供应商

消极淘汰供应商是指不应该再得到新的产品，但公司也不积极把现有生意移走的供应商。随着主产品完成生命周期，这样的供应商就自然而然被淘汰出局。对这种供应商要理智对待。如果绩效还可以的话，不要破坏平衡。从供应商角度来说，产品已在生产，额外的投入不多，也乐于继续支持你；从采购方来说，重新选择供应商可能成本太高。这样，双方都认为维持现状最好。

5. 积极淘汰供应商

积极淘汰供应商不但得不到新生意，连现有生意都得移走。这是供应商管理中最极端的例子，对这类供应商，一定要防止“鱼死网破”的情况出现。因为一旦供应商知道自己现有的生意要被移走，就有可能采取极端措施，要么抬价，要么中止供货，要么绩效变得很差。所以，在扣动“扳机”之前，一定要确保你的另一个供货渠道已经开通。

6. 身份未定供应商

顾名思义，身份未定供应商的身份未定。在分析评价之后，要么升级为考察供应商，要么定义为消极淘汰或积极淘汰供应商。

二、供应商管理的主要环节

供应商管理的主要环节包括：供应商调查、供应商开发、供应商评价、供应商选择、供应商使用、供应商激励与控制等几个主要环节。

1. 供应商调查

供应商调查，是对供应商基本情况的调查研究，主要是了解供应商的名称、地理位置是什么，企业知名度如何，能提供什么产品，供货能力如何，市场份额有多大，员工素质如何，其产品质量如何、价格如何，运输进货条件等。供应商调查包括供应商初步调查和资源市场调查。

2. 供应商开发

供应商管理的一个重要任务就是开发供应商。所谓开发供应商就是从无到有地寻找新的供应商，建立起适合于企业需要的供应商队伍。供应商开发是一个很重要的工作。同时也是一个庞大复杂的系统工程，需要精心策划、认真组织。

3. 供应商评价

供应商评价是一个贯穿于企业供应商管理全过程的工作。在供应商开发过程中需要进行评价，在供应商选择阶段也需要考核，在供应商使用阶段也需要进行评价。虽然评价的阶段不同，评价的目的略有差异，但评价的内容大同小异。

4. 供应商选择

在供应商开发阶段，供应商考核的目的是为了选定合适的供应商。

选择一批好的供应商不但对企业的正常生产起着决定作用，而且对企业的发展也非常重要。实际上，供应商选择融合在供应商开发的全过程中。供应商开发的过程包括了几次供应商的选择过程，在众多供应商中每个品种应选择若干供应商进行初步调查。初步调查以后再从中选择几个供应商进行深入调查，深入调查之后还要作一次选择进一步缩小供应商的范围。初步确定的供应商进入试运行后，还要进行试运行的考核和选择，以确定最后的供应商结果。

5. 供应商的使用

当选定供应商以后，应当结束试运作期，签订正式的供应商关系合同，开始正常的物资供应业务运作，建立起比较稳定的物资供需关系。在业务行动的开始阶段，要加强指导与配合，要对供应商的操作提出明确的要求。有些大的工作原则、守则、规章制度、作业要求等，应当以书面条文的形式规定下来，有些甚至可以写到合作协议中去。起初还要加强评估与考核，不断改进工作和配合关系，直到比较成熟为止。在比较成熟以后，还要不定期地检查合作情况，发现问题及时协商，以保持业务运行的协调有序。

6. 供应商的激励与控制

在供应商的整个使用过程中，要加强激励与控制，既要充分鼓励供应商积极主动地搞好物资供应业务关系，又要采取各种措施约束防范供应商的不正当行为给企业造成的损失，从而保证与供应商的合作关系和物资供应业务健康正常进行。

三、供应商管理的作用

供应商管理的重要作用可以从两个层面来考虑，即技术层面和战略层面。

1. 从技术层面意义分析

(1) 供应商管理有利于降低商品采购成本。据美国先进制造研究报告表明，采购成本在企业总成本中占据着相当大的比重。对美国制造企业而言，原材料采购成本一般占产品单位成本的40%~60%，大型汽车制造企业则更高。研究报告指出，采购成本所占比例将随着核心能力的集中和业务外包比例的增加而增加，因此，供应商作为供应链中的结盟企业直接关系着产品的最终成本。

（2）有利于提高产品质量。有研究表明，30%的质量问题是由供应商引起的。因此，提高原材料、零配件的质量是改进产品质量的有效手段。

（3）有利于降低库存。减少库存的压力，使制造商将前端库存转嫁到供应商身上，将后端库存转嫁到销售商身上，有利于合作伙伴关系的建立，供应商管理可以进行协调库存管理。

（4）有利于缩短交货期。据统计，80%的产品交货期延长是由供应商引起的，缩短产品交货期应从源头做起。

2. 从战略层面意义分析

信息技术和计算机网络技术，尤其是全球性网络 Internet 的迅速发展为现代制造企业跨地域、跨行业实现信息和技术的实时传递与交换提供了必要条件。制造业面临的是全球性的市场、资源、技术和人员的竞争，制造资源市场已成为一个开放型的大市场。制造资源应被集成起来发挥作用，早已是人们在制造生产中得到的共识。

（1）有利于集成供应链。即将供应商放在供应链网络结构模型中考虑，供应链是由节点企业组成的，节点企业在需求信息的驱动下，通过职能分工与合作实现供应链的价值过程。从系统论的角度来看，制造资源是整个制造系统的输入，而供应商的行为和要素市场的规范与制造资源的质、量密切相关，所以供应商管理问题是制造的出发点，也是制造成败的关键之一。

（2）有利于提升核心能力。随着企业越来越注重于核心能力的培养和核心业务的开拓，从外部获取资源，通过供应商介入进行新产品开发以提升自身核心能力的情况也逐渐增多。

（3）有利于新产品开发。据美国采购经理们预测，未来 5 年新产品上市时间将缩短 40%~60%，仅仅依靠制造商或核心企业的能力是远远不够的，与供应商合作已势在必行。

采购管理一点通

供应商管理的主要目标包括：获得符合企业质量和数量要求的产品或服务；以最低的成本获得产品或服务；确保供应商提供最优的服务和及时的送货；发展和维持良好的供应商关系；开发潜在的供应商。

供应商调查

供应商调查，是指对供应商基本资信情况进行的调查。对初次接触、未经考核评价的供应商应进行供应商调查。供应商管理的首要工作就是要了解供应商、了解资源市场。要想了解供应商的情况，就应首先进行供应商调查。

供应商调查在不同的阶段有不同的要求，可以分成三种：第一种是资源市场分析，第二种是供应商初步调查，第三种是供应商深入调查。

一、资源市场调查与分析

1. 资源市场调查的内容

(1) 资源市场的规模、容量、性质。例如资源市场究竟有多大范围，有多少资源，多少需求量，是卖方市场还是买方市场，是完全竞争市场还是垄断市场。

(2) 资源市场的环境如何。例如市场的管理制度、法制建设，市场的规范化程度，市场的经济环境、政治环境等外部条件如何，市场的发展前景如何。

(3) 资源市场中各个供应商的情况如何，把众多供应商的调查资料进行综合分析，就可以得出资源市场自身的基本情况，例如资源市场的生产能力、技术水平、管理水平、质量水平、价格水平、需求情况及竞争性质等。

资源市场调查的目的，就是要进行资源市场分析。资源市场分析对于企业制定采购策略以及产品策略、生产策略都有很重要的指导意义。

2. 资源市场分析的内容

(1) 要确定资源市场是紧缺型的市场还是富余型市场，是垄断型市场还是竞争型市场。

(2) 要确定资源市场是成长型市场还是没落型市场。如果是没落型市场，则我们要趁早准备替换产品。

(3) 要确定资源市场总的水平，并根据整个市场水平来选择合适的供应商。

二、供应商初步调查

所谓供应商初步调查，是对供应商的基本情况进行的调查。主要是了解供应商的名称、地址、生产能力，能提供什么产品，能提供多少，价格如何，质量如何，市场份额有多大，运输进货条件如何。

1. 供应商初步调查的目的

供应商初步调查的目的，是为了了解供应商的一般情况。而了解供应商的一般情况的目的，一是为选择最佳供应商作准备；二是为了了解、掌握整个资源市场的情况。因为许多供应商基本情况的汇总就是整个资源市场的基本情况。

2. 供应商初步调查的特点

供应商初步调查的特点，一是调查内容浅，只要了解一些简单的、基本的情况；二是调查面广，最好能够对资源市场中所有供应商都有所调查、有所了解，从而尽可能多地掌握资源市场的基本情况。

3. 供应商初步调查的方法

对供应商进行初步调查，一般可以采用访问调查法，通过访问有关人员而获得信息。例如，可以访问供应企业的市场部有关人员，或者访问有关用户、有关市场主管人员，或者其他的知情人士。通过访问建立起供应商卡片。

在初步供应商调查的基础上，要利用供应商初步调查的资料进行供应商分析。初步调查供应商分析的主要目的，是比较各个供应商的优势和劣势，选择适合于企业需要的供应商。

4. 供应商分析的主要内容

供应商分析的主要内容是分析供应商所提供产品的品种、规格和质量水平是否符合企业需要，价格水平如何。只有产品的品种、规格、质量水平都适合于企业，才算得上企业的可能供应商。

对可能供应商有必要进行下面的分析：企业的实力、规模如何，产品的生产能力如何，技术水平如何，管理水平如何，企业的信用度如何。企业的信用度，是指企业对客户、对银行等的诚信程度。表现为供应商对自己的承诺和义务认真履行的程度，特别是像产品质量保证、按时交货、往来账目处理等方面能够以诚相待，一丝不苟地履行自己的责任和义务。

此外，还要分析供应商相对于本企业的地理交通状况如何，进行运输方式分析、运输时间分析、运输费用分析，来判断运输成本是否合适。

三、供应商深入调查

供应商深入调查，是指对经过初步调查后，准备发展为供应商的企业进行的更加深入仔细的考察活动。这种考察，往往深入到供应商企业的生产线、各个生产工艺、质量检验环节甚至管理部门，对现有的设备工艺、生产技术、管理技术等进行考察，看看所采购的产品能不能满足本企业所应具备的生产工艺条件、质量保证体系和管理规范要求。只有通过这样深入的供应商调查，才能发现可靠的供应商，建立起比较稳定的物资采购供需关系。

值得注意的是，并不是所有的供应商都必须进行深入调查，只有在准备发展紧密关系供应商或寻找关键零部件产品的供应商时，才有必要做供应商深入调查。

如果我们所采购的是一种关键零部件，特别是精密度高、加工难度大、质量要求高，在我们的产品中起核心功能作用的零部件产品，我们在选择供应商时就需要特别小心，要进行反复的深入考察审核。只有经过深入调查证明该供应商确实能够达到要求时，才确定发展它为我们的供应商。

采购管理一点通

供应商调查的内容主要包括材料供应、专业技能、品质控制、人员水平、设备情况、财务状况、管理制度等几个方面。在实际调查过程中，可着重强调对供应商材料供应状况、品质供应能力以及机器设备情况的调查。调查可分三步走：明确需求、寻找新供应商资料、编制供应商调查进度表。

供应商的开发

当前，无论在生产型企业还是在流通型企业中，传统采购和战略采购总是相辅相成，缺一不可。而无论在传统采购还是在企业战略采购中，供应商的开发和管理都至关重要，在整个采购流程中都居于核心地位。

一般来说，供应商开发包括以下11个步骤。

一、明确需求

明确企业采购和对开发商的需求，主要包含以下几方面的内容：

(1) 要求何时开发成功。

(2) 需要何种原材料或零部件。

(3) 年/月需求量为多少。

(4) 欲开发什么性质的企业作为供应商。

(5) 要求供应商有什么样的生产能力、品质水平。

(6) 要求是本地供应商还是远近皆可。

了解清楚上述问题后再寻找供应商，目标就会更明确，能更有效率地寻找适合的供应商。

二、编制供应商开发进度表

按开发供应商的步骤编制一份时间进度表，不仅可使开发新供应商的具体工作明确化，而且也可尽量减少计划日期被拖延的可能性。

三、寻找新供应商资料

明确对新供应商的需求后，便可依照编制的进度表进行具体的开发工作，第一步是寻找新供应商的资料或信息。获得所需信息的方式有很多，例如：访问互联网、查找电话簿（黄页）、参加各种展览会、通过别人介绍等。可参阅前文所述供应商调查的相关内容。

一般来说，通过各种方式获得的供应商会有好几家，可根据企业对欲开发的新供应商的各方面要求进行初步筛选，留下 3~5 家供应商供进一步接触。

四、初步联系

应使用适当的联系方法去跟供应商取得联系。一般来说，第一次尽可能采用电话联系，应跟供应商的相关业务人员清楚地表达跟他们联系的目的、自己的需求并初步了解该供应商的产品。如果不是特殊情况，不要第一次联系就叫供应商报价。

与供应商电话联系获得初步的信息后，应根据筛选出的供应商所在地的远近来采取不同的行动。可以要求距离较近的供应商来企业面谈；如果是远距离供应商，草率地叫供应商赶过来显然是不合适的。正确的做法是叫供应商用快递寄些资料和样品过来，通过供应商的资料和样品，可以在一定程度上了解它的实力。另外还有一种方式，那就是通过访问供应商的官网去了解供应商。

无论是远是近，要求供应商填写一份《供应商调查问卷》是必要的。《供应商调查问卷》可根据调查对象来编制，以有效地了解供应商的基本情况。

五、初步访厂

这一步骤不一定进行，如果方便且有必要的话，由采购人员在对供应商正式审厂之前去“踩踩点”还是有益的。因为越来越多的企业的供应商开发工作是由一个包括工程、品管人员在内的开发团队去完成。如果采购人员不提前对供应商的工厂有一个初步了解，万一供应商的实际生产现场很差，采购人员毫无疑问会遭到开发团队内其他部门人员的抱怨甚至是责难，他们会认为采购人员在浪费他们的宝贵时间。

初步访厂主要是看一看供应商的生产区与办公区，如生产线的生产情况、生产设备、仓库、检验及测量仪器、5S（指整理、整顿、清扫、清洁、素养5个方面）状况等，也可能会初步查一查供应商的财务状况。目的是得到一个关于该供应商的初步总体印象，这种结果是不精确的，但它影响到采购人员决定是否有必要对该供应商采取下一步行动。

六、报价

在初步掌握供应商的一些基本情况后，作为采购人员想进一步知道的就是供应商能以什么样的价位提供物料，此时再要求供应商报价就比较合适，因为供应商对它的潜在客户也有了一定的了解。要求供应商报价前，最好发一份询价单给所有要报价的供应商，以便让供应商进一步得到该物料的一些基本情况，并可让供应商以相同的报价条件（币种、价格术语、交货地、付款条件等）来报价格，这样对采购人员比价非常有利，从而为采购人员的还盘提供方便。

七、正式工厂审核

在与供应商议价后，一般可获得采购方基本满意的价格。如果购买的是关键物料，除特殊情况外都要安排正式的工厂审核，以利采购方更准确、更详细地掌握供应商的工程技术能力、品质保证能力、财务状况等基本信息。采购方的审核人员一般由采购人员、品管人员、工程技术人员等组成。

在开发供应商的全过程中，有两个环节最耗费时间：第一个是工厂审核过程中发现有问题时反复整改及来回审核；第二个是反复提供样品。对这两方面的问题双方应积极配合，争取用最短的时间消除分歧，达成共识。

在进行工厂审核时，可采用下列三种方式。

(1) 审核程序、记录、报表等。

(2) 查看生产现场。

(3) 对供应商相关人员提问审核。

八、样品认证

要求供应商提供适当数量的样品供检验、装配，以确定供应商的产品是否可被接受，是开发新供应商全过程中的一个重要环节。

如果采购方所需的是通用性产品，供应商能很快提供出样品给采购方试用；如果采购方所需的产品是非通用性产品，则送样过程要复杂些。

供应商在提供样品时，应根据产品类别提交全部或部分下列资料：

(1) 材质证明。

(2) 安全（安规）证明。

(3) 检验报告（一般包括外观、尺寸、功能等项目）。

(4) 符合证明书。

采购人员收到供应商提供的样品后，一般需将供应商名称及样品的一些基本信息填入一份《样品认证表》中，随样品一起送给品管部、工程部等部门进行相关检测、试验及装配等评估手续。一些大企业中，专门设有样品评估小组来评审样品。当供应商根据企业反馈的要求改善样品后，需对供应商改善后的样品进行再次评估。一般来说，同一产品的送样次数不宜超过三次。

九、批量试产

样品通过评审，并不代表该供应商能立即批量供货，采购方应向供应商索要或订购适当数量的物料来进行批量试产。只有较大数量的样品能够通过评估时，样品评估这个环节才算真正结束。

十、正式接纳为合格供应商

如果新供应商的工厂审核及样品评估均达到采购方的要求，那么该供应商便可作为合格供应商，被加入到合格供应商的清单中去。

十一、订单转移

一般来说，开发新供应商有两个原因：第一，现有供应商的综合服务水平不能满足企业的要求，需开发新供应商去取代现有供应商或给现有供应商施加压力；第二，企业不断开发新产品，现有供应商不能提供新产品所需的原材料或零部件，或现有供应商的产能不够。

如果目前有供应商在供货，当新供应商开发成功后就要考虑订单如何分配的问题。一般来说，新供应商的订单以逐步增加为宜，以避免新供应商在磨合期中产生的问题影响企业的正常生产。当新供应商供货时间超过三个月后，就可将新老供应商在各方面进行比较，综合服务水平高的供应商应得到较多或绝大部分订单。

做好供应商开发工作后，还要注意，在供应商的整个管理过程中，要加强激励和控制，既要充分鼓励供应商，积极主动地做好物资供应业务工作，又要采取各种措施，如签订合同、提出技术要求等，以约束和防范供应商的不正当行为，防止给采购企业造成损失，保证采购企业利益的最大化。

采购管理一点通

供应商过少会导致供应链受垄断，容易产生弊端，不利于降低成本；但供应商过多则导致采购量分散，采购价格没有优势，且订单处理程序复杂，流通费用过高，同样于企业不利。供应商可以是生产基地、制造商、代理商、批发商（限一级）、进口商等，应避免太多中间环节的供应商，例如二级批发商、经销商、皮包公司（倒爷）或亲友所开的公司。

供应商的选择

现今社会中，商业竞争异常激烈，供应商已经成为企业的一种战略筹码。企业要想在竞争中建立自己的优势，必须对供应商进行有效管理，以获得供应商对自己的支持与配合。而选择合适的供应商是成功管理供应商的第一步。

选择供应商的标准有许多，根据时间的长短进行划分，可分为短期标准和长期标准。在确定选择供应商的标准时，一定要考虑短期标准和长期标准，把两者结合起来，这样才能使所选择的标准更全面。进而利用标准对供应商进行评价，最终寻找到理想的供应商。

一、短期标准

选择供应商的短期标准主要有商品质量、价格水平、交货及时程度和整体服务水平四项。

1. 合适的商品质量

采购商品的质量合乎采购单位的要求是采购单位进行商品采购时首先要考虑的条件。对于质量差、价格偏低的商品，虽然采购成本低，但会导致企业的总成本增加。因为质量不合格的产品在企业投入使用的过程中，往往会影响生产的连续性和产成品的质量，这些最终都会反映到总成本中去。

但同时，质量过高也并不意味着采购物品就一定适合企业生产所用。如果质量远远超过生产的要求，对于企业而言也是一种浪费。因此，采购中对于质量的要求是符合企业生产所需，要求过高或过低都是错误的。

2. 较低的成本

成本不仅仅包括采购价格，而且包括原料或零部件使用过程中所发生的一切支出。采购价格低是选择供应商的一个重要条件，但是价格最低的供应商不一定就是最合适的。因为如果在产品质量、交货时间上达不到要求，或者由于地理位置过远而使运输费用增加，都会使总成本增加，因此总成本最低才是选择供应商时应考虑的重要因素。

3. 及时交货

供应商能否按约定的交货期限和交货条件组织供货，直接影响到企业生产的连续性，因此交货时间也是选择供应商时要考虑的因素之一。

企业在考虑交货时间时需要注意两个方面的问题：一是要降低生产所用的原材料或零部件的库存数量，进而降低库存占压资金，以及与库存相关的其他各项费用；二是要降低断料停工的风险，保证生产的连续性。结合这两个方面的内容，对交货及时的要求应该是这样的：用户什么时候需要，就什么时候送货，不晚送，也不早送，而是保证准时。

4. 整体服务水平好

供应商的整体服务水平是指供应商内部各作业环节对于如何配合采购方这个问题上表现出来的能力与态度。评价供应商整体服务水平的主要指标有以下几个方面。

(1) 培训工作。供应商对产品卖前和卖后的培训工作情况，会大大影响采购方对供应商的选择。如果采购者对如何使用所采购的物品不甚了解，供应商就有责任向采购者教授所卖产品的使用知识。

(2) 安装服务。通过安装服务，采购商可以缩短设备的投产时间或投入运营所需要的时间。

(3) 维修服务。免费维修是对买方利益的保护，同时也对供应商提供的产品提出了更高的质量要求。这样，供应商就会想方设法提高产品质量，避免或减少免费维修情况的出现。

(4) 技术支持服务。如果供应商向采购者提供相应的技术支持，就可以在替采购者解决难题的同时销售自己的产品。比如，信息时代的产品更新换代的速度非常快，供应商提供的免费或者有偿的升级服务等技术支持对采购者有很大的吸引力，也是供应商竞争力的体现。

二、长期标准

选择供应商的长期标准主要在于评估供应商是否能保证长期而稳定的供应，其生产能力是否能配合公司的成长而相对扩展，其产品未来的发展方向能否符合公司的需求，以及是否具有长期合作的意愿等。选择供应商的长期标准主要应参考以下 4 点。

1. 供应商内部组织是否完善

供应商内部组织与管理关系到日后供应商供货效率和服务质量。如果供应商组织机构设置混乱，采购的效率与质量就会因此下降，甚至会由于供应商部门之间的互相扯皮而导致供应活动不能及时地、高质量地完成。

2. 供应商质量管理体系是否健全

采购商在评价供应商是否符合要求时，其中一个重要的环节是看供应商是否采用相应的质量体系，比如说是否通过ISO9000质量体系认证，内部的工作人员是否按照该质量体系不折不扣地完成各项工作，其质量水平是否达到国际公认的ISO9000所规定的要求，等等。

3. 供应商内部机器设备是否先进以及保养情况如何

从供应商机器设备的新旧程度和保养情况可以看出管理者对生产机器、产品质量的重视程度，以及内部管理的好坏。如果车间机器设备陈旧，机器上面灰尘油污很多，很难想象该企业能生产出合格的产品。

4. 供应商的财务状况是否稳定

供应商的财务状况直接影响到其交货和履约的绩效，如果供应商的财务出现问题，周转不灵，就会影响供货进而影响企业生产，甚至导致出现停工的严重危机。

三、选择供应商应注意的问题

1. 选择有实力的供应商

在报价相同及交货承诺相同的情况下，应首先选择那些企业形象好并有实力的供应商。如果一家供应商曾经给某些品牌企业提供过产品供应，并得到这些品牌企业的认可，则无疑应成为选择时的优先对象。否则，就应加以慎重考虑。比如，1992年大量南斯拉夫廉价轿车涌入美国，很多人在第一次听到Yugo轿车的时候就购买了它，而现在那些购买Yugo轿车的人已经得不到任何服务了。对于这些购买轿车的人来说，如果当初能够选择一家已经有一定知名度并有实力的供应商，就能避免这样的损失。

2. 选择一定数量的供应商

许多企业的某些重要材料过于依赖同一家供应商，这种情况导致供应商常常能左右采购价格，对采购方施加极大的压力。这时采购方已落入供应商垄断供货的控制之中，企业只有唯一的一家供应商，此时采购方就会处在进退两难的境地，因为更换供应商的成本太高。因此，对于采购商而言，要尽可能避免这种情况的发生。这就要求采购商在采购同种商品时，尽可能多地选择几家供应商，一般以选择 2~3 家为宜。

3. 避免缺乏科学依据的选择方法

目前，我国许多企业的管理制度不完善，缺乏科学的选择供应商的方法。致使在大多数项目选择供应商时，更多的是参考供应商本身提供的各类书面文字材料和自我介绍，以及其在市场上的口碑，或凭采购方个人主观臆想选择供应商参与竞标，因而在选择供应商时，人为因素比较大。另外，在选择供应商的标准方面，目前企业的选择标准多集中在供应商的产品质量、价格、柔性、交货准时、提前期和批量等方面，没有形成一个全面的供应商综合评价指标体系，不能对供应商作出全面、具体、客观的评价。所以，一定要运用科学的方法来选择供应商。

采购管理一点通

选择供应商的一个主要工作是调查、收集有关供应商的生产运作等全方位的信息。在收集供应商信息的基础上，可以利用一定的工具和技术方法进行供应商选择。企业只有选择适合自己的供应商，才能在供应商的支持和配合下，在激烈的竞争中保证产品质量、降低产品成本、提高反应速度，以赢得市场竞争。

供应商的考核评估

通常，企业为了保证供应商对自己日常物资的供应工作顺利进行，会采取一系列的措施对供应商进行考核评估。的确，供应商管理是事关企业物流采购质量的关键，供应商评估则是做好供应商管理、使供应链合作关系正常运行的基础和前提条件。

一、供应商考核评估的主要程序

对供应商的考核评估，主要包含两个程序。

1. 对供应商作出初步筛选

在对供应商进行初步筛选时，首要的任务是要使用统一、标准的《供应商情况登记表》，来管理供应商提供的信息。这些信息应包括供应商的注册地、注册资金、主要股东构成、生产场地、设备、人员、主要产品、主要客户、生产能力等。通过分析这些信息，可以评估其工艺能力、供应的稳定性、资源的可靠性及其综合竞争能力。

这些供应商中，剔除明显不适合进一步合作的供应商后，就能得出一个供应商考察名录。

2. 对供应商实地考察

完成上一步后，接着就要安排对供应商的实地考察，这一步骤至关重要。必要时在审核团队方面，可以邀请质量部门和工艺工程师一起参与。他们不仅会带来专业的知识与经验，共同审核的经历也会有助于公司内部的沟通和协调。

二、供应商评估的指标体系

供应商评估指标体系是企业对供应商进行综合评价的依据和标准。不同行业、企业，不同环境下的供应商评价应是不一样的，但基本都涉及供应商的业绩、设备管理、人力资源开发、质量控制、价格、成本控制、技术开发、用户满意度、交货协议等可能影响供应链合作关系的方面。

1. 产品质量

产品质量是最重要的因素，在采购开始运作的一段时间内，应主要加强对产品质量的检查。检查可分为两种：全检和抽样检验。因全检工作量太大，所以一般采用抽样检验的方法。产品质量的好坏直接可以用质量合格率来描述：如果在一次交货中共抽样了 n 件产品，其中有 m 件是合格的，则质量合格率 P 为 m/n，显然质量合格率越高越好。

如果在 n 次的交货中，每次的产品合格率 P 都不一样，则可以用平均合格率来描述。有些情况下，企业采取对不合格产品退货的措施，这时质量合格率也可以用退货率来描述。退货率是指退货量占采购进货量的比例。如果采购进货 n 件，其中退货 r 件，则退货率为 r/n。显然，退货率越高，表明其产品质量越差。

2. 交货期

交货期也是一个很重要的考核指标，考察交货期主要是考察供应商的准时交货率。准时交货率可以用准时交货的次数与总次数之比来衡量：

准时交货率=准时的次数/总交货次数

3. 交货量

考察交货量主要是考核按时交货量，按时交货情况可以用按时交货量率来评价。按时交货量率指给定交货期内的实际交货量与期内应当完成交货量的比例：

按时交货量率=期内实际交货量/期内应当完成交货量

也可以用未按时交货量率来描述：

未按时交货量率=期内实际未完成交货量/期内应当完成交货量

如果每期的交货量率不同，则可以求出n个交货期的平均按时交货量率：

平均按时交货量率=各期按时交货量率之和/n

考核总的供货满足率或总缺货率，用下式描述：

总的供货满足率=期内实际完成供货量/期内应当完成供货量

总缺货率=期内实际未完成供货量/期内应当完成供货量

=1−总的供货满足率

4. 工作质量

考核工作质量，可以用交货差错率和交货破损率来描述：

交货差错率=期内交货差错量/期内交货总量

交货破损率=期内交货破损量/期内交货总量

5. 价格

价格是指供货的价格水平。考核供应商的价格水平，可以和市场同档次产品的平均价和最低价进行比较，分别用市场平均价格比率和市场最低价格比率来表示：

市场平均价格比率=（供应商的供货价格−市场平均价）/市场平均价

市场最低价格比率=（供应商的供货价格−市场最低价）/市场最低价

6. 进货费用水平

考核供应商的进货费用水平，可以用进货费用节约率来考核：

进货费用节约率=（本期进货费用−上期进货费用）/上期进货费用

7. 信用度

信用度主要考核供应商履行自己的承诺，不故意拖账、欠账的程度。信用度可以用以下公式来描述：

信用度=期内失信的次数/期内交往总次数

8. 配合度

配合度主要考核供应商的协调精神。在和供应商合作的过程中，常常因为环境的变化或企业内部预料不到的情况的发生，需要工作任务进行调整变更。这种变更可能会导致供应商工作计划的调整，甚至迫使供应商作出一些牺牲。根据此时供应商的表现，企业可以有效考察供应商积极配合的程度。另外，如果企业工作出现了困难或者发生了问题，有时也需要供应商配合才能解决，这时都可以看出供应商的配合程度。

考核供应商的配合度，主要靠人们的主观评价。可找与供应商相处的有关人员，让他们根据自己的体验为供应商评分。特别典型的，可能会有上报或投诉的情况，这时可以把上报或投诉的情况也作为评分依据之一。

三、确定关键的评估因素

在所有的评估要素中，毫无疑问，质量是基本前提。如果产品质量过不了关，其余一切都免谈，就没有再评估的必要了。企业要想使自己的产品质量能够满足客户的要求，就必须首先要保证企业上游供应商提供的元器件能满足企业的品质要求。虽然价格因素相当重要，但只有在质量得到保证的前提下，谈价格才有意义。

当供应商对产品的质量有了保证时，价格就成了评估的主要因素。这时企业可要求新的供应商提供一个分析表，内容包括生产的某一元件由哪些原材料组成，费用是如何构成的，考虑里面的价格空间还有多少，如果认为有不合理的因素在里面，就应要求供应商进行调整。

在我国，供应商的个人情况也被列为要素之一。我国企业的经营者素质参差不齐，所以对经营者个人进行评估在实际操作中确有一定难度，只能从与经营者接触的过程中去考察。另外，供应商在行业中的口碑也有一定的参考价值，但很难有一个统一的标准。

四、及时调整修改供应商评估标准

在实施供应链合作关系的过程中，市场需求和供应都在不断变化，企业必须在保持供应商相对稳定的条件下，根据实际情况及时修改供应商评价标准，或重新开始供应商评估。合格的供应商队伍不应该是静态的，而应是动态的。这样才能引入竞争机制，即要淘汰差的，引入好的。按动态方法选择的供应商基本上是行业内出类拔萃的，也几乎都是主动找上门来的，这也体现了市场经济的特点。

采购管理一点通

如果供应商是一个有公开影响的企业，其他有关财务的文件很容易获得。财务状况不好，通常是供应商具有某些潜在问题的外在表现。采购方必须了解为什么供应商出现资金问题，弄清楚它是质量不佳、绩效低下的后果，是管理人员铺张浪费的结果，还是供应商有过多债务的结果。

供应商关系管理

供应商关系管理，是一种致力于实现与供应商建立和维持长久、紧密伙伴关系的管理思想和软件技术的解决方案，它是旨在改善企业与供应商之间关系的新型管理机制，实施于围绕企业采购业务相关的领域，目标是通过与供应商建立长期、紧密的业务关系，并通过对双方资源和竞争优势的整合来共同开拓市场，扩大市场需求和份额，降低产品前期的高额成本，实现双赢的企业管理模式。

一、供应商关系管理的必要性

长期以来，企业作为个体经济角色一直处于一种冷漠孤独、恶意相残且相互争斗的“自然状态”，但随着全球经济一体化进程的加速，随着互联网在全球范围内的蓬勃发展以及推广应用，这种时代和状况开始分崩殆尽，取而代之的是供应链上的成员为了市场价值而彼此联手合作的潮流。

对许多企业而言，与其供应商之间保持伙伴关系已然成为它们获取资源、传送供应链上的产品与服务的主要模式，至少有三个强烈的理由支持此种模式。

1. 效率与规模经济

人们渐渐地发现，供应商可以通过与同业的伙伴关系，运用科技的力量合力削减成本与改善效率，这在零售业中尤其盛行。

其实，不论是通过科技让整个供给过程更为精简，还是达到研发上的规模经济，供应商之间共结伙伴关系的最重要的理由是，追求更大效率与更佳生产效率的需要。就这点而言，与许多供应商、客户间伙伴关系的促成因素如出一辙，亦即，伙伴关系是为适应追求更佳的生产效率而生。

2. 合力创造新市场价值

在某些产业中，供应链上的企业之间的伙伴关系进入了一个更新的层次，联合力量创造更多的市场价值，为整合市场创造全新的贡献。也就是说，企业之间结合彼此的核心能力，研发新的产品或推出新的方案。在这种层次中，这种核心能力的结合甚至会扭转整个产业的方向。从日常运营层面来看，经由合作共同创造的新的市场价值，更为结为伙伴的厂商带来强而有力的竞争优势。

3. 客户需求

改变和创新整个产业策略最强而有力的理由在于满足客户的期望与需求。企业之间的携手合作渐渐地成为客户的基本要求与期盼，特别是在高科技产业中这种合作尤为突出。这是由于客户所寻找的不仅仅是能提供产品与服务的供应商，更要求供应商能切入整个供给项目并有能力与他人共谋合作，客户还要求强力的伙伴关系为他们带来完整的解决方案，以及提供最优良的产品和服务。

二、供应商关系管理的作用

良好的供应商关系管理对于生产企业增强成本控制、提高资源利用率、改善服务和增加收益能起到巨大的推动作用。实施有效的供应商关系管理可以大大节约时间和财力，更大程度地满足顾客的需要，为顾客创造价值。

1. 降低成本

企业如果能有效使用供应商的推荐材料，可以获得更多成本的降低，另外通过与供应商良好的沟通可以降低产品开发成本、质量成本、交易成本、售后服务成本等。据有关资料表明，运行供应商关系管理的解决方案可使企业采购成本削减 20%。

2. 减少风险

企业及时、安全地获得关键性原材料，可以降低企业及供应链中的潜在供应风险和不确定性。通过开展供应商关系管理，企业可通过供应商开发新的产品、技术，从而降低其未知技术领域的风险；同时若供应商的投资也用于双方合作领域，那企业的投资风险就将得以大大降低。

3. 实现规模经济

在某些领域，企业研究开发的庞大费用使采购方望而却步，企业无法单独承担起开发和生产的全过程。这种情况下，采购方可以通过把没有能力投资的部分技术转包给专业供应商，这样可以在加强供应商力量的同时，通过合理分配技术投资任务，专注于开发核心技术，在其核心领域追求卓越从而达到规模经济的效果。

4. 互补技术和专利

与供应商共同研究开发，企业间技术人员的相互协作，使双方的技术和发明专利互补应用于生产。这种思路使得采购企业和供应商联手进行技术创新成为可能，可以协助企业比竞争对手更快、更早地向市场推出新产品。

5. 提高客户满意度

供应商关系管理，使企业产品质量、交货时间，供货准时率等方面得到了很大程度的改善，从而大大提高了顾客的满意度和忠诚度。

三、供应商关系管理的要点

企业在供应链管理环境下与供应商的关系是一种战略性合作关系，提倡一种双赢机制。企业在采购过程中要想有效地实施采购策略，充分发挥供应商的作用就显得非常重要。企业要搞好供应商的管理，应注意以下几个方面的问题。

1. 建立供应商准入制度

供应商准入制度实质上是加强对供应商的资格管理。这种资格范围很广，具体包括法人资格、注册资金大小、生产产品的能力、社会信誉、售后服务体系等。涉及资质要求的供应商应当提供由有关行政主管部门颁发的资质证书；涉及业绩情况的供应商应当提供以前在相关领域的业绩，包括项目名称、效果及用户意见等。可以认为，建立供应商准入制度是与国际规则接轨、提高国内企业采购效率的必然趋势。

对企业的正式供应商要建立档案，供应商档案除有编号、详细联系方式和地址外，还应有付款条款、交货条款、交货期限、品质评级、银行账号等，每一个供应商档案应经严格的审核才能归档。企业的采购必须在已归档的供应商中进行，供应商档案应定期或不定期地更新，并由专人管理，同时要建立供应商准入制度。重点材料的供应商必须经质检、物流、财务等部门联合考核后才能进入，如有可能要实地到供应商生产地考核。企业要制定严格的考核程序和指标，达到标准者才能成为归档供应商。

2. 合理使用供应商

供应商经过考核成为企业的正式供应商之后，就要开始进入日常的物资供应阶段。进入供应商使用的第一项工作，就是要签订一份合同。这份合同既是宣告双方合作关系的开始，又是一份双方承担责任与义务的责任状，更是将来双方合作关系的规范书。所以双方应该认真把这份合同书的合同条款协商好，然后双方签字盖章。协议生效后，它就成为直接约束双方的法律性文件，双方都必须遵守。

在供应商使用的初期，企业的采购部门应当和供应商协商，建立起供应运作机制，相互在业务衔接、作业规范等方面建立起一个合作框架。在这个框架的基础上，各自按时、按质、按量完成自己应当承担的工作。在日后供应商使用的整个期间，供应商应当尽职尽责，完成企业规定的物资供应工作。采购企业的采购管理部门应当按合同的规定，严格考核检验供应商执行合同，完成物资供应任务的情况，既充分使用、发挥供应商的积极性，又要进行科学的激励和控制，保证供应商的物资供应工作顺利健康地进行。

3. 建立战略性的双赢供应合作关系

双赢关系已经成为供应链企业之间合作的基础，因此要在采购管理中体现供应链的思想，对供应商的管理集中在如何与供应商建立双赢关系以及维护和保持双赢关系上。

(1) 逐渐建立起一种稳定可靠的关系。企业应当和供应商签订一种较长时间的业务合同关系，如一年至三年。时间不宜太短，太短了会让供应商不太放心，从而无法做到全心全意为搞好企业的物资供应工作而倾注全力。

(2) 与供应商建立相互信任的关系。当供应商经考核转为正式供应商之后，一个重要的措施，就是应当将验货、收货逐渐转为免检收货。免检，这是对供应商的最高荣誉，也可以显示出企业对供应商的高度信任。

(3) 信息交流与共享机制。信息交流有利于减少投机行为，有助于促进重要生产信息的自由流动。

(4) 对供应商的激励机制。要保持长期的双赢关系，采购企业对供应商的激励是非常重要的。没有有效的激励机制，就不可能维持良好的供应关系。在激励机制的设计上，要体现公平、一致的原则。例如，给予供应商价格折扣和柔性合同以及采用赠送股权等，可使供应商和采购企业分享利润，同时也使供应商能从合同中体会到双赢的好处。

总之，供应商关系管理是以多种信息技术为支持和手段的一套先进的管理软件和技术，它将先进的电子商务、数据挖掘、协同技术等信息技术紧密集成在一起，为企业产品的策略性设计、资源的策略性获取、合同的有效洽谈、产品内容的统一管理等过程提供了一个优化的解决方案。企业一定要对此加以充分的重视。

采购管理一点通

采购企业与供应商之间，应建立一种基于团队的工作小组，双方的有关人员共同解决供应过程以及制造过程中遇到的各种问题。采购企业还要与供应商经常互访，及时发现和解决各自在合作过程中出现的困难和问题，从而建立起良好的合作氛围。

第七章

采购产品质量管理

采购质量管理是质量管理的一个分支。所谓采购质量管理，是指对采购质量的计划、组织、协调和控制，通过对供应商质量评估和认证，建立采购管理质量保证体系，保证企业的物资供应活动。采购质量管理的目标是保证采购的物料和生产设备符合规定的要求，即保证采购的物料和生产设备能够达到企业生产所需要的质量要求。

采购质量管理概述

质量管理是指确定质量方针、目标和职责，并通过质量体系中的质量策划、质量控制、质量保证和质量改进来使其实现的所有管理职能的全部活动。

美国著名质量管理专家朱兰有句名言：“生活处于质量堤坝后面。”质量正像黄河大堤一样，可以给人们带来利益和幸福，而一旦质量的大堤出现问题，它同样也会给社会带来危害甚至灾难。所以，企业有责任把好质量关，共同维护质量大堤的安全。

从微观上来说，质量是企业赖以生存和发展的保证，是开拓市场的生命线；用户对产品质量的要求是越来越好，因此提高质量能加强企业在市场中的竞争力；产品质量是形成顾客满意的必要因素，因此较好的质量会给企业带来较高的利润回报；质量管理是公司品牌的保护伞，严抓质量管理可以提高品牌美誉度；加强质量管理也是维护人们的生活以及身心健康的必要措施。

从宏观上来说，当今世界的经济竞争，很大程度上取决于一个国家的产品和服务质量。质量水平的高低可以说是一个国家经济、科技、教育和管理水平的综合反映。对于企业来说，质量也是企业赖以生存和发展的保证，是开拓市场的生命线，正可谓“百年大计，质量第一”。

采购质量管理是质量管理的一个分支。所谓采购质量管理，是指对采购质量的计划、组织、协调和控制，通过对供应商质量评估和认证，从而建立采购管理质量保证体系，保证企业的物资供应活动。

一、采购质量管理的内容

1. 采购部门的质量管理

(1) 物料采购的质量管理。

(2) 物料采购的组织工作。

(3) 物料采购供应的协调工作。

(4) 物料采购供应的控制工作。

2. 供应商评估、认证以及产品的验收把关等工作

(1) 评估供货商。

(2) 建立采购认证体系。

(3) 物料的验收工作。

3. 采购质量管理保证体系

质量保证是指质量控制所采用的方法和程序，也就是系统地检查产品的功能、产品的生产过程以保证产品质量满足要求。

二、采购质量管理的方法

1. 制订联合质量计划

采购现代商品，不仅购买商品本身，而且还要购买供应商在产品设计、制造工艺、质量控制、技术帮助等方面的服务。要有效地购买供应商的这种服务，需要把供需双方的能力对等协调起来，协调的办法就是制订联合质量计划。联合质量计划中一般要包括经济、技术、管理等三个方面。

2. 向供应商派常驻代表

为直接掌握供应商商品质量状况，可由采购方向供应商派出常驻代表，其主要职责是向供应商提出具体的商品质量要求，了解该供应商质量管理的有关情况，如质量管理机构的设置，质量体系文件的编制，质

量体系的建立与实施，产品设计、生产、包装、检验等情况，特别是对出厂前的最终检验和试验要进行监督，对供应商出具的质量证明材料要核实并确认，起到在供应商内进行质量把关的作用。

3. 定期或不定期监督检查

采购方可根据实际情况派技术人员或专家对供应商进行定期或不定期的监督检查。通过监督检查，有利于全面把握供应商的综合能力，及时发现其薄弱环节并要求改善，从而从体系上保证供货质量。主要监督检查双方买卖合同的执行情况，重点监督检查拟购商品的质量情况。如在生产前主要是监督检查原材料和外购件的质量状况；在生产中主要是监督检查各工序半成品的质量状况；在生产后主要是监督检查产成品的检验、试验及包装情况。需要注意的是，对关键工序或特殊工序必须作为重点进行监督检查。

4. 及时掌握供应商生产状况的变化

由于企业内外部环境的变化，供应商的生产状况必然也会随之变化。采购方应及时掌握其变化的情况，对生产发生的一些重大变化，应要求供应商及时向采购方报告。如产品设计或结构上的重大变化、制造工艺上的重大变化、检验和试验设备及规程方面的重大变化等，供应商都应向采购方主动报告说明情况。采购方接到报告后，要认真分析情况，必要时应到供应商那直接了解，主要应弄清对产品质量的影响。在多数情况下供应商变更产品设计，采取新材料、新设备、新工艺是为了提高商品的质量和生产效率，对保证商品质量是有益的。但是也必须注意到，任何改变都有一个适应的过程，在变更的初始阶段容易造成商品质量的不稳定。这就需要通过加强最终检验和试验来把关。

5. 定期排序

对供应商的定期排序的主要目的是评估供应商的质量及综合能力，以及为是否保留、更换供应商提供决策依据。

6. 帮助供应商导入新的质量体系和管理方法

为有效地控制采购商品的质量，采购方应对供应商导入自己多年总结出的先进质量管理手段和技术方法，主动地帮助、指导供应商在短时间内极大地提升质量管理水平和技术水平，增强质量保证能力。采购方对供应商给予一定的帮助对供应商是有利的，对采购方自己也是有利的。对供应商的帮助是多方面的，主要目的不是扩大生产能力而是提高商品质量。以提高质量为中心，可帮助供应商组织有关人员的技术培训，进行设备的技术改造，实现检验和试验的标准化、规范化。贯彻ISO9000族标准，争取质量体系认证等。对供应商的帮助重点是加强商品质量的薄弱环节，解决影响商品质量的关键问题。

三、采购质量管理的发展趋势

1. 宏观质量管理与微观质量管理趋于统一

商品质量的宏观管理是政府对商品质量的管理、调控，其对象是整个国家或地区或整个有关商品质量规划、形成和实现的全过程；商品质量的微观管理指企业的生产经营过程中的质量管理的全过程。从根本上看，两者的最终目的都是使商品质量满足消费者和用户要求，并力求使生产和流通的消耗尽可能少，给消费者和用户造成的损失尽可能少，但是两者的目标、作用范围和作用手段却并不相同。

2. 共同的质量保证体系已经建立

当前国际市场竞争中，质量竞争是其主要内容。为了保证商品质量，开拓商品市场，应把企业所有的人都纳入质量管理的活动范畴，建立共同的质量保证体系。

3. 质量管理进入法制管理的轨道

法律、法规是保障微观质量管理和宏观质量管理正常运行的基本条件，依法管理是质量管理工作的特征之一。运用质量法规有效地管理和保证商品质量，保护消费者合法权益，是国际上和各国政府解决商品质量问题的重要途径之一。

商品质量法规主要有产品责任法和产品质量法。产品责任法是具体规定由于产品缺陷造成消费者或用户的人身或财产损失时产品生产者或销售者与消费者之间权利义务的法律关系。产品责任法是强制性法规，只要证明投放市场的商品有缺陷，并且这个缺陷对购买该商品的消费者和用户或旁观者造成了人身或财产方面的损害，该产品的生产者和销售者就要负民事侵权责任。现在许多国家又制定了与产品责任法相配套的一系列质量法规，如食品卫生法、药品管理法、产品质量法等以加强商品质量的管理和监督。

4. 现代技术在质量管理中得到广泛应用

现代商品种类繁多，科技含量提高，有些高精度、高可靠性产品的设计，涉及大数量的设计参数。在世界先进国家中，信息技术在质量管理领域已得到广泛的应用。计算机已成为质量管理的重要工具。

采购管理一点通

当今市场环境的特点之一是用户对产品质量的要求越来越高。在这种情况下，就更要求企业将提高产品质量作为重要的经营战略和生产运作战略之一。因为，低质量会给企业带来相当大的负面影响：它会降低企业在市场中的竞争力，增加生产产品或提供服务的成本，损害企业在公众心目中的形象等。

产品质量的标准

所谓标准，指的是衡量某一事物或某项工作应该达到的水平、尺度和必须遵守的规定。而质量标准，则是指产品生产、检验和评定质量的技术依据。产品质量特性一般以定量表示，例如强度、硬度、化学成分等；对于难以直接定量表示的，如舒适、灵敏、操作方便等，则通过产品和零部件的试验研究，确定若干技术参数，以间接定量反映产品质量特性。

对企业来说，为了使生产经营能够有条不紊地进行，则从原材料进厂，一直到产品销售等各个环节，都必须有相应标准作保证。产品质量标准不但包括各种技术标准，而且还包括管理标准，以确保各项活动的协调进行。

一、产品质量的技术标准

技术标准是对技术活动中需要统一协调的事物制定的技术准则。根据其内容不同，技术标准又可分解为基础标准、产品标准和方法标准三方面的内容。

1. 基础标准

基础标准是标准化工作的基础，是制定产品标准和其他标准的依据。常用的基础标准主要有：通用科学技术语言标准；精度与互换性标准；

结构要素标准；实现产品系列化和保证配套关系的标准；材料方面的标准等。

2. 产品标准

产品标准是指对产品质量和规格等方面所作的统一规定，它是衡量产品质量的依据。产品标准的内容一般包括：产品的类型、品种和结构形式；产品的主要技术性能指标；产品的包装、贮运、保管规则；产品的操作说明，等等。

3. 方法标准

方法标准是指以提高工作效率和保证工作质量为目的，对生产经营活动中的主要工作程序、操作规则和方法所作的统一规定。它主要包括检查和评定产品质量的方法标准、统一的作业程序标准和各种业务工作程序标准或要求等。

二、产品质量的管理标准

所谓产品质量的管理标准，是指为了达到质量的目标，而对企业中重复出现的管理工作所规定的行动准则。它是企业组织和管理生产经营活动的依据和手段，管理标准一般包括以下内容。

1. 生产经营工作标准

它是对生产经营活动的具体工作的工作程序、办事守则、职责范围、控制方法等的具体规定。

2. 管理业务标准

它是对企业各管理部门的各种管理业务工作要求的具体规定。

3. 技术管理标准

它是为有效地进行技术管理活动，推动企业技术进步而作出的必须遵守的准则。

4. 经济管理标准

它是指对企业的各种经济管理活动进行协调处理所作出的各种工作准则或要求。

三、现行质量标准

我国现行的产品质量标准，从标准的适用范围和领域来看，主要包括：国际标准、国家标准、行业标准（或部颁标准）和企业标准等。

1. 国际标准

国际标准是指国际标准化组织（ISO）、国际电工委员会（IEC）以及其他国际组织所制定的标准。

其中 ISO 是目前世界上最大的国际标准化组织，它成立于 1947 年，到 2002 年已有 117 个成员。ISO 现已制定了 10300 多个标准，主要涉及各个行业各种产品的技术规范。IEC 也是比较大的国际标准化组织，它主要负责电工、电子领域的标准化活动。

2. 国家标准

国家标准是对需要在全国范围内统一的技术要求，由国务院标准化行政主管部门制定的标准。1988 年，我国将国际标准化组织（ISO）在 1987 年发布的《质量管理和质量保证标准》等国际标准仿效采用为我国国家标准，编号为 GB/T10300 系列，它在编写格式、技术内容上与国际标准有较大的差别。

从 1993 年 1 月 1 日起，我国实施等同采用 ISO9000 系列标准，编号为：GB/T19000—ISO9000 系列，其技术内容和编写方法与 1509000 系列相同，使产品质量标准与国际同轨。目前，我国的国家标准是采用等同于现行的 ISO9000：2000 标准，编号为 GB/T19000—2000 系列。

3. 行业标准

行业标准又称为部颁标准，由国务院有关行政主管部门制定并报国务院标准行政主管部门备案，在公布国家标准之后，该项行业标准即行废止。若某些产品没有国家标准而又需要在全国某个行业范围内统一的技术要求，则可以遵照执行行业标准。

4. 企业标准

企业生产的产品没有国家标准和行业标准的，可制定企业标准作为企业组织生产的依据。企业的产品标准须报当地政府标准化行政主管部门和有关行政主管部门备案。已有国家标准或者行业标准的，国家鼓励企业制定严于国家标准或者行业标准的企业标准。企业标准只能在企业内部适用。

规定产品质量特性应达到的技术要求，称为产品质量标准。产品质量标准是产品生产、检验和评定质量的技术依据。

产品质量特性一般以定量表示，例如强度、硬度、化学成分等；对于难以直接定量表示的，如舒适、灵敏、操作方便等，则通过产品和零部件的试验研究，确定若干技术参数，以间接定量反映产品质量特性。

四、品质标准

劳斯莱斯汽车被认为是品质优良的汽车，钻石毋庸置疑是高品质的珠宝，人们总相信“高品质”就是商品本身被强烈追求的主导因素。在企业及政府的采购中，品质的定义是全然不同的，品质通常与适用性及成本有关，而不是产品的内在表现。具有最佳品质的货物是以最低成本采购的符合需求的货物。

质量的定位要恰当地处理质量与成本、供应、服务等要素之间的关系。不同物料、不同应用场合其质量定位的标准也不同，不能采取“一刀切”的方法。

质量与成本之间的关系最常用的是使用“性价比”来衡量。众所周知，质量并不是越高越好，质量过高会产生质量过剩，并使成本大大增加。作为认证人员应该严格掌握质量标准，在认证准备期间认真阅读“技术规范”等项目资料，在供应商试制、中间试验期间监控质量实施情况中，慎重选择每一项物料。

质量与供应之间的关系也应恰当处理。对大批量的供应来说，由于对质量的过高要求，可能会导致供应商加工周期过长，严重时可能会导致缺货，特别是对于自动化流水线上生产的但不是同批次的机械产品供应商，只要物料不影响产品质量，就不要像精品一样逐个检验物料。

质量与售后服务之间的关系也较为密切，由于产品组成部件的质量问题导致故障频繁出现，不仅使产品在用户心目中的印象较差，而且给售后服务带来麻烦，增加服务成本。所以质量是检验供应商的第一道关。

“品质”，是一个较为抽象的名词，通常必须以“规格”做较详细的界定。规格是对采购的产品或劳务的要求条件所作的精确说明，是生产制造的标准及交货验收的依据。规格内容除了包括产品或劳务的名称、外观、尺寸、材料成分、强度、精密度、耗损率、不良率、色泽、表面处理、性能要求、重量、容积、安全保护、包装方式和单位包装量、标志内容或方法、验收要项、检验方法、接收水准、结构蓝图及交货安装等各种品质的特性外，还包括各种服务的特性，如服务效率、服务品质、次数、地点、方式、技术资料文件及训练、电脑软件及技术管理顾问的咨询服务与其权利义务等。换言之，规格是买方将采购产品要求的品质及一切条件告知卖方的文书说明，亦为验收时可否予以接收的依据。总之，品质标准是衡量产品质量最根本的要素。

采购管理一点通

商品在获得质量认证证书和认证标志并通过注册加以公布后，就可以在激烈的国内、国际市场竞争中提高自己产品质量的可信度，有利于占领市场，提高企业的经济效益。商品质量认证制度的实施，可以促进企业进行全面质量管理，并及时解决在认证检查中发现的质量问题；可以促使国家对商品质量进行有效的监督和管理，促进商品质量水平的不断提高。

建立采购质量管理体系

质量管理体系是企业内部建立的、为保证产品质量或质量目标所必需的、系统的质量活动。它根据企业特点选用若干体系要素加以组合，加强从设计研制、生产、检验、销售、使用全过程的质量管理活动，并予制度化、标准化，成为企业内部质量工作的要求和活动程序。

任何企业组织都需要管理。当管理与质量有关时，则为质量管理。质量管理是在质量方面指挥和控制组织的协调活动，通常包括制定质量方针、目标以及质量策划、质量控制、质量保证和质量改进等活动。实现质量管理的方针目标，有效地开展各项质量管理活动，必须建立相应的管理体系，这个体系就叫质量管理体系，它可以有效地进行质量改进。ISO9000 是国际上通用的质量管理体系。

企业中，采购环节的质量是影响最终产品质量的重要因素之一，它直接关系到企业的兴衰成败。因此，在采购全过程中实行强而有力的质量管理与控制，构建全新的采购质量管理体系，是企业发展和振兴的一贯宗旨。

一、培植现代质量管理理念，强化采购质量意识

随着经济一体化进程的加快以及 ISO9000 族标准的普遍采用，质量管理领域发生了观念上的变革，一些新的质量管理理念不断涌现。为此，

企业应培植现代质量管理理念，强化采购质量意识。而要做到这点，就要求企业领导在组织商品生产经营活动时，企业采购人员、质量管理人员、质量检验人员在从事采购商品质量管理与控制活动中，都必须树立和强化“质量第一”、“预防为主”、“持续改进”、“协作精神”、“注重质量效益”、“顾客至上”等理念，增强关心采购质量和保护质量的自觉性。质量意识的形成与提高是一个长期的过程。

二、加强采购全过程的质量管理

采购过程涉及供应商的选择、与供应商谈判及成交、对供应商进行质量管理与控制、对供应商商品质量进行验证、进货检验与验收等活动，必须对每一个环节进行控制，实行全过程质量管理，严格把好每一个环节上的质量关口。这也是全面质量管理思想的应用。

(1) 明确各部门的质量职责，建立相应的质量控制程序。

(2) 建立健全采购质量管理制度。

(3) 加强对供应商的动态管理。

(4) 严格把好质量检验关。

(5) 加强不合格产品的控制。

三、努力做好采购质量管理的基础工作

1. 做好采购相关信息的工作

采购商品质量信息的搜集、加工、存储和传递工作是一项复杂而烦琐的工作，但是企业必须对其足够重视，因为采购商品的质量信息是进行采购质量决策的依据，是改进采购商品质量、改善采购各环节工作的最直接的原始数据，也是进行质量控制的基本依据。

2. 重视提高采购人员的素质

采购工作是一项技术和业务性都比较强的工作，要求采购人员不但

要有高度的事业心和责任感，遵纪守法，坚持原则，秉公办事，而且要熟悉采购业务，掌握一定的商品学、材料学方面的知识，具有一定的“识货”技能。一个好的采购团队会在很大程度上保障企业的采购质量。

3. 做好采购的标准化工作

全面质量管理的基础工作之一就是标准化工作。标准化是指在经济、技术、科学及管理等社会实践中，对重要性事物和概念通过制定、颁布和实施标准达到统一，以获得最佳秩序和社会效益的活动。在采购环节实施标准化，是健全和完善采购质量管理体系的需要，是提高采购质量、增加经济效益的需要，也是实施全面质量管理的需要。企业实施标准化之后可选择的供应商就会更多，还可以提高企业的采购效率，降低采购成本，有助于提高最终产品的竞争能力。

采购环节标准化工作必须坚持两个原则：必须坚持“顾客第一”的原则，即顾客的要求就是“标准”，这里的顾客是指采购所要服务的部门；必须坚持“系统性”原则，即标准协调统一，完整配套。

4. 建立采购质量管理保证体系

采购质量管理保证体系通常记录在企业质量手册中，质量手册中主要包括采购质量标准的制定、评估、控制和保证，采购质量控制方法，供应商的选择评估及考核等一些内容。

采购质量管理保证体系包括下列内容：

(1) 明确的采购质量目标、采购质量计划和采购质量标准。

(2) 严格的采购质量责任制。

(3) 专职的采购质量管理机构。

(4) 采购管理业务标准化和管理流程程序化。

(5) 高效、灵敏的采购信息及采购系统。

(6) 供应商的质量保证活动。

其中，供应商的质量保证活动是采购质量管理保证体系的重点，也是开展全面质量管理的重要组成部分。

采购质量管理要想获得成功，离不开相关部门和人员的通力合作，要将采购质量管理融入企业全面质量管理中来，要以顾客满意作为采购质量管理的最终目标。

采购管理一点通

现实中，很多企业在申请认证时全力以赴，获得认证后却对质量体系不闻不问。主要原因就在于，获得认证是市场准入的通行证，企业申请认证只是销售目的的需要，而非真正认识到质量体系的意义和好处，因此申请认证只是短期利益的驱动。这样是不可能真正搞好质量体系建设的，更是无法做好采购产品质量管理工作的。

采购质量管理的实施

很多企业组织都有明确的采购质量管理制度和规定，但在实际执行过程中往往会出现偏差，或者直接被忽视，成为一纸空文。那么，如何才能将企业组织的采购质量管理措施执行到位呢？

总体上说，采购质量管理的实施主要分为以下三步。

一、做好采购质量管理的事前规划工作

在事前规划方面，主要着重于产品规格的制定、供应商的选择和合约控制等。

1. 制定产品规格

企业在制定产品规格时，应同时考虑设计需求、生产要素、行销及商业性四种不同的因素。设计需求方面，应考虑尽可能在不改变原设计的情况下，获得符合需求的原物料规格；生产因素方面，应考虑配合机器设备的操作要求，选择适当规格的物料；而行销因素方面，应着重考虑消费者的接受程度，如环保要求及购买力等；而考虑到商业性采购因素时，采购人员必须进行下列几项调查：

①研究品质的需求状况。

②确定品质需求已经完整且明确地在规格说明上有所规定。

③调查供应商的合理成本。

④确定品质是以一般通用的规格写成，让有潜力的供应商也能参与竞争。

⑤决定合适的品质是否可由现有的供应商来制造。

⑥确定监督与测试的方法，维护良好的品质水准。

规格设计有如下一些基本原则可供依循。

(1) 通用原则。一般性物料尽量采用国际性及通用性的规格，理由有：符合标准化要求，可保证品质优良；假如不使用通用规格，必须特别加工，势必提高成本；容易把握料源，后续补充也容易。

(2) 新颖原则。规格设计力求新颖，并以适应新发明的原料及制造方法为原则。这是因为：寿命周期较短，且旧产品可能不再供应；符合时代要求，因为旧产品性能落伍，必被淘汰或沦为二流产品。

(3) 标准公差原则。实行该原则有很多好处：易于获得，供应商多不愿承制没有合理公差的产品；可获得较合理的价格，无公差的产品，供应商无交货把握，定会提高报价以避免风险；可迅速交货，这是因为

有了合理公差，就容易掌握制造品质，容易控制时效。

(4) 区分规格原则。主要规格力求清晰和明确；次要规格应具有弹性，避免严苛。这是因为主要规格如不明确开列，订得过于简单粗陋，不但失去设定品质标准的意义，而且供应商亦失去其制造的依据，日后交货检验，必生争端。次要规格则应避免有不必要的限制，如果指定厂牌，一般供应商无法供应。

2. 选择供应商

采购在品质管理事前规划的另一个重点是供应商的选择。许多公司能够把他们的原料品质问题降至最低，就是因为他们在开始时就选择了有能力而且愿意合作的供应商，因此品质水准得以维持并提升。

3. 合约控制

企业与供应商之间应通过合约控制来保证产品质量符合要求，如质量保证协议、验证方法协议、解决争端协议等。

二、做好采购质量管理的事中执行工作

品质检验不只是生产与品质管理部门的责任，采购部门也必须恪尽职守，不仅要检视供应商是否按照规范施工，还要派驻检验员抽查供应商在制品的品质，并提供试制品以供品质检测，以及检视供应商的品质管理措施是否落实，确保采购物料的品质没有异常状况。

采购部门执行品质管理必须有所依据，这是与供应商签订合作契约中的主要部分。在契约书中必须写明《品质保证协定》，这份协定主要是买卖双方为确保交货物品的品质，相互规定必须实施的事项，并根据这些事项，执行品质检验。这对于双方的合作、生产效率与利润的提高均有助益。

在《品质保证协定》中，首先要把品质规格的内容说清楚，包括有关材料、零部件的品质规格及其检验标准与方法；其次，双方必须成立能充分实施品质管制的组织，在采购、制造、检验、包装、交货等作业中，建立彼此协调的标准作业程序，以便双方能按照作业标准来完成合作事宜。

1. 供应商的品质检验作业

供应商的品质检验作业一般包括下面三个阶段。

(1) 进料检验。对于供应商为了提供买方所需物品而外购的材料、零件，必须实施验收。当买方想了解进货的品质时，应提供相关资讯，也就是买方应追踪供应商购料的品质，以确保物品的品质水准。

(2) 制造过程中的品质管制。买方应对供应商加工及设备的保养、标准化作业的实行及其他必要的项目实施检查，防止制造过程中产生不良产品。如有条件，最好派驻厂检验员抽查在制品的品质及检视供应商是否按照规范施工。

(3) 制成品出货的品质管制。采购部门在供应商进行大量生产以前，可以要求供应商提供试制品供工程人员进行品质检测，供应商在制成品出货时，必须按照双方谈好的标准实施出货检验，并且要附上相关材料(如制造商的试验检查表)，让品质管制做到环环相扣。

一般而言，采购部门对于供应商运送来的物料，会先进行检验才可入库。然而，若事先对供应商的品质管制做得相当彻底，就可以省略此步骤而直接入库，以便节省人力与检验成本。当然，这种做法是建立在彼此对质量管理都非常严谨，并且合作无间的基础上的，目前盛行的全面质量管理就是试图要达到这样的水准。但大部分的采购部门对于进货的物品仍进行检验。

2. 采购商进货检验

在进货检验中，有以下几项重点。

(1) 制定抽样检验的标准与程序，作为双方配合的依据。

(2) 根据检验标准，针对供应商发来的物品进行检验、比对，以决定合格、退回修改或退回废弃。

(3) 在检验时，发现有不合格的地方，应要求供应商迅速调查原因，并报告处理对策。

三、做好采购质量管理的事后考核工作

采购部门对于供应商品质量管理的考核，在于严格执行验收标准，提供品质异常报告，要求供应商承担保证，以积极的态度解决买卖双方有关质量分歧的问题。考核的结果可作为淘汰不合格供应商的依据。因此，买卖双方在签订合作契约之前，要保持正确的品质管理信念，了解彼此的要求，共同研讨相关规范，避免日后产生品质方面的争端。

下列10项品质管理原则是买卖双方在制定《品质保证协定》时应该遵守的重要准绳。

(1) 买方和卖方具有相互了解对方的品质管理体制，协力实施品质管理的责任。

(2) 买方和卖方务必互相尊重对方的自主性。

(3) 买方有责任提供给卖方有关产品的充分资讯。

(4) 买方和卖方在交易开始时，对于有关质、量、价格、交货期、付款条件等事项，须订合理的契约。

(5) 卖方有责任保证产品是买方使用上可满足的品质，必要时有责任提供相关的客观资料。

(6) 买方和卖方在订契约时，务必制定双方可接受的评价方法。

(7) 买方和卖方对于双方之间的各种争议解决方法及程序，务必于订约时订定。

(8) 买方和卖方应相互站在对方的立场，交换双方实施品质管理所必要的资讯。

(9) 买方和卖方，为了双方的合作能够更圆满顺利，对于订购作业、生产管制、存货计划等，应经常作妥善管理。

(10) 买方和卖方在交易时，应充分考虑最终消费者的利益。

买卖双方根据上述品质管理的原则建立彼此认同的品质规范，并依据这项协定作日后的考核与评价。

品质考核的目的在于通过对供应商的奖惩，期望品质能日益精良，

对于绩效优良的厂商应给予荣誉奖牌，提前付款、订购量提高及当有新产品开发时，列入优先考虑的合作对象；对于绩效差的厂商则降低订购量，加强辅导、扣款、降低使用量，甚至淘汰。

采购管理一点通

规格恰当与否是采购成败的关键因素之一。国内采购规格选用顺序为：①国家标准。凡有国家标准可用者，原则上不应使用其他规格采购。②各公会或协会、委员会制定的标准。如无国家标准可用时，则可考虑使用国内各公会或协会、委员会制定的标准。

提高采购产品质量的主要途径

对于采购产品质量标准和质量管理体系，很多采购人员会感到很复杂，甚至不知所措，不知从何做起，从何抓起，更不知道关键点在哪里。这里就简单介绍一下提高采购产品质量的主要途径。

提高采购产品质量，主要可从以下几个方面入手。

一、选择合适的供应商

商业企业作为买方，在现代商品质量管理中的首要任务是了解供应商的质量政策，选择合适的供应商。作为供货方，为确保商品质量，必须提供合格品，并出具必要的合格证明。

在某些情况下，卖方是技术上的巨人，把产品销售给没有工程师和实验条件的买主，供应商应责无旁贷地为买方提供技术上的援助。在业务交往中，供应商应提供控制质量的书面计划及计划已被遵行的证明，并允许买主对供应商的各项活动进行必要的监督。对于买方及时反馈的有关商品质量及相关问题，供应商管理部门应坚持不懈地随时采取纠正性行动。

总之，供应商应及时提供有质量保证且价格合理的商品和优良的服务。作为买方，对于一些较复杂或较重要的商品，最好有多种供应源。

二、正确评审供应商资格

确定合适的供应商之前，必须先进行调查，以判断和核实供应商是否能保证商品质量。如果与其建立供需关系，双方能否在技术、管理、财务等方面互相配合。

调查方法一般为函询和访问两种方式。前种方式是给供方函寄一份调查表，查询买主所需了解的情况。后种方式是组成一个由各方代表组成的小组与供应商进行面对面交谈，或到实地参观考察，考察的范围主要是质量控制、工艺制造、质量检验等，甚至包括财务与管理。调查完后应将结果写成报告，结论力求客观，以判断其经营效率状况。若打算与该供应商签订合同，则需对供应商能否交付满意的产品作出预测。

通过这种调查，可对供应商资格认可与否仅作初步结论，但也有许多不足之处，有着一定的局限性，如无法可靠地预测供应商产品的质量性能。故在实际应用中，必须结合其他方法进行综合评定。

如果经调查认可了供应商的产品质量，且进货检验数据表明质量水平是可接受的，则该供应商可被确定为“合格的供应商”。而一家合格的供应商就是一个已经被批准的、具有无限数量产品的供应源。这种认证可以导致减少或取消对供方产品的进货检验。此外，还可对各种产品质量用评分法进行定量化评定。

三、制订并执行联合质量计划，建立良好供需关系

现代商品不能仅靠进货检验来决定取舍，更重要的是需要供需双方相互信赖、共同合作，建立良好的关系，以实现商品的使用价值。具体操作中，买卖双方最终应签订合同，制订详细的联合质量计划。联合质量计划内容主要包括经济、技术和管理三方面。

联合经济计划中，重点应着眼于商品的使用价值，并确定最合理的购货总价格。供需双方对与质量有关的一系列成本，如货物检验、材料审查、生产误期、额外存货等成本，看法应一致。作为买方，可将上述成本加到购买价格中，但应尽力压缩；作为卖方，也应力求降低有关成本。

联合技术计划中，基本内容应包括以下六项。

(1) 确定技术规格中性能要求的含义。

(2) 用数量表示可靠性和可维修性的各项要求，并规定供方必须承担的各项可靠性和可维修性工作。

(3) 对缺陷的严重性进行分级，便于查清原因，采取具体措施。

(4) 对有些商品质量项目必须制定具体的官能检验标准，对于复杂的或质量随时间变化波动较大的产品，其数字可靠性要求应在文件中予以明确规定。

(5) 买卖双方采用的检验方法及试验条件应标准化，对抽样方案及与评价商品质量相关的活动均应制定标准，共同遵守。

(6) 建立商品批号的识别和跟踪系统，以及对缺陷报警信号作出及时反应的系统。在收到缺陷报警信号后，应明确规定必须作出答复的期限要求。

联合管理计划是实现经济和技术目标的重要工具。联合活动涉及买卖双方许多相关部门，应明确职责范围。供应商提供的证明文件是买主进货的重要凭证，故在一些细节上双方应协调一致，如表格设计、缺陷的代号、严重性分级、数据处理系统及反馈、质量认证与审核等，应设

置多重交流渠道以满足实行多种形式联合计划的需要。买卖双方应定期或随时举行相关会议，做出必要的权衡取舍。

四、做好服务工作，提高服务质量

工商企业的服务工作分为售前服务与售后服务两种。

1. 售前服务

售前服务是向用户提供技术性帮助，如指导用户如何正确使用、如何组织技术培训等。许多用户都缺乏判断现代产品的工艺特点及质量性能的必需的设备，他们无法解释用技术术语写成的规格和标准，或根据技术规格检验产品。制造商在产品标记或所附文件中，应提供有关产品的使用说明和注意事项等详细资料；在有些产品目录和小册子中应对各种型号产品的特征作十分详尽的说明，并提供正确使用的方法。

2. 售后服务

售后服务的内容主要包括：处理用户申诉、供应所需备件、及时排除故障，对一些技术要求复杂的产品，应派专业人员去现场进行设备安装、调试，并能及时排除运转中发生的故障，教会用户如何维护、保养等。

随着产品的日趋复杂，服务工作必须及时配套。尤其是在商业企业中，有关部门尤其应重视复杂商品的售前技术培训，在产品销售、安装、运行和修理等方面接受制造商的技术帮助和指导，以便能正确指导消费。实践说明，对某些消费品，来自顾客对维修服务的申诉往往超过对所交付的最初产品质量的申诉，这些申诉既包括对缺陷的申诉，也包括对修复时间的申诉。从某种程度上来说，商店可看成是制造部门的一个附加部分，商业企业有关人员必须得到技术上的援助，从根本上提高服务质量。

五、选择最佳质量成本

20世纪60年代前后，由于复杂产品数量增加，对精度、可靠性的要求更高，增加了产品的质量成本，加之耐用品大幅度增加，结果使现场故障增多、维修量上升、零部件配备件的需求增多，造成成本上升。所以欧美一些国家的企业相继提出了质量成本的概念。

质量成本建立一般经历三个阶段。

1. 第一阶段

企业的质量管理部门搜集数据资料，以估算为主，查账为辅，说明降低成本的潜力，以便引起经理的重视。资料搜集内容包括但不限于：现有会计账目中有关的部分，现有单据中有关质量成本部分，临时记录的相关部分等。企业管理者以上述资料为基础作出决策。

2. 第二阶段

企业管理者想知道具体的经济效果（当降低质量成本初见成效时），有关部门就必须设立必要的成本项目和会计科目，以便能够精确地掌握有关费用的支出情况，这样才能定期提出报告并作出总结。如质量成本超过了企业的利润时，必须找出原因，并采取相应措施。

3. 第三阶段

确立目标成本。为稳定地保住已获得的利润，必须系统地设立正式的会计账目和统计核算表，算出实际成本和目标值的比值，以有效地控制质量成本。

质量成本可细分为预防成本、鉴别成本、故障成本。实践证明，在临近尽善尽美区域，鉴别成本和预防成本之和从零增到无限大；故障成本则相反，从无限大降低到零。这时质量总成本必然有一个介于两者之间的最佳值，采购人员要做的就是使采购成本无限接近这个最佳值。

采购管理一点通

随着现代化复杂产品的出现，进货商已经认识到他们并不具备必要的检验技术或检验新型产品的设施，故而更加依赖供应商的质量系统，这就需要买卖双方加强合作。买主重点应放在商品是否适合使用上，不必过分追究其微小偏差，与此同时，卖方必须理解买主关于坚持对所提供文件的可靠度要求。

采购产品质量的检验

质量检验是指借助于某种手段或方法来测定产品的一个或多个质量特性，然后把测得的结果同规定的产品质量标准进行比较，从而对产品作出合格或不合格判断的活动。换句话说，它是通过观察和判断，适当地结合测量、试验所进行的符合性评价。

质量检验的基本类型有进货检验、工序检验和完工检验。

进货检验是指企业购进的原材料、外购配套件和外协件入厂时的检验。为了确保外购物料的质量，入厂时的验收检验应配备专门的质检人员，按照规定的检验内容、检验方法及检验数量进行严格认真的检验。凡是原材料、外购件、外协件进厂时必须有合格证或其他合法证明书，否则不予验收。

工序检验是指为防止不合格品流入下道工序，而对各道工序加工的产品及影响产品质量的主要工序要素所进行的检验。其作用是根据检测结果对产品作出判定，即产品质量是否符合规格标准的要求；根据检测结果对工序作出判定，即工序要素是否处于正常的稳定状态，从而决定该工序是否能继续进行生产。工序检验通常有三种形式：首件检验、巡回检验、末件检验。

完工检验又称最终检验，是指在某一加工或装配车间全部工序结束后，对其生产的半成品或成品的检验。

以下着重介绍进货检验，也就是某种意义上的采购产品质量的检验。

一、进货检验的形式

进货检验包括首件（批）样品检验和成批进货检验两种。

1. 首件（批）样品检验

首件（批）样品检验的目的，主要是为对供应单位所提供的产品质量水平进行评价，并建立具体的衡量标准。所以首件（批）检验的样品必须对今后的产品有代表性，以便作为以后进货的比较基准。

通常在以下几种情况下应对供货单位进行首件（批）检验：首次交货；设计或产品结构有重大变化；工艺方法有重大变化，如采用了新工艺或特殊工艺方法，又如停产很长时间后重新恢复生产。

2. 成批进货检验

成批进货检验，可按不同情况分为A、B、C三类。A类是关键的，必检；B类是重要的，可以全检或抽检；C类是一般的，可以抽检或免检。这样，既可保证质量，又可减少检验工作量。

成批进货检验既可在供货单位进行，也可在购货单位进行。但为保证检验的工作质量，防止漏检和错检，一般应制定《入库检验指导书》或《入库检验细则》，其形式和内容可根据具体情况设计或规定。进货物料经检验合格后，检验人员应做好检验记录并在入库单上签字或盖章，及时通知库房收货，做好保管工作。对于原材料、辅材料的入厂检验，往往要进行理化检验，如分析化学成分、试验机械性能等，验收时要着重检查材质、规格、炉批号等是否符合规定。

二、进货检验的要点

不同类型的产品和服务有各自不同的进货检验要点。

1. 产品简单，进货检验不一定简单

小型组织生产的产品，通常生产链条短，采购的产品比较少，进货也比较明确。但是往往单一的进货质量，却恰恰是决定产品质量的关键，因此必须严格把关，甚至将进货检验延伸到生产过程。

有些简单的产品，其进货检验反而比较复杂，甚至延伸到生产过程。例如生产绿化喷枪产品，采购产品主要是铝管，进货时要检查外观、尺寸、重量、化学成分和机械性能报告。而且必须经过组装后的水压试验，确保其满足了压力和时间要求之后，才算最后完成了进货检验。

2. 销售组织的产品质量就是进货检验的质量

销售组织的特点是买来就卖，不存在加工制造，这一点在服务业中看得比较清楚。

机械、家电等部件和产成品的销售也是如此。进货检验的质量就是销售产品的质量，进货检验时应对它的产品实行全部检验，因为它是保证销售质量的关键。

3. 相对复杂的产成品，应保存完整的进货检验证据

相对复杂的产品，生产链条较长，进货也相对复杂。尤其对于关键的采购产品，一定要有原始的合格证据做进货检验记录的支持。例如电机、控制元件、阀门和泵机的进货检验记录一定要附有供方提供的合格证件和检测记录，板材、型材、焊材的进货检验记录也要附有材质合格证明书，铸件和焊接件的检验记录要附有化学成分、机械性能和探伤报告等合格证据。这样做不仅可以保证采购产品的质量，而且在必要时，还可以提供给顾客或检验机构等第三方进行追索，做到有据可查。发生质量事故时，也便于找出原因，有针对性地采取纠正措施。

4. 复杂产品的进货检验品种多、数量大，必要时要派出外检人员

诸如船舶、汽车和柴油机等复杂的大型机电产品，其采购的数量按照成本计算，可达到60%~80%，船舶总装厂的采购量甚至接近90%，保证产品质量的关键就落在进货检验的节点上，因此应当安排专业技术人员负责进行进货检验。

进货检验除了必须保证按照规定，进行入厂产品的抽检和复验以外，还要抓好在供方现场进行的检验。当组织或其顾客拟在供方的现场实施验证时，组织应在采购信息中对拟验证的安排和产品放行的方法作出规定。

例如船厂和船东对订购的船用柴油机，通常要规定出检验规范和报

验项目，还要审定和签署最终检验的台架试验大纲，并到供方亲临现场参加台架试验，全部检验合格后，当场在台架实验报告上签字确认。

5. 服务行业要善于识别和作好进货检验

进货检验对服务行业不是很规范和典型，实施起来有识别的难度，其实正如服务行业必须实施质量检验一样，进货检验也是不可缺少的，这里有一个识别的过程。

建立和运转质量体系，对识别出来的进货检验要有规定、有实施、有记录和有改进。

要作出规定，明确进货检验的要求，首先要确定采购产品的范围，然后制定出检验规定。例如要检查采购的包装材料，要验数量、查规格、称重量、检查完整性和牢固度。必要时还可以做破坏性试验，发现问题后应及时采取纠正措施，直到满足要求为止。同时，注意保存完整的进货检验记录，只有这样，发现问题才可以追溯，才能降低运输过程中的破损率，保证质量目标中交付完好率的实现。

总之，针对产品形成和服务提供的特点，认真作好进货检验，是保证产品实物质量和提高服务过程质量的起点和关键。抓好这个源头，既可以保证后续过程和最终的产品和服务质量，还能保证生产和服务的进度，减少成本、时间和诸多的质量损失，为确保质量体系的良好运行打下坚实的基础。

采购管理一点通

采购和质量检验人员在获取产品质量特性的数据之后，必须与规定的要求进行比较，确定产品的合格性，并作出检验结论。对单个产品，一般划分为合格品和不合格品，或划分为若干等级。对批次产品，必须将样本的检验结果，依据抽样方案中的判断规则进行比较，并判断检查是否合格，最后报请上级部门决定是否采用。

不合格品的管理

所谓不合格品，是指企业生产的产品中不符合质量标准的产品，它包括废品、返修品和超差利用品三类产品。加强不合格品管理，一方面能降低生产成本，提高企业的经济效益；另一方面，对保证产品质量、生产用户满意的产品、实现较好的社会效益也起着重要作用。因此，企业不合格品管理不仅是产品质量保证体系的一个重要组成部分，而且也是现场生产管理的一项重要内容。

不合格品管理是采购产品质量管理工作中一个十分重要的问题。

不合格品和废品是完全不同的两个概念，为了区分，人们常把不合格品管理称为不良品管理。不合格品管理的目的当然是为了对不合格品做出及时的处置，如返工、返修、降级或报废，但更重要的是为了及时了解制造过程中产生不合格品的系统因素，对症下药，使制造过程恢复受控状态。因此，不合格品管理工作要做到三个“不放过”：即没找到责任和原因“不放过”；没找到防患措施“不放过”；当事人没受到教育“不放过”。

在不合格品管理中，需要做好以下几项工作。

一、“不放过”的原则

一旦出现不合格品，则应：

(1) 不查清不合格的原因不放过。因为不查清原因，就无法进行预防和纠正，不能防止不合格品再现或重复发生。

(2) 不查清责任者不放过。这样做，不只是为了惩罚，而主要是为了预防，提醒责任者提高全面素质，改善工作方法和态度，以保证产品质量。

(3) 不落实改进的措施不放过。不管是查清不合格的原因，还是查清责任者，其目的都是为了落实改进的措施。

“不放过”原则，是质量检验工作中的重要指导思想，坚持这种指导思想，才能真正发挥检验工作的把关和预防职能。

二、两种“判别”职能

检验管理工作中有两种“判别”职能。

1. 符合性判别

符合性判别是指判别生产出来的产品是否符合技术标准，即是否合格，这种判别的职能是由检验员或检验部门来承担的。

2. 适用性判别

符合性和适用性有密切联系，但不能等同。符合性是相对于质量技术标准来说的，具有比较的性质；而适用性是对适合用户要求而言的，一般来说两者是统一的，但也不全然如此。

人们可能有过这样的经验，一个完全合格的产品，用起来不一定好用，甚至完全不适用。反之，有的产品检验指标虽不完全合格，但用起来却能使人满意。可能是由于用户的需求不同，也可能是技术标准的制定本身就不合理，或者存在过剩质量。所以不合格品不一定等同于废品，它可以判为返修后再用或者直接回用，这类判别称为适用性判别。

由于这类判别是一件技术性很强的工作，涉及到多方面的知识和要求，因此检验部门难以胜任，而应由不合格品审理委员会来审理决定。这类审理委员会应由设计、工艺、质量、检验、计划、销售和用户代表共同组成，重要产品应有严格的审查程序和制度。

三、分类处理

对于不合格品应采用以下四种处理方法。

(1) 报废。对于不能使用如影响人身财产安全，或可能导致经济上产生严重损失的不合格品，应予以报废处理。

(2) 返工。返工是一个程序，它可以完全消除不合格，并使质量特性完全符合要求，通常作返工决定是相当简单的，检验人员就可以决定，而不必提交不合格品审理委员会审查。

(3) 返修。返修与返工的区别在于返修不能完全消除不合格品，而只能减轻不合格品的程度，使不合格品达到因基本满足使用要求而被接收的目的。

(4) 原样使用，原样使用也称为直接回用，就是不加返工和返修，直接交给用户。这种情况必须有严格的申请和审批制度，特别是要把情况告诉用户，得到用户的认可。

四、不合格品的现场管理

不合格品的现场管理主要应做好以下两项工作。

1. 不合格品的标记

凡经检验为不合格品的产品、半成品或零部件，应当根据不合格品的类别，分别涂以不同的颜色或做出特殊的标志。例如，有的企业采用在废品的致废部位涂上红漆，在返修品上涂以黄漆，在回用品上打上“回用”的印章等办法，以示区别。

2. 不合格品的隔离

对各种不合格品在涂上（或打上）标记后应立即分区进行隔离存放，避免在生产中发生混乱。废品在填写废品单后，应及时放于废品箱或废品库，严加保管和监视，任何人不准乱拿和错用。一旦发现动用废品，以假充真，检验人员有权制止、追查或上报。隔离区的废品应及时清除和处理，或在检验人员参与下及时送入废品库，由专人负责保管，定期处理销毁。

总之，对不合格品要严加管理和控制，关键在于：对已完工的产品，严格检查，严格把关，防止漏检和错检；对查出的不合格品，严加管理，及时处理，以防乱用和错用。对出现不合格品的原因，应及时分析和查清，防止再次发生。

采购管理一点通

检验指导书是产品检验规程在某些重要检验环节上的具体化，是产品检验计划的构成部分。编制检验指导书的目的在于为重要的检验作业活动提供具体的指导。通常对于工序质量控制点质量特性的检验作业活动，以及关于新产品特有的、过去没有类似先例的检验作业活动都必须编制检验指导书。

第八章

采购谈判和合同管理

有效的采购谈判，可以争取降低采购成本和采购风险、及时满足企业物资需要、保证物资质量、获取优惠服务、降低库存水平、提高采购的效益，这对企业是非常有利的。采购合同是具有权利义务内容的经济合同，具有明确的法律约束力。做好采购合同管理工作，无异于使企业具备了一把保障自身正常生产经营的保护伞。

采购谈判概述

采购谈判是指企业作为买方，为采购商品与卖方厂商对购销业务有关事项，如商品的品种、规格、技术标准、质量保证、订购数量、包装要求、售后服务、价格、交货日期与地点、运输方式、付款条件等进行反复磋商，谋求达成协议，建立双方都满意的购销关系。

一、采购谈判的类型

从形式角度划分，采购谈判可分为横向式谈判和纵向式谈判。横向式谈判是综合的全面铺开的一种谈法，纵向式谈判是一个问题接一个问题地谈。

从立场角度划分，采购谈判分为硬式谈判、软式谈判和价值式谈判。硬式谈判也称立场式谈判，是指在谈判中始终坚持自己的立场，并将这种立场置于利益之上；软式谈判也称让步式谈判，是指强调建立一种协作关系，表现为适当地让步和妥协；价值式谈判注意人际关系，以尊重对手为出发点，主张利益的获得是彼此从对方的满足中体现出来的。

从目的角度划分，采购谈判分为赢—赢谈判、赢—输谈判和输—输谈判。

二、采购谈判的原则

在采购谈判中，应谨记以下六条原则。

1. 公平与合作性原则

供应方和采购方是两个既对立又必须相互合作的经济独立体。双方要想发生交易，必须本着合作的原则进行谈判。双方平等互利，协商所需，但非利益均分。

2. 诚信原则

谈判人员要重视作为谈判对方的每一个客户，要采取一切措施，使谈判对方对谈判保持极大的兴趣。通过给予对方心理上更多的满足来增强谈判的吸引力。例如，在谈判中注意表现出个人的独特气质，给对方树立诚实、可信、富于合作精神的形象，使对方产生可信赖、可交往的感觉，缩短对方心理上的距离。或在谈判中注意留有余地，让对方感到通过洽谈可以获得一定的成功，使其保持良好的心绪和信心，从而使对方不轻易中断和己方的谈判。

3. 充分准备的原则

在进行正式谈判前，应在条件许可的情况下，事先掌握谈判对方的企业现状，如企业的信誉、优势和劣势等。弄清本次谈判的利益何在、问题是什么、谁是对方的决策人物等有关资料。只有充分了解对方，才能有针对性地制定谈判策略，击中对方的要害，使己方处于优势。

4. 求同存异原则

要与对方所希望的目标保持接触，适当地妥协以寻求双方整体的利益。在采购谈判中，应与对方所希望的目标保持恰当的接触，如果发现己方的要求和对方的要求之间差距较大，则应及时发出信号。例如，通过与旁人进行闲谈，或通过中间人的联系，把己方的意图告诉对方，以避免加大不必要的谈判成本。

5. 多听、多问、少说的原则

在谈判中应多听、多问、少说。谈判不是演讲，演讲的目的是要把自己的主张和想法告之于听众，而谈判的目的是通过语言交流实现自己的谈判目标，分得更多的“蛋糕”份额。这就要求谈判人员尽可能多地了解和获悉对方的意图。倾听是发现对方需要的重要手段，恰当地提问是引导谈判方向、驾驭谈判进程的工具，所以谈判能手往往是提问的专家。而说得过多则会产生不应有的失误，所谓“言多必失”，极易使自己陷于被动。

6. 分级实现目标的原则

谈判时不宜使自己表现出在谈判结果上毫无退让之势。一般来讲，谈判目标可分为三级，即最低目标、可接受目标和最高目标。最高目标是应努力争取的，最低目标是退让妥协的底线，可接受目标是可谈判的目标。

三、采购谈判的特点

采购谈判属于商务谈判的范畴，它具有商务谈判的基本特点，但同时也具有自己的特殊性。

采购谈判的目的是采购方为了最终获取本单位或部门所需物资，保障本单位或部门及时、持续的外部供应。采购谈判讲求经济效益。在谈判中，买卖双方争议最激烈的问题往往是商品的价格问题。对采购方来讲，当然是希望以最低的价格或者最经济的方式获得所需商品。

采购谈判是一个买卖双方通过不断调整各自的需要和利益而相互接触，最终争取在某些方面达成共识的过程。采购谈判蕴含了买卖双方合作与冲突的对立统一关系。双方都希望最终能够达成协议，这是合作的一面；但各方同时又希望通过协议能够获得尽可能多的利益，这是冲突的一面。正是由于买卖双方的这种对立统一关系，才体现出了采购谈判的重要性以及在谈判中采用适当策略和技巧的必要性。

在采购谈判中，最终达成的协议所体现的利益主要取决于买卖双方的实力和当时的客观形势。另外，谈判结果还在一定程度上受主观条件的制约，如谈判人员的素质、能力、经验和心理状态以及在谈判中双方所运用的谈判策略与技巧。

采购谈判既是一门科学，又是一门艺术。掌握谈判的基本知识和一些常用策略技巧能使谈判者有效地驾驭谈判的全过程，为己方赢得最大的利益。

四、采购谈判的作用

采购谈判在采购活动中的作用如下。

1. 可以争取降低采购成本

企业通过采购谈判，可以以比较低的价格获取供应商的产品，降低购买费用，也可以以比较低的进货费用获取供应商的送货，降低采购进货的费用，并最终降低采购成本。

2. 可以争取保证产品质量

在进行采购谈判时，产品质量肯定是一个重要的内容，通过谈判可以让供应商对产品提供质量保证，使企业能够获得质量可靠的产品。

3. 可争取对己方有利的送货条件

通过采购谈判，可以促使供应商保证交货期、按时送货，及时满足企业物资需要，并且可以降低企业的库存量，提高自身的经济效益。

4. 可以争取获得比较优惠的服务项目

伴随着产品购买有一系列的服务内容，如准时交货、提供送货服务、提供技术咨询服务、售后安装调试、使用指导、运行维护以及售后保障等。这些服务项目，供应商都需要花费成本，所以供应商希望服务项目越少越好，而企业希望越多越好，这就需要谈判。

5. 可以争取降低采购风险

采购进货过程风险大，途中可能发生事故，造成货损、货差甚至人身、车辆、货物的重大损失。只有通过谈判，才可以让供应商分担更多的风险、承担更多的风险损失。这样企业就可以减少甚至避免采购风险，减少或者消除风险损失。

6. 可以妥善处理纠纷

采购过程中极易发生各种纠纷，通过谈判可以妥善处理纠纷，维护双方的效益、维护双方的正常关系，为以后的继续合作创造条件。

总之，通过谈判，可以争取降低采购成本和采购风险、及时满足企业物资需要、保证物资质量、获取优惠服务、降低库存水平、提高采购的效益。如果能够谈判成功，对企业是非常有利的。

采购管理一点通

商品的品质、价格、数量和包装条件是谈判双方磋商的主要交易条件。只有明确了商品的品质条件，谈判双方才有谈判的基础。在规定商品品质时，可以用规格、等级、标准、产地、型号、商标、产品说明书和图样等方式来表达，也可以用一方向另一方提供商品实样的方式表明己方对交易商品的品质要求。

采购谈判的准备工作

众所周知，一场商务谈判能否取得圆满的结果，不仅取决于谈判桌上有关策略、战术和技巧的运用，还取决于谈判之前的准备工作是否充分、细致。

采购谈判也是如此，要想采购谈判获得成功，一定要提前作好充分的准备工作。

一、采购谈判资料的收集

通过对谈判有关资料信息的收集、整理、分析和研究，谈判人员就会有较为充分的心理和思想准备、明确谈判的主客观环境，预测在谈判中可能会出现的问题。

1. 采购需求分析

采购需求分析是指要在采购谈判之前须弄清楚企业需求什么、需求多少、需求时间，最好能够列出企业物料需求分析清单。

2. 资源市场调查

在作出采购需求分析之后，就要对资源市场进行一番调查分析，获得市场上有关物资的供给、需求等信息资料，为采购谈判的下一步决策提供依据。

3. 对方情报收集

(1) 资信情况。企业应对供应商的资信情况进行调查，调查对方是否具有签订合同的合法资格，以及对方的资本、信用和履约能力。在对对方的合法资格进行调查时，企业可以要求对方提供有关的证明文件，如成立地注册证明、法人资格等，也可以通过其他的途径进行了解和验证。

对对方的资产、信用和履约能力进行调查时，资料的来源可以是公共会计组织对该企业的年度审计报告，也可以是银行、资信咨询机构出具的证明文件或其他渠道提供的资料。

(2) 对方的谈判作风和特点。谈判作风是指谈判人员在多次谈判中表现出来的一贯风格。了解谈判对方的谈判作风，可为预测谈判的发展趋势和对方可能采取的策略，以及如何制定己方的谈判策略提供重要的依据。

此外，还可以收集供应商要求的货款支付方式及谈判最后期限等方面的资料。

4. 资料的整理与分析

在通过各种渠道收集到以上有关信息资料以后，还必须对它们进行整理和分析，这主要包括两个方面的工作。

(1) 鉴别资料的真实性和可靠性，即去伪存真，这是一个整理的过程。在实际工作中，由于各种各样的原因和限制因素，在收集到的资料中往往存在着某些资料比较片面、不完全，有的甚至是虚假的、伪造的，因而必须对这些初步收集到的资料作进一步的整理和甄别。

(2) 鉴别资料的相关性和有用性，即去粗取精，这是一个分析的过程。在资料具备真实性和可靠性的基础上，结合谈判项目的具体内容与实际情况，分析各种因素与该谈判项目的关系，并根据它对谈判的相关性、重要性和影响程度进行比较分析，并依此制订出具体切实可行的谈判方案与对策。

二、采购谈判方案的制订

谈判方案是指在谈判开始前对谈判目标、谈判议程、谈判对策等预先所作的安排，谈判方案是指导谈判人员行动的纲领，在整个谈判过程中起着重要的作用。

1. 采购谈判目标的选择

谈判目标指参加谈判的目的。一般可以把谈判目标分为三个层次：必须达到的目标、中等目标和最高目标。

对于采购谈判来讲，采购方首先是为了获得原材料、零部件或产品，所以谈判应以能满足本企业对原材料零部件或产品的需求数量、质量和规格等作为谈判追求的目标，即谈判必须达到的目标。其次采购谈判还要追求较理想的价格水平、经济效益水平，这可以作为中等目标。最后采购谈判还要考虑供应商的售后服务情况，使优惠尽量最大化，如供应商的送货、安装、质量保证、技术服务情况等信息，这是采购谈判追求的最高目标。

2. 采购谈判议程的安排

谈判议程及谈判的议事日程是要说明谈判时间的安排和双方针对哪些内容进行磋商。

(1) 采购谈判主题的确定。要进行一次谈判，首先就要确定谈判的主题，不能漫无边际地进行谈判。一般来讲，凡是与本次谈判相关的、需要双方展开讨论的问题都可以作为谈判的议题。可以把它们一一罗列出来，然后根据实际情况，确定应重点解决哪些问题。

对于采购谈判来讲，最重要的就是针对采购产品的质量、数量、价格水平、运输方式等方面进行谈判，所以应把这些问题作为谈判议题重点加以讨论。

(2) 采购谈判时间的安排。采购谈判时间的安排是要确定谈判在何时举行，为期多久。若是一系列的谈判需要分阶段进行的话，还应对各个阶段的谈判时间作出安排。

(3) 谈判备选方案的制订。通常情况下，在谈判过程中难免会出现意外的事情，令谈判人员始料不及，影响谈判的进程。为了预防这种情况的发生，在接到一个谈判任务时，谈判人员应对整个谈判过程中双方可能做出的一切行动作出正确的预期，并依此设计出几个可行的备选方案。

三、采购谈判队伍的组建

采购谈判能否取得预期的效果，取决于谈判人员能否审时度势，正确合理地运用谈判策略。采购谈判队伍的组建是指在对谈判对手情况以及谈判环境诸因素进行充分分析研究的基础上，根据谈判的内容和难易程度选择谈判人员，组织高效、精干的谈判队伍。

1. 谈判队伍组建的原则

为了保证谈判达到预期的目标，提高谈判的成功率，应根据以下两项原则来选择不同的人员组成队伍。

(1) 根据谈判的内容、重要性和难易程度组织谈判队伍。

(2) 根据谈判对方的具体情况组织谈判队伍。

2. 谈判人员的素质要求

在组织谈判队伍时，关键的一步就是谈判人员的选择。在实际工作中，可以依据以下对谈判人员素质的要求择优选取，从而确定具体的谈判人员。

(1) 在政治素质方面，谈判人员必须遵纪守法，廉洁奉公，努力维护企业的利益。这一点是谈判人员必须具备的首要条件。

(2) 在业务素质方面，谈判人员要具有良好的专业基础知识和合理的知识结构。谈判人员应对谈判所涉及的有关专业知识比较熟悉，还必须受过特定的谈判技巧的训练，或有谈判的实践经验等。

3. 谈判人员的选择与配备

在通常情况下，参加采购谈判的人数往往超过一人，多数是一个谈判小组。因为对于复杂的、较为重要的谈判来讲，形成谈判小组首先可以满足谈判中多学科、多专业的知识需求，取得知识结构上的互补与综合优势；其次，可以群策群力，集思广益，形成集体的进取与抵抗的力量。

4. 谈判成员的分工与合作

在确定了具体谈判人员并组成谈判小组之后，就要对其内部成员进行分工，确定主谈与辅谈。主谈是指在谈判的某一阶段，或者对某一方面或几个方面的议题，以其为主进行发言，阐述己方的观点和立场。除主谈以外的小组其他成员及处于辅助配合地位的人员，合称为辅谈。

但是，主谈与辅谈人员、辅谈与辅谈人员在谈判过程中并不是各行其是的，而是在主谈人员的指挥下，互相密切配合。总之，既要根据谈判的内容和个人的专长进行适当的分工，明确个人的职责，又要在谈判中按照既定的方案伺机而动，彼此呼应，形成目标一致的有机谈判统一体。

采购管理一点通

为了提高谈判工作的效率，使谈判方案、计划等各项准备工作更加周密，更具针对性，在谈判准备工作基本完成以后，谈判小组应对此项工作进行检查。在实践中，行之有效的方法就是进行模拟谈判。谈判双方可以由己方谈判人员与己方非谈判人员组成，也可以将己方谈判小组内部成员分为两方进行。

采购谈判的技巧和策略

说到谈判，很多人都感到头疼。毕竟涉及各自企业组织的实际经济利益，谁都不愿意吃亏。那么，怎样才能在采购谈判中最大程度地维护自己的利益，或者说怎样才能实现买卖双方的双赢呢？这就需要注意很多谈判技巧和策略。

一、采购谈判的技巧

1. 谈判前要有充分的准备

知己知彼，百战百胜，成功的谈判最重要的步骤就是要先有充分的准备。

2. 谈判时要避免谈判破裂

有经验的采购人员不会让谈判完全破裂，否则根本不必谈判，他总会给对方留一点退路，以待下次谈判达成协议。没有达成协议，总比勉强达成协议好。

3. 只与有权决定的人谈判

公司采购人员接触的对象可能有业务代表、业务各级主管、经理、协理、副总经理、总经理或董事长，看供货商的规模大小而定。这些人的权限都不一样，所以采购人员应避免与没权决定事务的人谈判，以免浪费自己的时间，同时可避免事先将本公司的立场透露给对方。谈判之前，最好问清楚对方的权限。

4. 尽量在本公司办公室内谈判

在自己的公司内谈判除了有心理上的优势外，还可随时得到其他同事、部门或主管的必要支持，同时还可节省时间与旅行的开支。

5. 放长线钓大鱼

有经验的采购人员知道对手的需要，故尽量在小处着手满足对方，然后渐渐引导对方满足自己的需要。避免先让对手知道自己的需要，否则对手会利用此点，要求采购人员先作出让步。

6. 采取主动，但避免让对方了解本公司的立场

攻击是最佳的防御，采购人员应尽量将自己预先准备的问题，以开放式的问话方式，让对方尽量暴露出其自身立场。然后再采取主动，乘胜追击，给对方足够的压力。对方若难以招架，自然会作出让步。

7. 必要时转移话题

若买卖双方对某一细节争论不休，无法谈拢，有经验的采购人员会转移话题，或要求暂停，以缓和紧张气氛。

8. 尽量以肯定的语气与对方谈话

否定的语气容易激怒对方，让对方没有面子，使谈判难以进行。故采购人员应尽量肯定对方，称赞对方，并给对方面子，这样对方也会愿意给予相应的让步。

9. 尽量成为一个好的倾听者

一般而言，业务人员总是认为自己能言会道，因而比较喜欢讲话。采购人员应利用这一点，尽量让对方发言，从他们的言谈及肢体语言之中，采购人员可听出他们的优势与缺点，也可了解他们的谈判立场。

10. 尽量为对手着想

全世界只有极少数的人认为谈判时应赶尽杀绝，丝毫不能让步。事实证明，大部分采购谈判只有在彼此和谐的气氛下进行才可能成功。人都是爱面子的，任何人都不愿意在威胁的气氛下谈判，何况公司与良好的供货商应有细水长流的合作关系，而不是剑拔弩张的对抗关系。

11. 以退为进

有些事情可能超出采购人员的权限或知识范围，采购人员不应操之过急，装出自己有权或了解某事，作出不应作的决定。此时不妨以退为进，与主管或同事研究或弄清事实后，再答复或决定也不迟。毕竟没有人是万事通，草率仓促的决定大部分都不是好的决定。智者总是先深思熟虑，再作决定。

12. 不要误认为 50/50 最好

有些采购人员认为谈判的结果 50/50 最好，彼此不伤和气，这是错误的想法。事实上，有经验的采购人员总会设法为自己的公司争取最好的条件，然后让对方也得到一点好处，使他们能对他们的公司有所交代。因此有了这样的心态，若谈判的结果是 60/40、70/30，或甚至是 80/20，也就不会“于心不忍”了。

二、采购谈判的策略

1. 质量策略

质量的传统解释是“好”，或“优良”，对公司采购人员而言，质量的定义应是：“符合买卖双方所约定的要求或规格就是好的质量。”故采购人员应设法了解供货商对本身商品质量的认知或了解的程度。

采购人员在谈判时应首先与供货商对商品的质量达成互相同意的质量标准，以避免日后发生纠纷或法律诉讼。对于瑕疵品或仓储运输过程中损坏的商品，采购人员在谈判时应要求退货或退款。

2. 包装策略

包装可分内包装和外包装两种。内包装是用来保护、陈列或说明商品之用，而外包装则仅用于仓储及运输过程的保护。对于采用自选式量贩营业方式的公司来说，包装通常扮演着非常重要的角色。

外包装若不够坚固，仓储运输的损坏太大，会导致作业效率降低并影响利润。外包装若太坚固，则供货商成本变高，采购价格势必偏高，导致商品的价格缺乏竞争力。

设计良好的内包装往往能提高客户的购买意愿，加速商品的回转。国内生产的产品在这方面比较差，采购人员应说服供货商在这方面加以改善，以促进彼此的销售。

基于以上理由，采购人员在谈判包装的项目时，应协调对彼此双方都最有利的包装，不应草率订货。

3. 价格策略

除了质量与包装之外，价格是所有谈判事项中最重要的项目。公司在客户心目中的形象应是高质量低价格，若采购人员对任何其所拟采购的商品，以进价加上本公司合理的毛利后，若自己判断该价格无法吸引客户的购买时，就不应向该供货商采购。

在谈判之前，采购人员应事先调查市场价格，不可凭供货商片面之词，误入圈套。如果没有相同商品的市价可查，应参考类似商品的市价。

4. 订购量策略

在本公司分店数仍少的时候，订购量往往很难令供货商满意，所以在谈判时，应尽量笼统，不必透露明确的订购数量。如果因此而导致谈判陷入僵局时，应转到其他项目谈。在没有把握决定订购数量时，采购人员不应采购供货商希望的数量。否则一旦存货滞销时，必须降价出清库存，因而影响利润的获取，以及造成资金的积压及空间的浪费。

5. 折扣让利策略

折扣通常有新产品引进折扣、数量折扣、付款折扣、促销折扣、无退货折扣、季节性折扣、经销折扣等数种。有些供货商可能会由全无折扣作为谈判的起点，有经验的采购人员会引述各种形态的折扣，要求供货商让步。

采购人员应向供货商说明本公司的顾客都是零售商及专业客户，换句话说专业客户都是很会精打细算的，若供货商的折扣数无法大到让本公司的商品售价能吸引他们上门，就算自己向供货商订货，这一关系也不可能会持久，这种交易反而不利于本公司的价格形象，故对方最好提供有足够吸引力的折扣。

6. 付款条件策略

付款条件与采购价格息息相关，在国内一般供货商的付款条件是月结，采购人员应计算对本公司最有利的付款条件。对于惯于外销的供货商，一般情况下付款期限比较短，有的甚至要求现金，但这全凭采购人员的经验与说服力。

7. 交货期策略

一般而言，交货期愈短愈好。因为交货期缩短意味着订货频率的增加和订购数量的减少，故存货的压力也会大为降低，仓储空间的需求也相对减少。所以，对于有长期承诺的订购数量，采购人员应要求供货商分批送货，减少库存的压力。

8. 售后服务策略

对于需要售后服务的商品，例如家电产品、计算机、手表、照相机等，采购人员最好在谈判时要求供货商在商品包装内提供该项商品售后服务维修的单位名单（包括电话与地址）和保证单，以使客户日后发现他所购买的商品需要维修时，能直接与附近商店联络，免得本公司卖场人员疲于应付维修问题。

总之，采购谈判本身是很复杂的，因为谈判对象、供货商规模、谈判项目都不同，但采购人员只要灵活运用各种技巧与策略，在谈判中就有可能取得较为理想的谈判结果。经验、机智与毅力都是采购人员在谈判中所必需的。

采购管理一点通

采购谈判过程中，要注意谈判的十二戒：准备不周，缺乏警觉，脾气暴躁，自鸣得意，过分谦虚，不留情面，轻诺寡信，过分沉默，无精打采，仓促草率，过分紧张，贪得无厌。

采购合同概述

在介绍采购合同前，先来看看什么是合同。

根据《中华人民共和国民法通则》第八十五条：合同是当事人之间设立、变更、终止民事关系的协议。依法成立的合同，受法律保护。《中华人民共和国合同法》第二条：合同是平等主体的自然人、法人、其他组织之间设立、变更、终止民事权利义务关系的协议。婚姻、收养、监护等有关身份关系的协议，适用其他法律的规定。

合同具有如下几个鲜明的特点。

(1) 订立合同的双方当事人法律地位平等。这是合同作为民事法律关系的一个重要特征。当事人法律地位平等，首先要求主体双方在平等的基础上充分协商，自愿订立合同。合同的内容要反映当事人的真实意志，而不允许一方当事人强迫对方与自己订立合同。其次，合同当事人无论是法人、其他组织还是公民，也无论其所有制和隶属关系如何，在订立合同时双方的法律地位也都是平等的。最后，法律地位平等还要求合同当事人双方平等地享受权利、承担义务。

(2) 合同是双方当事人之间意思表示一致的结果。

(3) 订立合同是一种法律行为，合同的内容必须合法，否则合同自始至终无效。

(4) 合同具有法律约束力，双方必须全面履行合同中所规定的各自的义务。合同的法律效力主要表现在两个方面：合同一经依法成立，就受到国家法律的保护，当事人必须全面履行；对于依法成立的合同，当事人任何一方均不得擅自变更或解除，否则就要承担违约责任。

那么，作为合同的一种，采购合同又是指什么呢？

采购合同是企业（供方）与分供方，经过谈判协商一致同意而签订的表述供需关系的法律性文件，合同双方都应遵守和履行，并且是双方联系的共同语言基础。签订合同的双方都有各自的经济目的，采购合同是经济合同，双方受《经济合同法》的保护，并依法承担相应的责任。

一、采购合同的特征

采购合同的特征主要有以下三点。

(1) 采购合同是转移标的物所有权或经营权的合同。采购合同的基本内容是出卖人向买受人转移合同标的物的所有权或经营权，买受人向出卖人支付相应货款，因此它必然会导致标的物所有权或经营权的转移。

(2) 采购合同的主体比较广泛。从国家对流通市场的管理和采购的实践来看，除生产企业外，流通企业也是采购合同的重要主体。另外，其他社会组织和具有法律资格的自然人也是采购合同的主体。

(3) 采购合同与流通过程密切相关。流通是社会再生产的重要环节之一，对国民经济和社会发展有着重大影响，重要的工业品生产资料的采购关系始终是国家调控的重要方面。采购合同是采购关系的一种法律形式，它以采购这一客观经济关系作为设立的基础，直接反映采购的具体内容，与流通过程密切相关。

二、采购合同的分类

买卖交易所订立的合同，大多视采购物料的性质及其方式而订立不同的合约条款。通常采购合同的种类如下。

1. 按买卖双方亲疏关系分类

(1) 现货合同。现货合同是采购中最常使用的合同，这种合同是独立的合同，即每次采购分别订立一个合同。在现货采购中，采购方将处于相对有利的地位。不过一旦合同订立后，供应商可能只履行合同所约定的直接义务，而不会再履行其他非合同义务。供应商之所以没有动力去履行其他非合同义务，是因为这些现货采购合同不会带来其他后续业务。

(2) 定期采购合同。定期合同常被看作从一个供应商或多个供应商处反复进行的现货采购。在这种情况下，它没有所谓的“合同期限”，在单独的合同下，每次采购单独处理，因此统一需求的价格或采购的提前期随着不同的订单而变化。

(3) 无定额合同。在这种合同中，买卖双方协商订立一份协议，在某段时间内这份协议对所有买卖都有效。

(4) 定额合同。如果买方经常需要商品或服务，那么可以与卖方协商订立一份定额合同，约定在一定时间内，这份合同对双方所有的买卖都有效。

(5) 合伙合同。所有的合伙人以出资比例分担经营业务的职责，分享利润。在这种关系基础上，双方建立的合同称为合伙合同。

(6) 合资合同。合资企业仅是为一个特定的项目而设立，而不是一种持续的业务关系，基于持续业务关系所订立的合同称为合资合同。

2. 按成立方式分类

当事人订立合同可以采用口头形式、书面形式或其他形式。

(1) 合同的口头形式是指买卖双方只用口头语言表示订立合同，而不用文字表达协议内容的合同形式。

(2) 书面形式是买卖双方以合同书或者数据电文（电报、电传、电子邮件等）等各种可以有形地表达所载内容的形式订立合同。

3. 按销售方式分类

(1) 销售合同。此类合同多为依据生产或供应货品的厂商的要求条件而成立的合约。

(2) 承揽合同。多为业务推广性质，站在中介的地位来促进双方的交易，从中取得佣金。

(3) 代理合同。这种方式大多仅为代理报价签约，不设立门市并且不与买方直接发生交易。仅做服务性工作而促进买卖双方交易，其佣金则依照约定由买方或卖方支付。

采购合同是具有权利义务内容的经济合同。合法有效的合同有法律约束力，也就是说，它对合同双方当事人具有法律效力，可以强制执行，违反合同必须承担法律责任。合同当事人在签订合同时的意思表示是自愿、真实的。在市场经济体制下，合同是商品交换的法律表现形式，只要存在物资的平等交换就有合同。在企业的经营活动中，合同的地位会越来越重要。

采购管理一点通

合同是一种比较正式、比较严谨的契约，而协议更趋向于口头化，但它们都是在双方的意思表示一致的情况下达成的一种契约。简单地说，就是你情我愿，然后把大家都同意的事情固定下来，说明白，说清楚，那么达成一致的这个事项就是协议，在法律上叫作合同。一般来说，生效的合同和协议，其法律效力是相同的。

采购合同的内容

合同的内容，主要是合同当事人的权利与义务，具体体现为合同的各项条款。根据《中华人民共和国合同法》的规定，在不违反法律强制性规定的情况下，合同条款可以由当事人自由约定，但一般包括以下条款：当事人的名称或者姓名和住所；标的，即合同双方当事人权利义务所共同指向的对象；数量；质量；价款或者报酬；履行期限、地点和方式；违约责任；解决争议的方法。

商品采购合同，是作为需求方向供货厂商采购物资，按双方达成的协议，所签订的具有法律效力的书面文件。一份完整的采购合同通常由首部、正文与尾部三部分组成。

一、首部

采购合同的首部主要包括名称、编号、签约日期、买卖双方的名称、合同序言等。

二、正文

合同正文是供需双方议定的主要内容，是采购合同的必备条款，是供需双方履行合同的基本依据。合同正文主要包括以下内容。

1. 商品名称

商品名称是指所要采购物品的名称。按照国际上的惯例做法，合同中的品名条款通常都是在“商品名称”或“品名”的标题下，列明交易双方成交的商品名称，或在合同中直接写明双方交易商品的具体名称。

2. 质量

质量是指商品所具有的内在质量与外观形态的结合，包括各种性能指标和外观造型。

(1) 质量条款的基本内容。合同中的质量条款，通常应列明商品名称、规格或等级、标准、牌名等。

(2) 品质机动幅度和品质公差。为了避免交货品质与采购合同不符，可以在合同的品质条款中做一些变通的规定，常见的做法是规定品质机动幅度和品质公差。

(3) 在订立品质条款时应注意的三点问题。第一，根据商品特性确定表示品质的方法；第二，要准确具体地描述品质要求，既忌笼统含糊，如出现大约、左右等表述，又忌绝对化；第三，重视品质机动幅度和品质公差在表示品质方面的作用，凡是能采用和应该采用品质机动幅度和品质公差表示的商品，一般都要注明具体的机动幅度或公差允许值，以免以后产生争议。

3. 价格

价格包括单价和总价。单价是指交易物品每一计量单位的货币数值。总价指全部商品价值的总和。

在国际采购时，价格条款要复杂得多，虽然合同中的价格条款也是单位价值和总价值两项内容，但单价要由计价货币、单位商品货币金额、计量单位、价格术语四部分组成。因此，在订立价格条款时应就如何确定价格、如何选择货币、价格术语作出正确判断，并明确加以规定。

(1) 定价方法。价格条款中，对单价的表述除了较多地使用固定作价外，也可以采用较为灵活的浮动价格和暂定价格。

(2) 计价货币的选择。在国际贸易中，买卖双方使用何种货币，主要依据双方自愿进行选择，一般来说有三种情况：使用卖方国家货币；使用买方国家货币；使用第三国货币。对任何一方来说，使用本国货币承担的风险较小，使用外币则可能承担外汇汇率变动所带来的风险，因为当今国际金融市场普遍实行浮动汇率制，汇率上下浮动是必然的，任何一方都有可能因汇率浮动造成损失。因此在国际购销业务中，购销双方都必须考虑如何选择货币，以最大限度地减少外汇风险。

(3) 价格术语的选用。国际贸易中，可供购销双方选用的价格术语很多，由于各种价格术语都有其特定的含义。使用不同的价格术语，买卖双方所承担的责任、义务和风险就会不同，因此价格术语选择正确与否直接关系到购销双方的经济利益。故而在选择价格术语时一定要符合自身的实际情况。

4. 数量

数量条款是构成交易的组成部分，是购销双方交接货物时对数量评价的依据，也是处理有关数量争议的依据。

规定数量的方法有：

（1）规定准确的数量，不多不少，也称定量法。一般单位价格高、清点容易的商品，多采用定量法。

（2）在一定限度内可多交或少交，叫约量法。在国际市场上这种多交或少交的幅度是由有关商业协会或贸易惯例所规定的，例如，在谷物交易中上下可差5%，在木材买卖中多至10%，一般商品多在3%~5%之间。

5. 包装

包装条款一般应包括包装方式和运输标志两方面的内容。

（1）包装种类。商品的包装包括外包装和内包装。外包装，包括单件运输包装和集合运输包装两类。单件运输包装常用的有箱、桶、袋、筐、篓、坛、瓶等。集合运输包装常用的有集装包装、集装箱运输包装和包装袋、托盘运输包装。

（2）商品合同包装条款的内容包括包装标识、包装方法、包装材料要求、包装容量、包装质量、环保要求、包装成本、分拣运输成本等。

（3）订立包装条款应注意明确包装材料和包装方式。对于包装材料和包装方式的约定要明确具体，不宜笼统地规定“适合海运包装”、“习惯包装”之类的术语。因为这些术语含义模糊，容易引发争议。

（4）包装费用的负担问题。包装费用一般包括在货价之内，不另计价。但如果购方提出特殊要求，则额外的包装费用由购方负担。另外，即使由购方承担费用，如果供方包装技术达不到，也不要轻易接受购方的要求，以免引起纠纷。

（5）关于运输标志。运输标志俗称唛头，按照国际交易习惯唛头一般由供方决定，而不必在合同中具体规定，但如果购方要求使用其指定的唛头，则应在合同中明确规定唛头的具体式样和内容，或规定购方提供唛头式样和内容的期限，以免延误供方按时交货。

6. 装运

装运是指把货物装上运载工具，并运到交货地点。该条款的主要内容有运输方式、装运地点与目的地、装运方式（一次装运还是分批装运，直达还是中转）。

运输方式包括海洋运输（班轮运输、租船运输）、铁路运输（国内铁路运输、国际铁路运输）、航空运输及国际多式联运等。

装运时间又叫装货期，是指供方按购销合同规定将货物交付给购方或承运人的期限。这是合同的主要条款，如果供方违反这一条款，购方有权撤销合同并要求供方赔偿损失。

7. 到货期限

到货期限是指指定的最晚到货时间，以不延误企业生产经营为准，但亦不可提前太多，否则将增加购方的库存费用。

8. 到货地点

到货地点是指货物到达的目的地。

9. 检查和验收

检查和验收涉及数量、质量、包装等条款。在国际采购商品中，检验指由商品检验机构对进出口商品的质量、数量、包装、残损、环保等进行检验、分析与公证并出具检验证明。进出口合同中的检验条款包括：有关检验权的规定；检验或复验的时间、地点；检验机构；检验、检疫证书等。

10. 付款方式

国际贸易中的支付是指采用一定的手段，在指定的时间、地点，使用正确的方式支付货款，其包括的内容有以下四部分。

(1) 支付工具。常用的支付工具有货币和票据两种，但货币作为一种支付工具较少使用，在国际贸易中主要的支付工具是票据。票据是各国通行的结算工具和信用工具，它主要包括汇票、本票和支票。

(2) 付款方式。付款方式主要有两种，银行提供信用方式（如信用证），或银行不提供信用但可作为代理方式（如直接付款和托收）。

(3) 支付时间。分预付款、即期付款和延期付款三种。

(4) 支付地点。一般由付款人指定银行所在地。

11. 保险

保险是指企业向保险公司投保并交纳保险费，货物在运输过程中受到损失时，保险公司向企业提供经济上的补偿。该条款的主要内容是确定保险类别及其保险金额，指明投保人并支付保险费。

12. 仲裁

仲裁是指发生争议的双方当事人，根据其在争议发生时或争议发生后所达成的协议，自愿将该争议提交中立的第三者进行裁判的争议解决制度和方式。仲裁条款是买卖双方表明若发生争议时，自愿将争议事项提交第三方进行裁决的条款。仲裁协议是仲裁条款的具体体现，它的主要内容是仲裁机构适用的仲裁程序、仲裁地点、解决效力等。

13. 不可抗力

不可抗力是指合同执行过程中发生的不可预见的，人力难以控制的意外事故，如台风、洪水、地震、战争等，遭遇不可抗力的一方可因此免除合同责任。该条款包括的主要内容有：不可抗力的含义、适用范围、法律后果，双方的权利、义务、能力等。

三、尾部

合同尾部的主要内容有合同的份数、使用语言及效力、附件、合同的生效日期、双方签字盖章。

采购管理一点通

在国际货物购销中，如果没有特殊规定，合同中的价格一般理解为固定价格，即从订约到付款这段时间内的价格是不变的，任何一方不得以市场发生巨大变化为由更改原定价。这就要求双方订立合同时，尽量准确地预测市场发生的变化，交货期也不要拉得太长。

采购合同的签订

采购合同的签订，是指当事人双方依据法律的规定就合同所规定的各项条款进行协商，达到意思表示一致而确立合同关系的法律行为。在实际签订过程中，合同的双方当事人必须针对合同的主要内容，反复磋商，直至取得一致意见，合同才告成立。

一、合同签订前的准备工作

合同双方当事人应调查对方的资信能力，了解对方是否有签订合同的资格，或者代理人是否有代理资格。具有法人资格的企业、农村集体经济组织、国家机关、事业单位、社会团体可以作为合同的当事人。而不具备法人资格的社会组织、车间、班组、总厂的分厂、总公司的分公司、学校内部的系科室等均不能以当事人的身份签订采购合同。个体经营户、农村专业户、承包经营户等独立承担经济责任的经济实体可成为经济合同的主体。

二、签订采购合同的程序

签订合同，是当事人双方的法律行为。合同的成立，必须由当事人相互做出意思表示并达成合意。所以，我国合同法规定“当事人双方依法就合同的主要条款经过协商一致，合同就成立”。实践中，当事人相互协商签订合同的过程，通常分为两个阶段，即包括提出订立合同的建议和接受订立合同的建议，民法学上称为“要约”与“承诺”。

1. 要约

要约指订立合同的当事人一方向另一方发出的缔结合同的提议。发出该提议的人为要约人，另一方为受约人或相对人。要约的对象一般有三种：指定的对象；选定的对象；任意的对象。

2. 承诺

承诺指受要约人向要约人做出的对要约完全无异议地接受的意思表示。做出这种意思表示的人称为承诺人。要约人的要约一经受要约人即承诺人的承诺，合同即告成立。

三、合同的草签与正式签订

合同主要条款协商确定后，当事人双方可以先草签合同。待其他次要条款约定后，再正式签订合同。

签订合同时应当确认对方当事人有权签订合同。法定代表人是法人组织的最高首长，有权以法人的名义对外签订采购合同而不需要特别的授权委托，但法定代表人在签订合同时必须具备合法的手续即法定代表人的身份证明。合法代理人也可签订采购合同，但代理人必须持有法人的授权委托书，方能以法人的名义签订合同。代理人签订采购合同必须在授权范围内进行，如超越代理权所签合同，被代理人（委托人）不承担由此产生的权利与义务关系。授权委托书必须包括：代理人姓名、年龄、单位、职务，委托代理事项、代理权限、有效期限，委托者的名称，营业执照号码、开户银行、账号，委托日期，最后是委托者及其法定代表人的签章。

四、合同的公证

为了确保合同的真实性与合法性，采购合同一般应予以公证。

所谓合同的公证，就是国家公证机关即公证处，代表国家行使公证职能，根据当事人的申请和法律的规定，依照法律程序，证明采购合同真实性和合法性的活动。采购合同公证的意义在于：通过公证对合同进行法律审查，明确哪些内容是合法的，哪些是不合法的，有利于防止经济犯罪，维护合同当事人的合法权益；通过合同的公证，可以使合同规范化，对一些不明确或不具体的条款予以修改、完善、预防纠纷和减少诉讼。

采购合同的公证主要审查合同是否具备下列条件：

(1) 当事人必须具有行为能力。

(2) 合同的订立必须贯彻平等互利、协商一致、等价有偿的原则。

(3) 合同内容不得违反国家的政策、法律法令、公共利益和社会主义道德准则。

(4) 合同的内容必须清楚、具体、齐全。

合同的公证实行自愿原则，但规定合同必须是公证的，公证后合同才有法律效力。公证时，当事人双方应到公证处提出公证申请，公证员受理审查认为符合公证条件且合同真实、合法，制作公证书，发给当事人。如要变更、解除已经公证过的合同，则变更或解除仍应至公证处办理证明。公证处还可办理强制执行合同的公证，债权人可凭此直接向法院申请强制执行。

五、合同的鉴证

采购合同的鉴证是合同监督管理机关根据双方当事人的申请，依法证明合同的真实性和合法性的一项制度。鉴证的特点是：

(1) 鉴证行为主体是合同监督管理机关，其他机关和单位无权鉴证合同。

(2) 鉴证依据合同当事人双方的自愿申请实施。这里包括两层含义：一是合同监督管理机关不是主动鉴证，而是依据当事人的申请。二是双方当事人的申请，一方当事人的申请不能予以鉴证。

(3) 鉴定的内容是审查合同的真实性和合法性。所谓真实性，是指合同双方当事人意思表示真实，合同主要条款完备，文字表述准确。所谓合法性，是指合同双方当事人具有合法的主体资格，合同的内容符合国家的法律、政策和计划的要求。

除法律法规特别规定外，采购合同的鉴证一般采取自愿原则。合同鉴证的意义在于：通过合同鉴证，可以及时发现和纠正在合同订立过程中出现的不合理、不合法现象，提请当事人对合同中缺少的必备条款予以补充，对明显有失公平的内容予以修改，对利用合同进行违法活动的现象予以制止和制裁，对约定义务超过承担能力的予以消减，从而减少和避免许多不必要的纠纷，为合同的履行奠定基础。

合同的鉴证一般由合同签订地或履行地的工商行政管理局办理。合同鉴证收费标准为采购合同价款的万分之二。

六、合同的变更和解除

采购合同的变更，是指采购合同没有履行或没有完全履行时，由当事人依照法律规定的条件和程序，对原采购合同的条款进行修改、补充，使之更精确，如对标的物数量的变化、履行地或履行时间等的变化。采购合同变更后，原合同确定的当事人的权利和义务就发生了变化。

采购合同的解除，是指采购合同在尚未开始履行或尚未全部履行的情况下，由当事人依据法律规定的条件和程序，终止原采购合同关系。采购合同解除后，原合同确定的当事人的权利义务关系就不再存在。

七、合同的法律约束力

合同签订后，就具有法律约束力。合同的法律约束力，应是法律赋予合同对当事人的强制力，当事人如违反合同约定的内容，即产生相应的法律后果，包括承担相应的法律责任。约束力是当事人必须为之或不得为之的强制状态。约束力或来源于法律，或来源于道德规范，或来源于人们的自觉意识。当然，源于法律的法律约束力，对人们的行为具有最强的约束力。

采购管理一点通

合同的免责条款，是指合同当事人在合同中规定的排除或限制一方当事人未来责任的条款。基于合同自由原则，对双方当事人自愿订立的免责条款，尤其是事后订立的免责条款，法律原则上不加以干涉。但如事先约定的免责条款明显违反诚实信用原则及社会公共利益，则法律规定视为无效。

采购合同的争议处理

合同争议是指合同的当事人双方在签订、履行和终止合同的过程中，对所订立的合同是否成立、生效、合同成立的时间、合同内容的解释、合同的履行、合同责任的承担，以及合同的变更、解除、转让等有关事项产生的纠纷。

采购合同难免也会发生争议和纠纷，那么，如何处理这些问题呢？

一、采购合同的争议处理

采购业务中处理好争议索赔是一项重要工作。索赔一般有三种情况：购销双方之间的贸易索赔；向承运人的运输索赔；向保险人的保险索赔。

1. 违反采购合同的责任

(1) 出卖方责任。主要有两种情况：商品的品种、规格、数量、质量和包装等不符合合同规定，或未按合同规定日期交付，应偿付违约金、赔偿金；商品错发到货地点或接货单位，除按合同规定负责运到规定地点或接货单位外，还要承担因此而多付的运杂费；如果造成逾期未交货，需偿付逾期交货违约金。

(2) 买受方责任。主要有三种情况：中途退货应偿付违约金、赔偿金；未按合同规定日期付款或提货，偿付违约金；错填或临时变更到货地点，承担因此多支出的费用。

2. 违反运输合同的责任

当商品需要从出卖方所在地运送到买受方指定的地点时，如未能按采购合同的要求到货，要分清是货物承运方的责任还是托运方的责任。

3. 保险方的责任

已投财产保险的，保险方对保险事故造成的损失和费用在保险金额的范围内承担赔偿责任。其中海洋货物运输的保险条款包括三种基本险别，即平安险、水渍险和一切险，基本险外还有附加险。附加险分为一般附加险和特殊附加险两类。被保险方为了避免或减少保险责任范围内损失而进行的施救、保护、整理、诉讼等所支出的合理费用，依据保险合同的规定偿付。

二、索赔与理赔

索赔和理赔是一项维护当事人权益和信誉的重要工作，也是涉及面广、业务技术性强的细致工作。因此提出索赔和处理索赔时，必须注意下列三个问题。

1. 索赔期限

索赔期限是指争取索赔的当事人向违约方提出索赔要求的违约期限。关于索赔期限，应根据不同商品的具体情况作出不同的规定。一般而言，农产品、食品等的索赔期限短些，一般商品的索赔期限长些，机器设备的索赔期限则更长一些。如果逾期提出索赔，对方可以不予理赔。

2. 索赔的依据

提出索赔时，必须出具因对方违约而造成买受方损失的依据，当争议条款为商品的质量条款或数量条款时，该证明要与合同中检验条款相一致，同时出示检验出证机构的检验报告。

3. 索赔及赔偿方法

关于处理索赔的办法和索赔的金额，除了个别情况外，通常在合同中只作笼统规定，而不作具体规定。因为违约的情况较为复杂，当事人在订立合同时往往难以预计。有关当事人应根据合同规定和违约事实，本着平等互利和实事求是的精神，合理确定损害赔偿金额或其他处理办法，如退货、换货、补货、整修、延期付款、延期交货等。

三、合同的变更和终止

1. 合同变更

当事人协商一致，可以变更合同。当事人对合同变更内容约定不明确的，推定为未变更。

2. 合同终止

应当先履行债务的当事人，有确切证据证明对方有下列情形之一的，可以终止履行：

(1) 经营状况严重恶化。

(2) 转移财产、抽逃资金，以逃避债务。

(3) 丧失商业信誉。

(4) 有丧失或者可能丧失履行债务能力的其他情形。

当事人没有确切证据中止履行的，应当承担违约责任。当事人依据上述理由中止履行的，应当及时通知对方。对方提供适当担保时，应当恢复履行。中止履行后对方在合理期限内未恢复履行能力并且未提供担保的，中止履行的一方可以解除合同。

四、合同解除

有下列情形之一的，当事人可以解除合同：

(1) 因不可抗力原因致使不能实现合同的。

(2) 在履行期限届满之前，当事人一方明确表示或者以自己的行为表明不履行主要债务。

(3) 当事人一方延迟履行主要债务，经催告后在合理期限内尚未履行。

(4) 当事人一方延迟履行债务或其他违约行为致使合同不能实现的。

合同解除后，尚未履行的，终止履行；已经履行的，根据履行情况和合同性质，当事人可以要求恢复原状，采取其他补救措施，并有权要求赔偿损失。

合同权利义务的终止，不影响合同中结算和清理条款的效力。

五、仲裁与仲裁裁决的执行

经济仲裁是指经济合同的当事人双方发生争议时，如果通过协商不能解决，当事人一方或双方自愿将有关争议提交给双方所同意的第三者，依照专门的裁决规则进行裁决。裁决的结果对双方都有约束力，双方必须依照仲裁的决议解决争议。

当采购方与供应商发生纠纷需要仲裁时，可按照一般的仲裁程序到相应的受理机构提出仲裁申请，仲裁机构受理后，经调查取证，先行调解，如调解不成，进行庭审，开庭裁决。

我国仲裁法规定，仲裁裁决书自作出之日起发生法律效力，当事人应当履行仲裁裁决；仲裁调解书与仲裁裁决书具有同等的法律效力，调解书经双方当事人签收，即应自觉予以履行。通常情况下，当事人协商一致将纠纷提交仲裁，都会自觉履行仲裁裁决。但实际上，由于种种原因，当事人不自动履行仲裁裁决的情况并不少见。在这种情况下，另一方当事人即可请求法院强制执行仲裁裁决。

采购管理一点通

关于申请执行仲裁的期限，我国仲裁法规定，当事人可以依照民事诉讼法的有关规定办理，即申请执行的期限，双方或一方当事人是公民的为一年，双方是法人或者其他组织的为六个月。此期限从法律文书规定履行期间的最后一日起计算；法律文书规定分期履行的，从规定的每次履行期间的最后一日起计算。

第九章

采购成本控制

采购是效益和成本的综合体。通过采购，企业一方面保证了生产经营的顺利进行，获得了效益；另一方面，采购过程中产生的各种费用所形成的采购成本，也是企业生产经营成本的重要组成部分。当前，企业面临的竞争日益激烈，在产品生产周期逐渐缩短、消费者的产品需求多样化，以及产品技术层次不断提升的压力下，降低采购成本已成为企业降低生产成本的重要节流方法之一。

采购价格分析

采购价格是指企业进行采购作业时，通过某种方式与供应商之间确定的所需采购物品和服务的价格。

一、采购价格的类型

依据不同的交易条件，采购价格会有不同的种类。采购价格一般由成本、需求以及交易条件决定，一般有以下几种。

1. 送达价

送达价系指供应商的报价当中包含负责将商品送达，期间所发生的各项费用均由供应商承担。以国际而言，即到岸价加上运费（包括在出口厂商所在地至港口的运费）和货物抵达买方之前的一切运输保险费、进口关税、银行费用、利息以及报关费等。这种送达价通常由国内的代理商，以人民币报价方式（形同国内采购），向外国原厂进口货品后，再售于买方，一切进口手续皆由代理商办理。

2. 出厂价

出厂价指供应商的报价不包括运送责任。这种情形通常出现在销售商拥有运输工具或供应商加计的运费偏高时，或当卖方市场，供应商不再提供免费的运送服务时。

3. 现金价

现金价指以现金或相等的方式支付货款，但是“一手交钱，一手交货”的方式并不多见。按零售行业的习惯，月初送货、月中付款，或月底送货、下月中付款，即视同现金交易，并不加计延迟付款的利息。现金价可使供应商免除交易风险，企业亦可享受现金折扣。

4. 期票价

期票价指企业以期票或延期付款的方式来采购商品。通常企业会加计迟延付款期间的利息于售价中。如果卖方希望取得现金周转，会将加计的利息超过银行现行利率，以使供应商舍期票价取现金价。另外，从现金价加计利息变成期票价，应用贴现的方式计算价格。

5. 净价

净价指供应商实际收到的货款，不再支付任何交易过程中的费用，这点在供应商的报价单条款中通常会写明。

6. 毛价

毛价指供应商的报价，可以因为某些因素加以折让。例如，供应商会因为企业采购金额较大，而给予企业某一百分率的折扣。如采购空调设备时，商家的报价已包含货物税，只要买方能提供工业用途的证明，即可减免50%的增值税。

7. 现货价

现货价指每次交易时，由供需双方重新议定价格。若有签订买卖合约，亦以完成交易后即告终止。在企业众多的采购项目中，采用现货交易的方式最频繁；买卖双方按交易当时的行情进行，不必承担预立约后价格可能发生巨幅波动的风险或困扰。

8. 合约价

合约价指买卖双方按照事先议定的价格进行交易，合约价格涵盖的期间依契约而定，短的几个月，长的一两年。由于价格议定在先，经常造成与时价或现货价的差异，使买卖双方发生利害冲突。因此，合约价必须有客观的计价方式或定期修订，才能维持公平、长久的买卖关系。

9. 实价

实价指企业实际上所支付的价格。特别是供应商为了达到促销的目的，经常提供各种优惠的条件给买方，例如数量折扣、免息延期付款、免费运送等，这些优待都会使企业的采购价格降低。

二、采购定价的方法

传统的定价一般由供应商来制定，定价方法主要有成本导向定价法、需求导向定价法、市场导向定价法，现在又出现了生命周期成本定价法、目标成本定价法等一些新的定价方法。

1. 生命周期成本定价法

生命周期成本定价法。即以最低的成本，在生命周期内使具体的物理资产获得最佳利用。

生命周期成本，指那些涉及购置、使用、保养和报废物理资产的成本，包括可行性研究、调查、开发、生产、维护、更新和报废等成本，以及在资产拥有期间相关的支持、培训和运作等成本。

2. 目标成本定价法

目标成本定价法，是一种源于市场竞争价格推导出的产品成本估算，它被用来不断改进和更新新技术及生产程序，以降低成本。

它的含义是采购方首先依据市场供需情况预测产品的市场价格，然后扣除自己计划得到的利润，剩下的部分就是产品的目标成本。

为了更有效率，目标定价法最好在以下情况中应用：

(1) 客户对于供应链有一定影响。

(2) 在采供双方之间存在着类似于联盟企业之间的那种忠诚关系。

(3) 供应商也能从成本降低中有所收益。

三、采购价格的折扣

现今，凡是涉及到商品买卖，购买者都想要卖家给出一定的折扣。

采购同样如此。一般来说，企业组织采购的价格折扣有以下两种。

1. 数量折扣

所谓数量折扣，就是当采购方的购买量达到一定数量时，供应商给予一定的价格优惠，比如九五折、九折等。这种情形我们在日常采购时偶尔也会应用。实施数量折扣，对采供双方都有好处，对采购方来说，更低的价格使得物料本身的购买金额减少了，从而很有可能降低了总采购成本；对供应商来说，通过实施数量折扣卖出了更多的产品，不仅会刺激企业的生产及降低生产和销售成本，而且会在一定程度上扩大企业产品的市场占有率。

事实上并不是所有的供应商都会向客户提供数量折扣，他们大多数情况下只是定一个最少订购量，采购方的每次购买量必须多于这个数量，并且在确定购买量时有时还要考虑到最少包装量。一些跨国公司为了获得数量折扣，通常把该公司分布在世界各地的制造工厂的需求进行汇总，然后与供应商谈判以获得供应商给予的数量折扣。

2. 现金折扣

现金折扣是供应商针对其客户在付款方面所采取的一种手段。做过采购的人都知道，供应商最担心的一点就是卖出货后不能按时收回货款或根本收不回货款，所以一个供应商在开发一个新客户时，必定会先了解这个新客户在货款支付方面的信誉。

事实上大部分供应商为了货款及时回笼都希望采购者获得现金折扣，如果一个供应商认为月结 30 天是合理的，那么他按月结 30 天报出的价格可能是他的总成本再加上一个合理的利润。如果客户现金充足，愿意现款提货，供应商可能会给予这个客户九八折甚至九五折的优惠。如果客户要求月结 60 天甚至更久，那么供应商给客户的可能就是一点零五倍甚至更多的“惩罚”了。比如某种商品的报价为：月结 30 天为 1000 元/吨，现金提货价为 980 元/吨，而月结 60 天为 1050 元/吨。当有些产品为少数企业或销售商垄断时，他们甚至要求客户预付款，否则免谈。

一般来说，争取供应商在通常情况下给予现金折扣是采购人员的责任，但货款能否被及时支付涉及到多个部门，如货物到达后能否被及时检查、供应商的发票能否及时到达企业财务部、发票有无问题、企业在付款方面的信誉度等。有时采购人员尽管很努力去催促、去协调，但货款还是不能被及时支付，这时候采购人员可能被夹在企业与供应商之间。企业责怪采购人员没能为企业争取到现金折扣，供应商则埋怨采购人员没有在企业内部协调，确保货款按时支付。

总之，在采购过程中，采购价格对供需双方都有着十分重要的意义，尤其对采购方，直接关系到企业生产经营的成本。因此，采购人员有必要对采购价格进行分析，并科学、合理地确定采购价格。

采购管理一点通

招标方式是采购方确定价格的重要方式，其优点在于公平、合理，因此大批量的采购一般都采用招标的方式。但采用招标的方式须受几个条件的限制：所采购的商品的规格要求必须能表述得清楚、明确、易于理解；必须有两个以上的供应商参加投标。这是采用招标方式的基本条件。

采购成本概述

采购成本指与采购原材料部件相关的物流费用，包括采购订单费用、采购计划制订人员的管理费用、采购人员管理费用等。

采购成本的控制，不仅体现在企业现金流出的减少，而且直接体现在产品成本的下降、利润的增加，以及企业竞争力的增强。运用科学的采购理论方法进行采购决策，可以提高决策的科学性、准确性，降低采购成本，进而提高企业的效益。

一、采购成本的构成

商品的采购成本不仅仅是指采购物料的价格，还包括采购活动的成本费用（包括取得商品的费用、采购业务费用等），以及因采购而带来的库存持有成本及因采购不及时而带来的缺货成本。

1. 物料成本

物料成本是由于购买材料而发生的货币支出成本。物料成本总额取决于采购数量和单位，它的计算公式为：

物料成本=单价×数量+运输费+相关手续费、税金等

在物料的成本中，最需要考虑的是物料的价格。可以说，物资采购控制的核心是采购价格的控制，降低采购成本的关键也是控制采购价格。控制采购价格、降低采购成本，主要应从以下几方面做起。

(1) 正确选择供应商。在市场经济条件下，大部分物资都是多家经营的。因此，对供应商的正确选择对降低物料的采购成本就显得相当重要。

(2) 开辟降低供货成本的新途径。长期以来，在物资采购管理上，形成了供应物资质量越高越好、数量越多越好、时间越早越好、价格要求不严的传统思路。随着社会主义市场经济体制的建立和发展，物资采购已面向市场。物资采购对企业经济效益的影响越来越大，市场经济下，要求物料采购不仅要保证质量、及时供应，而且要低价。

2. 订购成本

订购成本是指向供应商发出采购合约订单的成本费用。具体来说，订购成本是指企业为了实现一次采购而进行的各种活动的费用，如办公费、差旅费、邮资、电报电话费等支出。订购成本中有一部分与订购次数无关，如常设采购机构的基本开支等，称为订购的固定成本；另一部分与订购的次数有关，如差旅费、邮资等，称为订购的变动成本。

3. 商品持有成本

商品持有成本是指为保持商品而发生的成本，它可以分为固定成本和变动成本。固定成本与存货数量的多少无关，如仓库折旧、仓库员工的固定月工资等；变动成本与持有数量的多少有关，如物料资金的应计利息、物料的破损和变质损失、物料的保险费用等。这里重点介绍其变动成本的构成及其所占比例。

商品持有成本一般用所占平均物料价值的百分比表示。例如，假定持有成本为20%，则对于年度物料成本为1000万元的企业，其平均物料持有成本为200万元。虽然维持成本的计算方法显而易见，但要确定适当的持有成本百分比并不简单。商品年度持有成本一般在20%左右，但它的范围可以在9%~50%之间变化，主要取决于企业的存货政策。

4. 缺货成本

采购成本中另一项主要成本是因采购不及时而造成的缺货成本。它是指由于物料供应中断而造成的损失，包括停工待料损失、延迟发货损失和丧失销售机会损失（还应包括商誉损失）。如果损失客户，还可能为企业造成间接或长期损失。

二、采购成本的分类

采购成本可以按不同的标志进行分类，不同类型的成本可以分别满足企业管理的不同要求。

1. 按核算的目标分类

现代成本核算有三个主要目标：反映业务活动本身的耗费情况，以便确定成本的补偿尺度；落实责任，以便控制成本，从而明确有关单位的经营业绩；确保产品质量。根据核算目标的不同，成本可依次分为业务成本、责任成本和质量成本三大类。

业务成本是以采购业务为中心，以其开支范围为半径的所有成本的集合，即广义的采购成本。责任成本是指责任中心的各项可控成本。质量成本的具体内容本章暂不讨论。区分业务成本、责任成本和质量成本有助于搞好成本核算、加强成本的责任管理，提高产品质量。

2. 按发生的时态分类

成本按其时态分类可分为历史成本和未来成本两类。历史成本是指以前时期已经发生或本期刚刚发生的成本，即实际成本。未来成本是指预先测算的成本，又称预计成本，如估算成本、计划成本、预算成本和标准成本等。未来成本实际上是一种成本目标和控制成本。区分历史成本和未来成本有助于合理组织事前成本的决策，事中成本的控制和事后成本的计算、分析与考核。

3. 按可控性分类

成本的可控性，是指责任中心对其成本的发生是否可以事先预计并落实责任，在事中施加影响以及在事后进行考核的性质。以此为标志，成本可分为可控成本和不可控成本两类。可控成本是指能为某个责任中心所控制的成本。不可控成本是指责任中心无法控制的成本。在不同的时期和不同的责任中心，其判断标准会有所不同。某个责任中心的可控成本可能是另一个责任中心的不可控成本。有一些成本项目，从某一特定时期看是不可控的，但放在一个较长时期看又是可控的，比如固定资产的折旧费等。对于一个成本中心来讲，应以其可控成本作为评价其业绩的主要依据，而不可控成本只作为参考指标。

4. 按其性态分类

成本性态是指成本总额与特定业务量之间在数量方面的依存关系，又称为成本习性。

成本按其性态，可分为固定成本、变动成本和混合成本三大类。固定成本是指在一定条件下，其总额不随业务量变动发生任何数额变化的那部分成本。变动成本是指在一定条件下，其总额与业务量成正比例变化的那部分成本。混合成本是指介于固定成本和变动成本之间，既随业务量变动又不成正比例的那部分成本。成本按性态分类有利于进行成本分析。

5. 按其经济用途分类

成本按其经济用途可分为获取成本、储存成本和品质成本。

(1) 获取成本。获取成本包括货款及相关税金、运杂费、请购手续成本、事务成本、进料验收成本、进库成本等。

(2) 储存成本。物料储存成本包括资金成本、搬运成本、仓储成本、折旧成本等。

(3) 品质成本。为了促使和鉴定采购物料达到合同规定的品质要求所支付的费用，以及采购未达到品质要求给企业造成的损失。品质成本不是会计中的成本概念，而是具有一定的隐含性。品质成本主要分为采购预防成本、采购鉴定成本、采购损失成本。

三、影响采购成本的主要因素

采购成本由多方面构成，影响采购成本的因素也很多，包括采购次数、采购批量大小、采购价格的高低，同时还受企业采购战略、企业和供应商的产品成本结构、采购谈判能力等方面的影响。但最重要和最直接的影响因素还是采购的批量、批次、价格及谈判能力。

1. 采购批量和采购批次

如同批发和零售的价格差距一样，材料采购的单价与采购的数量成反比，即采购的数量越大，采购的价格即采购单价越低，企业的采购费用也会相应降低。因此，采购批量和采购批次是影响采购成本的主要因素。

2. 采购价格及谈判能力

企业在采购过程中谈判能力的强弱是影响采购价格高低的主要原因。当前随着社会主义市场经济体制的深入，不同市场形态在供应、需求等方面的要素也不同，企业在实施采购谈判时，必须要分析所处市场的现行态势，有针对性地选取有效的谈判议价手段。例如，根据市场形态呈现的卖方市场、中性市场和买方市场等不同情况，分别采取“忍”、“等”、“狠”三种不同的议价策略，以达到降低采购价格的目的。

采购管理一点通

在现代市场经济形势下，企业之间的竞争日趋激烈，各企业为了减少成本，让利顾客，采取了许多降低成本、控制成本增加的方法，加大了采购方面的管理，如采取各种措施，防止过量采购使商品积压而占用大量企业资金。因此采购成本的控制不仅是采购管理，也是企业经营管理的重点所在。

采购成本分析

当前，企业正面临着日趋激烈的市场竞争，在产品生产周期逐渐缩短、消费者的产品需求多样化以及产品技术层次不断提升的压力下，如无法有效地开源，那节流就成为企业因应变局的有效方法之一。尤其在采购占平均销售金额比重逐渐增加的趋势下，降低采购成本，是采购人员提供企业附加值最直接的方式。

要想降低采购成本，就要对采购成本有一定程度的理解。

一、采购成本分析的分类

1. 根据分析主体不同，可分为内部分析与外部分析

(1) 内部分析。指企业内部经营者对企业成本状况的分析。内部分析的目的是判断和评价企业采购成本是否正常，及时、准确地发现采购业务的成绩与不足，为企业未来采购业务的顺利进行、提高采购效益和效率指明方向。

(2) 外部分析。指企业外部的投资者及政府部门等，根据各自需要或分析目的，对企业的采购成本进行的分析。如政府有关部门通过对采购成本的分析，核算企业对社会经济的贡献状况。在现代企业制度条件下，外部采购成本分析是采购成本分析的重要或基本形式。

2. 根据分析的内容与范围不同，可分为全面分析和专题分析

（1）全面分析是指对企业在一定时期的采购总成本进行系统、综合、全面的分析与评价。全面分析的目的是找出采购过程中带有普遍性的问题，全面总结在这一时期的成绩与问题，为搞好采购业务奠定基础或提供依据。

（2）专题分析是指根据分析主体或分析目的的不同，对采购过程中某一方面的问题所进行的较深入的分析。如经营者对采购过程运输环节或储存环节存在的突出问题进行分析。专题分析对解决关键性问题起着重要作用。

在采购成本分析中，应将全面分析与专题分析相结合，这样才能全面、深入地揭示问题。

3. 根据分析的时期和目的划分，可分为趋势分析、现状分析、潜力分析

（1）趋势分析是指对企业某个时期各单位时间的总体成本状况或某个成本评价指标的变动情况所作的分析，借以评价企业成本管理的发展趋势。趋势分析是成本分析的基本形式之一，它不仅有利于评价过去，而且有利于指导现在和预测未来。趋势分析可广泛应用于不同的分析领域和分析目的。

（2）现状分析是成本分析的最基本和最主要的形式，它是指对企业当期活动的成本所进行的分析。现状分析最真实地反映了企业成本管理状况，为经营者及其他有关部门和人员提供决策的直接依据。通过对不同企业现状的分析，还可反映企业成本管理水平在同行业或在社会各部门中所处的地位，发现自己的差距和不足，为企业改进成本管理工作、制定正确的成本控制目标提供依据。

（3）潜力分析是在趋势分析和现状分析的基础上，结合企业资源变动状况和经营目标，对企业未来发展能力的估价与判断。潜力分析对于经营者和投资者都是至关重要的。潜力分析的正确与否，决定着决策的正确与否。应当指出，潜力分析通常与风险分析是紧密相关的。因此根据潜力分析进行决策时必须考虑不同潜力的风险程度，这也就加大了潜

力分析的难度和复杂性。

二、成本分析的步骤

1. 成本分析的准备阶段

成本分析准备阶段主要包括四个步骤：明确采购成本分析目的；确立采购成本分析标准；制订采购成本分析计划；搜集整理采购成本分析资料。

2. 采购成本分析实施阶段

采购成本分析的实施阶段，即具体分析阶段，是在采购成本分析准备阶段的基础上进行的，主要包括三个步骤：整体分析，主要运用水平分析法、垂直分析法及趋势分析法等进行全面分析；成本指标分析，即对成本指标进行分析，特别是进行成本费用利润率指标分析，是采购成本分析的一种重要形式；基本因素分析，就是要在报表整体分析和成本效益指标分析的基础上，对一些主要指标的完成情况，从其影响因素角度，深入进行定量分析，确定各因素对其影响的方向和程度，为企业正确进行成本评价提供最基本的依据。

3. 采购成本分析报告阶段

采购成本分析报告阶段是采购成本分析实施阶段的继续，具体又可分为三个步骤：得出采购成本分析结论；提出切实可行的措施和建议；编写采购成本分析报告。

三、采购成本分析的方法

采购成本分析采用的技术方法是多种多样的，它可以采用会计的方法、统计的方法或数学的方法。在实际的采购成本分析工作中，使用最广泛的技术方法主要有指标对比法和因素分析法。

1. 指标对比法

指标对比法又称比较法，是实际工作中应用最广泛的分析方法。它是通过相互关联的成本指标的对比来确定数量差异的一种方法。通过对比，揭露矛盾，发现问题，寻找差距，分析原因，为进一步降低采购成本、提高采购成本使用效益指明方向。

应该指出的是，采用指标对比法时，应注意对比指标的可比性，即对比指标采用的计量单位、计价标准、时间单位、指标内容和计算方法等都应具有可比的基础和条件。在同类企业比较成本指标时，还必须考虑它们在技术经济上的可比性。指标的对比可以用绝对数对比，也可以用相对数对比。

2. 因素分析法

因素分析法是将某一综合指标分解为若干个相互联系的因素，并分别计算、分析每个因素影响程度的一种方法。成本升降是由许多因素造成的，概括起来有两类：一类为外部因素；一类为内部因素。外部因素是由来自社会的外部经济环境和条件所造成的；内部因素是由企业本身经营管理所造成的。这样分类有利于评价企业的各方面工作质量。

因素分析法的一般做法是：第一，确定分析指标由几个因素组成；第二，确定各个因素与指标的关系，如加减关系、乘除关系等；第三，采用适当方法，将指标分解成各个因素；第四，确定每个因素对指标变动的影响方向与程度。

因素分析法的具体计算程序是：以成本的计划指标为基础，按预定的顺序将各个因素的计划指标依次替换为实际指标，一直替换到全部都是实际指标为止。将每次计算结果与前次计算结果相比，就可以求得某一因素对计划完成情况的影响。下面举例说明指标与因素的关系。

四、采购成本分析的意义

采购成本分析的意义有很多，主要体现在以下几个方面。

1. 正确评价企业过去

正确评价过去，是说明现在和揭示未来的基础。通过对实际成本费用等资料的分析能够准确地说明企业过去的业绩状况，指出企业的成绩和问题及其产生的原因，是主观原因还是客观原因等，这对于正确评价企业过去的经营业绩是十分有益的。

2. 全面评价企业现状

根据不同分析主体的分析目的，采用不同的分析手段和方法，可得出反映企业在该方面现状的指标，如反映企业营运状况的指标、企业盈利能力指标等。通过这种分析，对于全面反映和评价企业的现状有重要作用。

3. 准确评估企业潜力

企业的潜力通常是指在现有技术水平条件下，企业在一定资源投入情况下的最大产出，即产出潜力；或在一定产出情况下资源的最小投入，即成本潜力。通过成本分析可正确及时地挖掘出企业采购业务的潜力。如通过趋势分析方法可说明企业的总体发展潜力，通过因素分析和对比分析可找出企业采购成本管理各环节的潜力。

4. 充分揭示企业风险

企业风险包括投资风险、经营风险和财务风险等。风险的存在产生于经济中的不确定因素。成本分析，特别是对企业潜力的分析与企业风险有着密切联系。一般来说，成本效益越差，企业的经营风险越高；反之，企业的风险就越小。

采购管理一点通

企业所采购的物料种类繁多，每个品种的采购数量与价格均不同，因此对所有采购品种均给予相同程度的重视和管理是不可能的，也是不切实际的。为了更充分地利用有限的时间、资金、人力、物力等企业资源，应对采购物料进行分类，将成本控制的重点放在重要的物料上，进行分类控制，即依据物料重要程度的不同，分别进行不同的成本控制。

采购成本控制

采购成本是企业经营成本中最大的一部分，一般在40%~70%之间，而一项研究也标明，采购成本每降低1%，对企业利润增长的贡献平均为10%以上，因此，控制采购成本对企业来说意义重大。

那么，采购成本控制都有哪些方法呢？以下介绍几种常见的采购成本控制方法。

一、设计优化法

所谓设计优化法，即在产品设计开发时就注意到材料、器件的选用，以合适的而不是最好的物料用于新产品中，使得产品在保持性能满足市场要求的情况下达到最低的成本。

俗话说，“良好的开始是成功的一半”。而产品的设计开发就处在开始阶段，一旦新产品定型，其所使用物料也就基本确定。虽然日后可能会对部件进行部分更改，但一般来说幅度不会很大，也就是说新产品的成本也基本确定。

当然，通过以后对零部件的降价也可以降低成本，但这种通过零部件降价带来的收益是十分有限的。通常，同类部件因其性能不同，价格差别很大，有时甚至会有成倍的差距，而如果设计人员在选材时，忽视产品定位，一味追求高质量高性能，选用最好的部件，以后虽然可通过降价实现部分收益，但远没有在开始时就选用适合产品定位的器件效果来得好。

所以，设计开发人员一定要有成本意识，在产品的设计开发阶段就要对所用物料、部件进行权衡选择，使零部件和产品的市场定位相匹配，做到合理成本，防止出现“质量过剩”或“质量不足”的现象，使产品具有最佳的性价比。

二、成本核算法

所谓成本核算法，就是通过一些科学的方法对部件的成本进行核算和评估，确保部件价格的合理性。

成本核算看起来很容易，但具体应该怎么做呢？这里说的成本核算，并不是说算出来的价格就100%准确，而是要通过核算，给出一个价格的范围，防止出现价格过高的情况。而且成本核算也不是对每种部件都能进行，一般来说应用于加工较为简单的钣金、注塑等行业，价格的核算也比较简单，一般为部件价格=材料成本+加工费用+合理利润。

材料成本基本上比较容易确定，原材料价格来自市场价格或领料价格，材料的耗用可采用称、量的办法，材料成本=单价×耗用（净耗用+损耗）。

加工费用核算起来比较麻烦，行业的通行做法是一方面由供应商提供，一方面亲自到现场考察测量，另外结合一些媒体介绍，综合总结出一套计算方法，力求简单实用。

三、类比降价法

所谓类比降价法，就是通过与结构、材料相似的物料进行类比，通过类比找出差异或改进点，从而进行降价的方法。

类比降价法的一个关键之处就是类比件的选择，类比件一定要有代表性，与原件可以类比，其价格应经过验证，确实具有竞争力，否则类比出来的结果可能适得其反。很多厂商都碰到过这种情况，自己的产品与对手类似，为什么对手的价格会比我低呢？当然原因很多，但有一点可以肯定，通过类比一定会找到一些原因，例如，往往是因为对手在用料和结构方面领先于你。这时，我们就应该积极地去寻找、发现这些差异，然后去尝试，做一些改变是否可行，是不是有办法可以做得更好。通过这些尝试，就可以实现部件成本的降低，同时使自己的产品更具有竞争力。

四、招标竞价法

所谓招标竞价法，就是通过组织供应商进行招标，利用这种方式实现零部件降价。招标竞价法目前已经得到广泛的应用，而且除了传统的现场招标外，网上招标的方式也越来越多地被企业采用。在此，以生产物资招标为例予以介绍。

生产物资的招标，参加招标的供应商一般为该企业现在的供应商，要想取得良好的效果，在招标前就要做详尽的准备。首先，对招标的物料要心中有数。要了解招标物料的采购数量、采购金额、原材料的价格趋势、目前的价格水平等情况，对原材料价格正在上涨，且价格水平已不是很高的物料，可能招标的效果并不大，甚至有相反效果，可采取其他方法。其次，要对供应商有充分了解。要想组织招标，供应商数量就要有一定要求，至少 3 家以上。另外由于给企业供货有一定的稳定性，且随着降价的不断进行，利润越来越低，部分供应商就会相互“合作”，影响降价效果，这时就要适时引进 1~2 个新供应商，打破这种合作关系，以取得最好的招标效果。最后，对招标后配额的分配要仔细斟酌。招标后的供货比例对供应商的吸引力和影响力很大，一个好的方案会改变供应商的投标态度。

五、规模效应法

所谓规模效应法是指企业将原先分散在各单位的通用物料的采购集中起来，从而形成规模优势，在购买中通过折扣、让利等方式实现降成本的方法。

大家一般都有这样的经验，在买东西的时候，随着批量的加大，采购价格会不断降低。规模效应法也是应用这种方法，通过大批量的采购，争取到最优惠的价格。这种方法在原材料的购买方面效果显著。

六、国产化降价法

所谓国产化降价法，是指通过将进口部件换由国内厂家生产、提供，从而实现降价的方法。把国产化作为降低成本的方法是由中国目前的实际情况决定的。很多生产企业都有部分部件需从国外进口，而且往往是关键部件，成本很高。而国内目前生产资料的价格很低，且很丰富，这些部件若能在国内生产，仅运费、关税等费用就可以节省很多，而且实际上国产化的部件带来的成本降低往往出乎人们的意料。因此，国产化对那些进口物料很多的厂家来说，无疑是降低成本的极重要的手段。

但要实现国产化，也不是件简单的事情。首先，这些进口部件一般技术含量都比较高，这就对要进行国产化的厂家的实力提出很高的要求，其次，国内有这样的厂家，但生产厂家如何能找到并联系到他们呢？这就得靠生产厂家的采购寻源的能力了。

以上介绍的几种采购成本控制方法，一般只适用于生产制造型企业，这些传统方法在今天仍然有其独特的作用。

总之，采购最基本的职责就是在保证所购产品的质量和供应商的售后服务跟得上公司需要的前提下，能购得物美价廉的产品。最有能力体现的就是能把握好采购的度，能做好行情降价和涨价的物料供应。在大起大落的环境中能为公司降低直接原材料成本，搏得自己的产品多占领市场份额的机会，就是优秀的采购。

采购管理一点通

在生产制造业中，原材料用度占了总成本的很大比重，一般在60%以上，高的可达90%，是成本控制的主要对象。影响原材料成本的因素有采购、库存用度、出产消耗、回收利用等，所以对这些企业而言，控制成本可从采购、库存治理和消耗三个环节着手。

采购时间成本

基层采购人员都有深刻的体会：采购订单的完成直至采购合同的签订，并不意味着采购工作的大功告成。要想做到采购商品物料的顺利入库，还要做很多工作。如果在采购合同签订后就不闻不问，不注意进度的跟进和控制，就会导致进度的拖延和落后，造成企业生产经营上的时间成本的损失。

那么，如何才能做好采购的跟进和进度控制工作呢？

一、采购跟踪的内容

采购跟踪是对采购合同的执行、采购订单的状态、接收货物的数量、退货情况等项目的动态跟踪。采购跟踪的目的在于促使合同正常执行、协调企业和供应商的合作，既满足企业的货物需求同时又保持最低的库存水平。其内容包括：

1. 跟踪供应商的货物准备过程

采购方应严密跟踪供应商准备货物的过程，以保证订单按时、按量优质完成。尤其是供应商未按照合同要求进行生产，废品率太高，替换原材料或因故不能按时交货等情况，负责跟踪的人员要及时反馈，双方商议对策，第一时间解决问题。

2. 跟踪进货过程

货物准备完毕之后，要进行包装、运输。无论是供应商负责送货，还是采购方自提货物，都要对进货过程进行跟踪。运输过程是很容易发生风险的，要注意运输工具的选择是否得当、货物是否有特殊要求，避免在运输过程中发生货损。尤其对于远洋货长途运输，跟踪进货过程更显得重要。

3. 控制好货物的检验与接收

货物到达订单规定的地点交由采购方控制时，采购方的检验人员要根据订单对到货的物品、规格、数量等进行一一核对，确保所交货物符合订单要求。采购人员需跟踪此过程，如果检验过程中发现诸如缺货、货损、不合格等问题，采购人员有责任与供应商进行协商解决，进行补货、退货等。

4. 控制好库存水平

货物检验完毕之后就要入库，库存是采购物流中的重要环节，它是企业正常运转的调节器，库存量太小不能满足生产、销售要求，而库存太大又会占用资金，造成浪费，两种结果都会影响企业的正常运转。因而，控制一个合理的库存水平十分重要。在长期的原材料采购中，库存的控制问题尤为明显。采购部门应该以采购为导向，兼顾生产水平和供应商对订单的反应速度，来确定最优的订货周期和订货量，从而维持一个较低的库存水平，节约资金，防止浪费。

5. 督促付款

货物入库后，财务部门要凭一系列单据办理对供应商的付款。采购部门有义务及时提交单据，并督促财务部门按照流程规定按期付款，以维护企业的声誉。

二、采购进度控制措施与方法

1. 采购前的进度控制措施

(1) 制定合理的购进时间。将请购、采购、供应商准备、运输、检验等各项作业所需的时间，予以合理地规划，避免造成供应商生产无法开展，不能如期交货。

(2) 销售、生产与采购部门加强联系。由于市场的状况变化莫测，因此生产计划若有调整的必要，必须告知并征询采购员的意见，以便采购员对应停止或减少采购的数量、应追加或新订的数量，作出正确的判断，并尽快通知供应商，使其减少可能的损失，以提高其配合的意愿。

(3) 准备替代来源。供应商不能如期交货的原因颇多，且有些是属于不可抗力。因此，采购员应未雨绸缪，多联系其他来源；平时也可留意寻求相关的替代品，以备不时之需。

(4) 预定流程进度。采购方在与供应商签订合同时，应在采购订单或合同中明确规定供应商应编制预定时间流程进度表。

(5) 加强双方沟通。关于供应商准时交货的管理，采购员还可使用“资源共享计划”，即采供双方应有综合性的沟通系统，使企业的需要一有变动，立即可通知供应商，供应商的供应一有变动，也可及时通知企业，交货适时问题即能解决。

(6) 利用奖惩。采购员在与供应商签订买卖合约时，就应加重违约罚款或解约责任，使供应商不敢心存侥幸。若需求急迫时，对如期交货的供应商则应向企业申请给予奖励或较优厚的付款条件。

2. 采购过程中的进度控制措施

(1) 一般的监视。采购员在开立订单或签订合约时，便应决定监视的程度。如果采购物品并不是重要项目，则仅做一般的监视即可，通常只需注意是否确能按规定时间收到验收报表，有时可用电话查询。但如果采购物品较为重要，可能影响企业的经营，则应考虑另做较周密的监视步骤。

(2) 生产实地查证。对于重要物品的采购，除要求供应商按期报送进度表外，采购员还应实地前往供应商工厂访问查证，但此项查证应明确在合约或订单内，必要时需驻厂监视。

(3) 拟定跟催步骤。下单后采购员应请供应商提供生产计划或生产日程表，据以掌握并督促进度；按时电话查询进度或采购员自己前往查看或由供应商提供目前实际进度状况报告；建立跟催表或管制卡，切实掌握实际进度；将目前累计交货的结果（数量、品质等），以报表或通知告知供应商，促其改善。

3. 采购进度落后的应对措施

要做好物品跟催作业，采购员应有“预防重于治疗”的观念。因此，事前应慎重选择有交货意愿及责任感的供应商，并规划合理的采购时间，使供应商能够从容生产。

采购员在订购后，一定要主动检查供应商备料及生产速度，不可等到超过交货期才开始查询。一旦供应商发生交货延迟，如果短期内不能得到改善或解决，采购方应立即寻求其他支援或来源。

三、采购进度的控制意义

1. 采购进度控制可以降低交货延迟增加的时间成本和生产成本

交货期的延迟，毫无疑问会阻碍企业生产或经营活动的顺利进行，对生产现场及经营或其他有关部门带来有形或无形的不良影响。

(1) 由于物品进库的延误，发生空等或耽误而导致效率下降。

(2) 为恢复原状（正常生产、经营），有需加班或例假出勤的情况，导致增加人工费用。

(3) 物品的交期延迟，失去客户的信任，导致订单的减少。

(4) 成为修改或误制的原因。

(5) 延误的频度高，需增员来督促。

(6) 使作业人员的工作意愿减退。

2. 采购进度控制也可以降低提早交货增加的成本

一般人总以为提早交货的不良影响不如延迟交货，实际上两者都会成为企业成本增加的原因。以下两点为其主要理由：

(1) 容许提早交货会导致其他物品交货的延迟（供应商为资金调度的方便会优先生产高价格的物品以提早交货，所以假如容许其提早交货，就会造成低价格物品的延迟交货）。

(2) 不急于用的物品的提早交货，必定会增加存货而导致资金运用效率的降低。

因此，确保交货日期按计划做到准确无误，对企业生产经营是非常重要的。

采购管理一点通

采购过程中，如果物品供应进度落后，会影响正常的生产运作，此时采购人员要及时采取以下措施：与供应商联系，得到确切的进货时间；通过物品控制人员，告知准确的进货时间；与技术人员和物品控制人员协商，考察有无替代品；在必要的情况下改变生产计划。

第十章

采购绩效评估

评估即评价估量；绩效即功绩、功效，也指完成某件事的效益和业绩。采购绩效是指采购产出与相应的投入之间的对比关系，它是对采购效率进行的全面整体的评价。采购绩效评估是指通过建立科学、合理的评估指标体系，全面反映和评估采购政策功能目标和经济有效性目标实现程序的过程。

采购绩效评估概述

采购绩效是指采购产出与相应的投入之间的对比关系，它是对采购效率进行的全面整体的评价。

商品采购工作在一系列的作业程序完成之后，是否达到了预期的目标，企业对采购的商品是否满意，是需要经过考核评估之后才能下结论的。商品采购绩效评估就是建立一套科学的评估指标体系，用来全面反映和检查采购部门工作实绩、工作效率和效益。

对商品采购绩效的评估可以分为对整个采购部门的评估和对采购人员个人的评估。对采购部门绩效的评估可以由企业高层管理者来进行，也可以由外部客户来进行；而对采购人员的评估常由采购部门的负责人来操作。对商品采购绩效的评估是围绕采购的基本功能进行的，采购的基本功能可以从两方面进行描述：第一，把所需的商品及时买回来，保证销售或生产的持续进行；第二，开发更优秀的供应源，降低采购成本，实现最佳采购。

一、采购绩效评估的基本要求

1. 采购主管必须具备对采购人员工作绩效进行评估的能力

采购主管对商品采购工作负有领导和监督的责任，因此采购主管的业务素质和道德素质对整个采购工作的优劣起到非常重要的作用，有效合理地对采购人员工作绩效进行评估是一名采购主管所必备的能力。

2. 采购绩效评估必须遵循的基本原则

(1) 持续性。评估必须持续进行，要定期地检查目标达成的程度，当采购人员知道会定被评估绩效，自然能够致力于绩效之提升。

(2) 整体性。评估必须以企业整体目标的观点，来进行绩效评估。

(3) 开放性。采购作业的绩效，会受到各种外来因素所左右。评估时，不但要衡量绩效，也要检讨各种外来因素所产生的影响。

(4) 评估尺度。评估时，可以使用过去的绩效为尺度，也可作为评估的基础，更可以与其他企业的采购绩效比较的方式，来进行评估。

二、采购绩效评估的目的

许多企业与机构，到现在仍然把采购人员看作“行政人员”，对他们的工作绩效还是以“工作品质”、“工作能力”、“工作知识”、“工作量”、“合作”、“勤勉”等一般性的项目来考核，使采购人员的专业功能与绩效未受到应有的尊重与公正的评量。实际上，若能对采购工作做好绩效评估，通常可以达到下列目的。

1. 确保采购目标的实现

各企业的采购目标互有不同。例如政府采购的采购单位偏重“防弊”，采购作业以“如期”、“如质”、“如量”为目标；而民营企业的采购单位则注重“兴利”。采购工作除了维持正常的产销活动外，非常注重产销成本的降低。因此，各企业可以针对采购单位所应追求的主要目标加以评估，并督促它的实现。

2. 提供改进绩效的依据

绩效评估制度，可以提供客观的标准，来衡量采购目标是否达成，也可以确定采购部门目前的工作表现如何。正确的绩效评估，有助于指出采购作业的缺失所在，而据以拟定改进措施，而收到“检讨过去、策励将来”之效。

3. 作为个人或部门奖惩的参考

良好的绩效评估方法，能将采购部门的绩效，独立于其他部门而凸显出来，并反映采购人员的个人表现，作为各种人事考核的参考资料。依据客观的绩效评估，达成公正的奖惩，可以激励采购人员不断前进，发挥团队合作精神，使整个部门发挥合作效能。

4. 协助甄选人员与训练

根据绩效评估结果，可针对现有采购人员的工作能力缺陷，拟定改进的计划，例如安排参加专业性的教育训练。若发现整个部门缺乏某种特殊人才，则可另行由公司内部甄选或向外界招募，例如成本分析员或机械制图人员等。

5. 促进部门关系

采购部门的绩效，受其他部门能否配合的影响非常大。故采购部门的职责是否明确，表单、流程是否简单、合理，付款条件及交货方式是否符合公司的管理制度，各部门之目标是否一致等，均可透过绩效评估而予以判定，并可以改善部门间的合作关系，增进企业整体的运作效率。

6. 提高人员的士气

有效且公平的绩效评估制度，将使采购人员的努力成果能获得适当回馈与认定。采购人员透过绩效评估，将与业务人员或财务人员同样，对公司的利润贡献有客观的衡量尺度，成为受到肯定的工作伙伴，对其士气之提升大有帮助。

三、影响采购绩效评价的因素

企业之所以采取绩效评价是基于企业越来越强调对过程的监控。通过对行动过程中各项指标的观察与评估，保证战略目标的实现。影响采购绩效评价的一个重要因素是，管理人员如何看待采购业务的重要性及其在企业中所处的地位。早在1962年，美国的海斯和雷纳德就提出，管理人员对采购业务的不同期望对所采用的评价方法和技术产生着重要影响。

关于采购业务，目前主要有以下四种管理观点。

1. 采购参数直接反映采购业务的绩效

根据这种观点，评价采购业务的绩效主要取决于与现行采购业务有关的一些参数，如订货量、订货间隔期、积压数量、现行市价等。

2. 采购业务是一种商业活动

这种观点把采购业务看作一项商业活动，管理人员主要关注采购所能实现的潜在节约额。采购部门的主要目的是降低价格以减少成本的支出，采购时要关注供应商的竞争性报价，以便保持一个满意的价位。用以评价采购工作绩效的主要参数是采购中的总体节约量（通常用每一产品组和每一客户表示）、市价的高低、差异报告、通货膨胀报告等。

3. 采购业务是综合物流的一部分

管理人员也清楚追求低价格有一定的缺点，它可能因此导致次优化决策，太关注价格会因小失大。降低产品的价格通常会使供应商觉得产品的质量可能会降低，并会降低供应的可信度，因此管理人员要向供应商介绍产品质量改进目标，尽量确保到货时间并提高供应商的供货可信度。

4. 采购业务是一种商业策略

这种观点认为，采购业务对于决定公司的核心业务及提高公司的竞争力将产生积极的作用。在这种情况下，管理人员评价采购绩效主要考虑以下几个方面，即基本供应量的变化数量（通常是减少量）、新的潜在（国际）供应商（订有合同的）数量，以及已实现的节约额等。

另外，对工业企业的一项调查结果表明，不同企业在生产经营类型、管理风格、组织结构、委托采购等方面的不同，也会影响采购绩效评价的评价体系和效果。

采购管理一点通

对商品采购绩效的评估是围绕采购的基本功能来进行的。采购的基本功能可以从两方面进行描述：第一，把所需的商品及时买回来，保证销售或生产的持续进行，就像给一辆汽车加油以使其可连续奔驰一样；第二，开发更优秀的供应源，降低采购成本，实现最佳采购。

采购绩效评估的标准

绩效评估是现代企业组织不可或缺的管理工具，它是一种周期性检讨与评估员工工作表现的管理系统，是指主管或相关人员对员工的工作作系统的评价，其目的是通过评估提高每个个体的效率，最终实现企业的目标。

那么，评估采购部门员工工作效率的绩效标准是什么呢？

采购绩效评估的指标

1. 品质绩效指标

采购的品质绩效可由验收记录及生产记录来判断。前者指供应商交货时，为公司所接受（或拒收）的采购项目数量或百分比；后者则是指交货后，在生产过程中发现品质不合格的项目数量或百分比。

进料验收指标=合格（或拒收）数量/检验数量

在制品验收指标=可用（或拒用）数量/使用数量

若进料品质管制采用抽样检验的方式，则在制品品质管制发现品质不良的比率，将比进料品质管制采用全数检验的方式为高。拒收或拒用比率愈高，显示采购人员的品质绩效愈差，因为未能找到理想的供应商。

2. 数量绩效指标

当采购人员为争取数量折扣，以达到降低价格的目的时，却可能导致存货过多，甚至发生呆料、废料的情况。

(1) 费用指标。即现有存货利息费用与正常存货水准利息费用之差额。

(2) 呆料、废料处理损失指标。即处理呆料、废料的收入与其取得成本的差额。

存货积压利息的费用愈大，呆料、废料处理的损失愈高，显示采购人员的数量绩效愈差。不过此项数量绩效，有时受到公司营业状况、物料管理绩效、生产技术变更或投机采购之影响，故并不一定完全归咎采购人员。

3. 时间绩效指标

这项指标是用以衡量采购人员处理订单的效率，及对于供应商交货时间的控制。延迟交货，固然可能形成缺货现象，但是提早交货，也可能导致买方负担不必要的存货成本或提前付款的利息费用。

(1) 紧急采购费用指标。紧急运输方式（如空运）的费用与正常运输方式的差额。

(2) 停工断料损失指标。即停工期间作业人员薪资损失。

事实上，除了前述指标所显示的直接费用或损失外，尚有许多间接的损失。例如经常停工断料，造成顾客订单流失，作业员离职，以及恢复正常作业的机器必须做的各项调整（包括温度、压力等）；紧急采购会使得购入的价格偏高，品质欠佳，连带也会产生赶工时间必须支付额外的加班费用。这些费用与损失，通常都未加以估算在此项绩效指标内。

4. 价格绩效

价格绩效是企业最重视及最常见的衡量标准。透过价格指标，可以衡量采购人员议价的能力以及供需双方势力的消长情形。

采购价差的指标，通常有下列几种：

(1) 实际价格与标准成本的差额。

(2) 实际价格与过去移动平均价格的差额。

(3) 比较使用时的价格和采购时之价格的差额。

(4) 将当期采购价格与基期采购价格之比率与当期物价指数与基期物价指数之比率相互比较。

5. 采购效率（活动）指标

下列各项指标可衡量在达成采购目标的过程中，各项活动的水准或效率。

（1）采购金额。

（2）采购金额占销货收入的百分比。

（3）订购单的件数。

（4）采购人员的人数。

（5）采购部门的费用。

（6）新厂商开发个数。

（7）采购完成率。

（8）错误采购次数。

（9）订单处理的时间。

由采购活动水准上升或下降，我们不难了解采购人员工作的压力与能力，这对于改善或调整采购部门的组织与人员，将有很大的参考价值。

二、采购绩效评估的标准

有了绩效评估的指标之后，必须考虑依据何种标准，作为与目前实际绩效比较的基础，一般常见的标准如下。

1. 历史绩效

选择公司以往的绩效，作为评估目前绩效的基础，是相当正确、有效的做法。但只有在公司采购部门，无论组织、职责或人员等都没有重大变动的情况下，才适合使用此项标准。

2. 预算或标注绩效

若过去的绩效难以取得或采购业务变化甚大，则可以预算或标准绩效作为衡量基础。标准绩效的设定，有下列三种原则。

（1）固定的标准。评估的标准一旦建立，则不再作改动。

（2）理想的标准。指在完美的工作条件下，应有的绩效。

（3）可达成的标准。在现况下，应该可以做到的水平，常依据当前的绩效加以考量设定。

3. 同行业平均绩效

若企业其他同业公司在采购组织、职责及人员等方面相似，则可与其进行绩效比较，以辨别彼此在采购工作成效上的优势。若个别公司之绩效资料不可得，则可以整个同业绩效的平均水准来比较。

4. 目标绩效

预算或标准绩效代表在现况下，“应该”可以达成的工作绩效。而目标绩效则是在现况下，非经过一番特别的努力，否则无法完成的较高境界。目标绩效代表公司管理当局，对工作人员追求最佳绩效的“期望值”。

采购管理一点通

采购绩效指标的选择要同企业的总体采购水平相适应。对于采购体系尚不健全的企业，刚开始可以选择批次质量合格率、准时交货等来控制和考核供应商的供应表现，而平均降价幅度则可用于考核采购部门的采购成本业绩。随着采购管理制度的日益完善，商品采购绩效指标也就可以相应地系统化、整体化并且不断深化。

采购绩效评估的实施

采购绩效评估，主要是评价采购部门、采购管理人员和专业经理，并衡量当前采购环节的运营效率和采购供应功能的绩效差异，以及预算或预测绩效的差异。适当的绩效评估的建立和实施，可以帮助企业管理和公司资源集中在关键领域，它是加强沟通与经营管理的基础。

那么，如何才能做好采购绩效评估的实施工作呢？

一、确定合适的采购绩效评估人员

适合参与采购绩效评价的人员不仅包括采购部门的人员，还包括财务部门、生产部门、供应商甚至专家顾问的配合。

1. 采购部门主管

采购部门的主管是整个采购工作的直接部署者和执行者，他对于所有采购工作任务和环节的情况都非常了解，包括人员的分配、员工的工作状态、各项工作的执行过程及出现的问题等，且所有工作任务的指派或工作绩效的优劣，均在其直接督导之下，因而采购主管是最有资格负责采购工作绩效评估的人。由采购主管负责评价，可注意到采购人员的各种表现，并兼收监督与训练的效果。

2. 财务部门

采购金额占企业支出比例非常高，如大型设备的采购、主要原材料的长期采购、项目采购等。采购成本的节约，对于企业利润的贡献相当大，尤其在经济不景气时，对资金周转的影响更大。财务部门对资金的流入流出会进行全盘掌控，因而能够从资金周转方面对采购部门的工作绩效进行评价。

3. 生产主管部门或工程指挥部门

对于设备采购、原材料和零配件采购及项目采购等，采购货物的质量、数量、时间对企业生产的顺利进行、最终产品的品质等都有影响，因而生产主管部门或工程指挥部门也要参与采购工作绩效的评估。

4. 供应商

供应商是采购过程中与企业采购部门合作最多、最频繁的一方，对于采购部门的运作方式、工作状态自然有较为真实、详细的了解。因而，有些企业通过正式或非正式渠道，向供应商探询其对于采购部门或人员的意见，以了解采购部门或人员的工作情况，间接地评价采购绩效。

5. 专家顾问

为了避免企业各部门之间的本位主义或门户之见，同时为了让评估更为客观、权威，可以聘请相关的采购专家或管理顾问，针对全盘的采购制度、组织、人员及工作绩效，做客观的分析与建议。

二、确定合适的采购绩效评估方式

越来越多的企业管理者认识到一个采购部门在整个企业中发挥的巨大作用，尤其是一个配备了有能力的雇员和恰当组织的采购部门。定期合理地评价采购部门的绩效可以节省费用，直接增加企业利润。采购人员工作绩效的评估方式，可以分为定期和不定期两种评估方式。

1. 定期评估

定期评估是配合公司年度人事考核制度进行的。一般而言，如果能以目标管理的方式，也就是从各种工作绩效指标中选择年度重要性比较高的项目中的几个定位绩效目标，年终按实际达到的程度加以考核，那么一定能够提升个人或部门的采购绩效。并且，这种方法因为摒除了“人”的抽象因素，以“事”的具体成就为考核重点，也就比较客观、公正。

2. 不定期评估

不定期绩效评估，是以专案的方式进行的。比如公司要求某项特定产品的采购成本降低 10%。当设定期限一到，就开始评估实际的成果是高于还是低于 10%，并就此成果给予采购人员适当的奖励或处分。此种评估方法对采购人员的士气有巨大的提升作用，此种不定期的绩效评估方式，特别适用于新产品开发计划、资本支出预算、成本降低的专案。

三、确定合适的采购绩效评估方法

采购绩效评估方法直接影响评估计划的成效和评估结果的正确与否。常用的评估方法有以下三种。

1. 直接排序法

在直接排序法中，主管按照绩效表现从好到坏的顺序依次给员工排序，这种绩效表现既可以是整体绩效，也可以是某项特定工作的绩效。

2. 两两比较法

两两比较法指在某一绩效标准的基础上把一个员工与其他员工相比较来判断谁“更好”，记录每一个员工和任何其他员工比较时认为“更好”的次数，根据次数的多少给员工排序。

3. 等级分配法

这种方法由评估小组或主管先拟定有关的评估项目，按评估项目对员工绩效作出粗略的安排。

总之，采购绩效评估是采购发展的重要环节，大大促进了采购市场的发展。在当前的经济形势和环境下，采购绩效评估不仅是必要的，也是迫切的。

采购管理一点通

采购效益是采购实现预先确定的目标和预算的程度，这个方面非常重要。一项策略要么有效益、要么没有效益，预先目标实现与否，这就是效益的评估。采购活动在现实预定任务时，计划采购成本和实际成本的差异说明采购效率。换言之，采购效率和实现预期目标所耗费的资源的衡量有关。因此，采购效率的评价也是预算执行情况的评价。

建立采购绩效管理机制

通过前文可知，采购对企业效益有至关重要的影响，也正因为如此，那些在采购实践上实行严密管理，不断创新，与合作伙伴建立起良好关系的企业，往往能赢得同业的尊重，被视为采购管理的领先者。

目前国内的大多数企业，在采购管理上并没有成体系的管理模式，还是粗放的管理方法，很不利于提高竞争力。最常见的缺陷是没有集中采购。一个集团或一个大公司，下面的分、子公司各设自已的采购部门，相同的物料由不同的部门小批量地重复采购，白白地放弃了规模的优势。其二是没有供应商管理体系。对不同重要程度的供应商没有差异化的管理体制；缺乏定期的供应商审核制度；对供应商的成本构成、供应商的供应渠道缺乏了解。其他的问题包括供应商和存货信息不能共享，采购控制通常是事后控制等。

要改变这种状况，必须建立一套行之有效的采购管理机制。

一、建立统一的测评机制

在大多数企业中，CEO和负责采购的副总或其他高层主管，对采购业绩各有自己的评价标准。在某种程度上，这属于正常现象，因为企业的高层管理人员，总有一些与所担任的职位相联系的具体目标，而对不同的事情有不同的优先考虑顺序。很多公司都要应对这种采购评价标准的不连贯状况。在这方面走在前面的公司，CEO和采购主管使用同一个平衡记分卡来评价绩效，以便使每一个人都能够以大致同样的方式理解采购信息。纵贯全公司的平衡记分卡帮助各个不同的业务部门调整它们处理业务轻重缓急的顺序，制定目标和期望，鼓励有利于业务开展的行为，明确个人和团队的责任，决定报酬和奖励，以及推动不间断的改进。

二、积极的领导作用

有眼光的采购领导的第一项，也是最重要的一项任务，是确立全局的采购策略。一般而言，这个策略应该围绕企业如何采购物资和服务，提高绩效水平，来规范业务实践、政策、优先考虑的事情和做事情的方法。其中最重要的一点，是要把采购和整个供应链管理结合起来。

三、创造性地思考组织架构

采购业务做得好的公司，最常用的组织架构形式是根据同类物品划分组织。这种架构使公司可以在全局范围内聚合采购量，并且有利于集中供应基地。按同类物品划分的组织架构也有利于采购人员发展深入的行业、产品和供应商知识，并且学会怎样用同一种声音与供应商对话。但是，这种方式也有不足之处。例如，因为要与公司内跨不同事业部的内部客户打交道，协调和合作可能比较困难。地处一隅的用户可能会觉得自己离供应商的选择和管理流程太遥远，因而可能会禁不住想独自与外界的供应商发展和保持关系。

为了应付这种挑战，有些公司尝试集中发展采购知识，例如招标、合同、谈判、服务等。在公司内部，这些知识能帮助增加地方用户的接受程度，降低发展关键技能所花的时间和资源，并且有助于在分散的采购环境中培养符合法律和道德规范的行为。

四、全企业范围内的整合

为了让有效率的、从企业出发的采购理念取得优势地位，领先的公司常常依靠覆盖全企业范围的采购团队。这些团队的成员包括采购、工程和产品开发的代表。不定期的，会有财务、销售、分销和IT的人员参与。这些团队一起决定策略采购优先考虑的事项，设计物料占有成本模式，发展品种策略，并设计供应商选择标准。

对于大多数的公司来说，在采购方面要取得好的业绩，需要有改变采购能力的意愿。在这些方面作出改进，其效益是明显的。例如有一家食品公司，仅仅是采购部门实施了零配件采购公示制度，每周对零配件供应商的名称、采购数量、价格公布一次。使实际使用这些零配件的管理人员、技术部门和工人对不同供应商的产品进行比较，并将意见反馈到采购部门。设备维修费就从每月8000元降至4000元，减少了一半。

总之，企业采购绩效评估，是通过将企业战略目标分解为采购具体目标，建立绩效评价体系、测量标准，对特定采购活动、人员以及供应商等进行测评，将测评结果反馈并应用于企业日常管理活动中的系列业务活动。恰当的绩效评价体系和制度的建立，可以帮助企业管理并将资源集中在关键领域，而恰当的绩效评价体系和制度又是加强沟通和经营管理、促进组织战略目标有效实现的基础。

采购管理一点通

很多企业的采购绩效评估体系，大多集中在采购部门内部的流程和人员绩效指标上，而较少考虑到供应商绩效、经济环境、物流和供应链等外部因素对绩效的影响，以及企业采购绩效综合评价问题。另外，企业采购绩效评价指标大多关注短期的考核指标和缺少细节，这样容易导致错误的绩效行为。

提高采购绩效的途径

当前，随着大部分产品进入微利时代及我国加入WTO，国内企业与国外企业在同样的游戏规则下展开竞争，优胜劣汰将不可避免。在这种大背景下，采购部门所承担的责任会越来越重，这将迫使采购人员想办法提高绩效，同时，具有丰富经营知识和经营经验的专家，深入到经营现场和采购人员密切配合，运用科学方法，根据一定指标体系，对商品采购绩效作出定量评价或确有论证的定性分析，以便企业对商品采购活动进行改进。

通常，提高采购绩效主要有以下一些举措。

一、营造商品采购绩效改进的工作氛围

如果采购组织内部存在剧烈的矛盾，采购人员与供应商之间互相不信任，缺乏合作诚意，采购人员首先感觉是“如履薄冰，处处小心行事”，本来全部精力应投在工作上，但实际上确实分散了注意力。因此，任何采购组织，包括供应商，融洽、和谐、宽松的工作气氛是搞好各项工作的基础。采购人员要经常把自己的业绩与同行高水平相比，特别是有过跨国采购经验的高级职员，他们的经验值得借鉴学习。

采购组织的管理职能部门，应定期将采购人员的业绩进行评估，并进行排名，再配以相应的奖励制度，使采购业务不断改善。

二、通过强化内部管理来提升商品采购绩效

不同企业的管理方式及水平有很大的不同或差距，一般来说跨国公司由于有较长的在市场经济下经营的历史及较健全的企业制度，故跨国公司或外企在管理方面有很多值得国内企业（特别是国有企业）借鉴的地方。当然，少部分在国内土生土长的企业也有一套行之有效的先进管理方案。不管怎么样，“拿来主义”有时是必需的，“他山之石，可以攻玉”是一句千古不变的箴言。

管理的根本是管人，一个企业最宝贵的资产是它的雇员，而不是价值上亿元的先进设备或雄伟气派的厂房，再先进的设备若没有合格的人去操作不过是一堆废铜烂铁，我们时常看到这样一句话：科技以人为本，这句话的根本在于在企业实际运作中如何操作，而不是喊喊口号这么简单。与其他部门相比较，采购部门对人的依赖性更大，采购工作的大部分内容是人与人的交往。

从管理角度去提升商品采购绩效主要有以下几个方面。

(1) 在企业内建立合格的采购队伍，提供必要的资源。

(2) 选聘合格人员担任采购人员，给予必要的培训。

(3) 给采购部门及采购人员设立有挑战性，但又可行的工作目标。

(4) 对表现突出的采购人员给予物质及精神上的奖励。

三、通过与供应商开展更好的合作来实现商品采购绩效的提升

前面讲的都是如何从企业内部去提升商品采购绩效，其实采购部门的合作对象——供应商的表现在很大程度上制约着采购绩效的提升，而供应商的表现与采供双方之间是一种什么关系又有很大的联系。一般来说，与企业建立了长期合作伙伴关系的供应商能有较好的表现，这种供

应商能较好地配合企业的降价计划，如果该种降价计划是合理的话。

与供应商联手实现降低商品采购成本的途径有：与供应商共同制订可行的成本降低计划；与供应商签订长期的采购协议；让供应商参与到产品设计中去。

四、通过开发优秀的新供应商来降低采购总成本

为了降低采购总成本，许多采购人员把相当部分精力放到了开发优秀新供应源上，许多大企业的采购部成立了“供应商开发小组”，甚至有的企业把它作为一个独立的部门来运作。一般要求新供应商的地理位置在采购方所在地附近，这样有助于解决开发过程中的问题。如果一个企业因历史原因致使大部分或主要供应商在海外，那么它的供应商开发工作其实就是“本地化”，本地化不仅可大大缩短交货期，而且采购单价一般可降低 20%~40%。对大部分物料（商品）而言，国内廉价的制造成本使得海外制造企业在价格上已无法和国内企业进行竞争。

采购管理一点通

项目采购工作人员要经常把自己的业绩与同行高水平者相比，不要对已经取得的成绩沾沾自喜。采购行业高手很多，特别是有过多年跨国采购经验的高级职员，他们的经验值得借鉴学习。项目采购组织的管理职能部门，应定期将采购人员的业绩、供应商的业绩进行衡量并进行排名，再配以相应的奖罚制度，如此一来，采购业务会不断改善。